QUELLENBUCH ZUR GESCHICHTE

DES

DEUTSCHEN MITTELALTERS,

MIT ANMERKUNGEN

UND

HISTORISCHEN ERLÄUTERUNGEN SOWIE ZUSÄTZEN,

VON

Dr. ED. FRITSCHE,
OBERLEHRER AM GYMNASIUM ZU CÖTHEN.

LEIPZIG,

DRUCK UND VERLAG VON B. G. TEUBNER.

1873.

1. Germany — Hist. — Sources.

QUELLENBUCH ZUR GESCHICHTE

DES

DEUTSCHEN MITTELALTERS,

MIT ANMERKUNGEN

UND

HISTORISCHEN ERLÄUTERUNGEN SOWIE ZUSÄTZEN,

VON

Dr. ED. FRITSCHE,
OBERLEHRER AM GYMNASIUM ZU CÖTHEN.

LEIPZIG,
DRUCK UND VERLAG VON B. G. TEUBNER.
1873.

THE NEW YORK
PUBLIC LIBRARY
447318A
ASTOR, LENOX AND
TILDEN FOUNDATIONS
R   1929   L

Vorwort.

Bei der Behandlung der Geschichte des deutschen Mittelalters in den oberen Klassen ist mir das Bedürfniss einer die 4 wichtigsten Hauptperioden der deutschen Kaisergeschichte enthaltenden Quellensammlung für die Schule stets hervorgetreten, und deshalb habe ich es mit den geringen mir hier zu Gebote stehenden Hülfsmitteln unternommen, der heranwachsenden Jugend einen geeigneten Leitfaden zur Vervollständigung des mündlichen Vortrages von Seiten des Lehrers in die Hände zu geben. Dazu hat auch vornehmlich der durch die grossen Ereignisse der Jahre 1864, 1866 und 1870—71 hervorgerufene nationale, patriotische Aufschwung Deutschlands, welcher in der Machtstellung unseres deutschen Kaiserthums im Mittelalter seine Analoga findet, viel beigetragen. Die grossartigen Kämpfe zwischen Staat und Kirche zur Zeit der salisch-fränkischen und der staufischen Kaiser sind mit gebührender Würdigung und grösserer Ausführlichkeit dabei hervorgehoben. Als geeignete Auswahl aus den Quellenschriftstellern sind für die Karolinger-Zeit, Einhart, Thegan, Nithart, für die Periode unserer imposanten sächsischen Dynastie, Widukind und Thietmar, für die den ganzen deutschen Staat und die Kirche beanspruchenden Riesenkämpfe unter den salischen und staufischen Kaisern, Repräsentanten verschiedener politischer Parteifärbung, wie z. B. Bruno, Lambert und Otto von Freisingen nebst seinen Fortsetzern gewählt worden. Möge demnach diese Arbeit unter Gottes gnädigem Beistande in den Herzen der deutschen Jugend die Früchte zeitigen helfen, welche wir alle als deutsche geeinigte Bruderstämme aus den letzten grossen, gewaltigen Ereignissen zu pflücken berechtigt sind.

Coethen, im September 1873.

Der Herausgeber.

EINLEITUNG.

Die deutschen Völkerschaften sassen ursprünglich südlich von den Gestaden der Nord- und Ostsee und waren im Norden getrennt von den Scandinaviern, im Süden und Westen von den Celten, im Osten von den Slaven. Es war das reich gegliederte, gestaltete, von dem kräftigsten Baumwuchs geschmückte Germanien ein recht gesegnetes Land, von einem kernigen, gestählten Menschenschlage bewohnt, welcher sich durch seinen mächtigen Freiheitsdrang und seine Vaterlandsliebe auszeichnete. Dabei documentirte sich jedoch schon frühzeitig eine Spaltung und Zerrissenheit unter ihnen, da jeder einzelne Stamm seine besonderen staatlichen Verbände aufzeigte. Ueber Krieg und Frieden hatte aber die Gesammtheit des Volkes nähere Entscheidung zu treffen, welche man in den bei Neu- oder Vollmond veranstalteten Gauversammlungen zu beschliessen sich bemühte. Hier bediente man sich auch der Loose und man refüsirte oder applaudirte mit einem unwilligen Geschrei oder durch das Zusammenschlagen der Frameen (kleine Speere). Bei solchen **Gauversammlungen** geschah die Wahl der Fürsten zu Heerführern und Richtern, die Aburtheilung über todeswürdige Verbrechen, die Aufnahme der waffenfähigen Jugend durch Verleihung von Schild und Speer. Ausser dieser grossen Gaugemeinde kamen noch die **Hundertschaften** zu denselben Zwecken zusammen. Die hier von der Gemeinde selbst zuerkannten Strafen oder **Bussen** bestanden in Rindern und Pferden oder auch in Geld, welche den Beschädigten oder seinen Blutsfreunden, bisweilen auch der Gemeinde gezahlt wurden. Das **Wehrgeld** oder die Busse für den Todtschlag wurde nach dem Stande des Ermordeten bemessen. Der Thäter erkaufte sich dadurch von Neuem den Schutz und Frieden der Gemeinde. Alle andern, welche in einer Dorfschaft oder in Einzelnhöfen wohnten, gehörten ebenfalls zu dem Verbande einer **Markgenossenschaft,** deren

Versammlungen nur eine untergeordnete Bedeutung hatten. Die starken, mächtigen Familienbande zeigten sich vornehmlich bei schweren Verbrechen, z. B. Todtschlag, Mord, wo man zur **Selbsthülfe** seine Zuflucht nahm und **Blutrache** an dem Mörder übte. Hieraus erwuchsen dann endlose Fehden. So war auch der Germane vollständig souverain in seinem Hause und auf seinem Hofe. Das über des Hauses geweihte Schwelle in die Familie eingeführte **Weib** musste Leid und Freud und alle Vorkommnisse mit ihrem Manne theilen. Man sah im Weibe stets etwas Göttliches und Prophetisches; Frauenwort deutete die Zukunft, Frauenlob war die höchste Ehre, Frauenmund der heisseste Sporn zur Schlacht. Ebenso wurden auch Eltern und Kinder durch ein geweihtes hehres Band innig an einander gefesselt. Auch das Verhältniss des Herrn zum Knechte war ein durchaus humanes. Sie dienten entweder persönlich im Hause oder bebauten die Felder, welche man ihnen gegen Hofdienst und Zins überlassen hatte. Es gab eigentlich keinen wesentlichen Unterschied zwischen den **Knechten** und den **Freigelassenen**, die gegen Zins die Felder ihrer Hofherrn beackerten. In Kriegszeiten wählte man einen gemeinsamen Oberfeldherrn oder **Herzog**, welcher als der tapferste Mann auf einen Schild erhoben und auf den Schultern dem Volke zur Schau gestellt wurde. Dieser erfreute sich jedoch keiner besonderen Strafgewalt, sondern hatte selbige den Priestern zu überlassen. Der **Krieg** war dem Germanen eine **heilige Sache**, weshalb man auch heilig verehrte Zeichen und Bilder mit in die Schlacht führte. Der Fürst war sehr geehrt und konnte sich aus Jünglingen und Männern ein **bewaffnetes Gefolge** bilden, welches in Friedenszeiten eine Ehrenwache wurde. An den **Waffendienst** knüpften sich schon früh Ruhm, Glanz und Ehre. Nach Beendigung des Krieges begaben sich die entlassenen Schaaren auf Abenteuer oder auch in den Kriegsdienst fremder Völker. Die **Königsherrschaft** zeigt bei vielen deutschen Völkerschaften schon einen frühen Ursprung und ist wohl grösstentheils bei den Eroberungen und Niederlassungen auf fremdem Boden entstanden. Die Könige wurden von der Gemeinde aus einem besonders bevorzugten Stande gewählt. Des Königs Person war geheiligt und im Besitz priesterlicher Vorrechte, er übte im Krieg und Frieden die höchste Gewalt, berief und leitete die Volksgemeinde, hatte das Präsidium im höchsten Gerichte, bildete die Quelle aller Rechtspflege und ernannte Richter und Vorsteher der einzelnen Bezirke; auch zeichnete er sich durch seinen grossen Grundbesitz und sein reiches, glänzendes Gefolge aus und gab den Schutzherrn aller Hilfsbedürftigen, Wittwen, Waisen und Fremdlinge und der persönlich freien Männer ab. Ihn umgab ein alter Erbadel, welcher sich grosser Privilegien in der Gemeinde rühmte. — Freiheitssinn und Heldenmuth führten die Germanen auf andere Bahnen der Weltgeschichte und sie begannen den Freiheitskampf gegen das weltbeherrschende Rom, dessen einzelne Entwicklungsphasen im Verlaufe der Geschichte sich klar und deutlich abheben.

I. Der Krieg der Cimbern und Teutonen gegen die Römer 113—101 (die Schlachten bei Aix und Vercelli).

II. Eroberung des linken Rheinufers durch die Römer 58—52. Ariovist von Caesar bei Vesontio (Besançon) 58 besiegt. Caesar unterwirft ganz Gallien und die deutschen Völkerschaften am linken Rheinufer. Seit Augustus Germania superior und inferior. Aufstellung der 8 römischen Legionen mit ihren Hauptstandquartieren Mainz, Cöln, Xanten.

III. Eroberung der Süddonauländer Rhaetien, Vindelicien und Noricum durch die Römer, 15 v. Chr. Drusus und Tiberius.

IV. Eroberungsversuche der Römer in dem eigentlichen Germanien, 12 v. Chr. — 15 n. Chr.

a) Die Feldzüge des Drusus und Tiberius 12—9 v. Chr. Anlegung von 50 festen Bollwerken, Befestigung der Taunusberghöhen und von Aliso an der oberen Lippe; er dringt auf seinem ersten Zuge bis zur Ems, auf dem zweiten bis zur Weser, auf dem dritten und vierten bis zur Elbe vor. 1. Sigambrer. Fossa Drusiana. 2. Befestigung von Aliso. Cherusker. 3. Chatten. Anlegung eines Castells auf der Taunushöhe. 4. Velleda.

b) Die Freiheitskämpfe der Germanen, 7—10 n. Chr. Angriffe auf das von dem Markomannen-Fürsten gestiftete suevische Reich des Marbod (zwischen Donau, Elbe und Weichsel). Statthalter Sentius Saturninus. Unterwerfung von Illyrien und Pannonien. Vereinigung der germanischen Völker unter Arminius. Quintilius Varus. 9 n. Chr. Schlacht im Teutoburger Walde.

c) Die Feldzüge des Germanicus, 14—16 n. Chr. Germanicus besiegt den Arminius bei Jdistavisus (unweit Minden), kehrt aber wegen eines allgemeinen Aufstandes der Stämme jenseits der Weser, der Ems und Nordsee nach dem Rheine zurück. Zurückberufung. 1. Verheerung des Marsergebietes. 2. Niederwerfung der Chatten, vergeblicher Angriff auf die Cherusker. 3. Sieg bei Jdistavisus. Krieg zwischen Arminius und Marbod (17).

V. Der batavische Freiheitskrieg. (69—70) Cl. Civilis. An dem Bataveraufstande nahmen Theil die Friesen und alle deutschen Völkerschaften auf dem linken Rheinufer. Civilis erklärte sich gegen jede römische Herrschaft, ganz Gallien und die dort stationirten römischen Legionen (Ubier) fielen ihm zu und er proclamirte die Errichtung eines gallischen Reiches. Thätigkeit des Cerealis.

VI. Angriffe der Deutschen auf das römische Reich. Aus der Defensive entwickelte sich eine Offensive von Seiten der Germanen und zur Behauptung der agri decumates wurde die sogenannte Teufelsmauer (limes Romanus) von der Donau über Lahn, Main bis zum Rhein angelegt. Aber auch die Donaugrenze überschritten im zweiten Jahrhunderte n. Chr. die Markomannen. Es entstanden jetzt zum Zwecke gemeinschaftlicher Vertheidigung und gemeinsamer Angriffe im dritten Jahrhunderte n. Chr. die Völkerbündnisse der Alemannen (vom Main bis zu den Alpen), der Franken (an den beiden Ufern des Niederrheins), der Sachsen (von der Elbe bis an den Rhein) und der gothische (Vandalen, Alanen im äussersten Osten Germaniens). Doch war trotz aller dieser Bündnisse unter den Deutschen nur ein schwaches Bewusstsein von Zusammengehörigkeit, von Nationalität vorhanden. Armin geräth mit Marbod in einen langen Vernichtungskampf, die Alemannen hadern mit den Franken, die Gothen mit den Vandalen, die Gepiden mit den Langobarden. Dabei zeigt sich aber die grösste Gleichartigkeit der nationalen Substanz in den Stämmen des Nordens und Südens, in den Häuptlingen des ersten und vierten Jahrhunderts, der gleiche Götterglaube, die gleiche Rechtsentwicklung, das gleiche Verfassungsleben, die gleiche Kriegs- und Wanderlust. Diese für alle Eindrücke der Zukunft gleich offene und empfängliche Völkermasse gerieth mit dem römischen Weltreiche und der christlichen Weltkirche in Kampf und Verbindung, und nahm eine Menge römischer Staats- und Culturelemente in ihr Leben auf. Dadurch wurden einige germanische Völker ganz und gar romanisirt, z. B. die Ostgothen, Westgothen, Burgunder, Langobarden, andere blieben unberührt von fremden Einflüssen, wie die Sachsen, Thüringer, Schwaben und Baiern. Unter allen grossen deutschen Culturreichen des fünften und sechsten Jahrhunderts zeichnete sich das der Franken, auf gallischem Boden von dem 15jährigen gallischen Häuptling Chlodwig[1]) 481—511 gegründet durch seine grosse Machtentfaltung über Belgien, die

---

1) Er gewann durch die Niederwerfung des Syagrius bei Soissons 486 Gallien bis an die Loire, schlug die Alemannen, welche vom Bodensee bis zur Lahn wohnten, in der hartnäckigen Schlacht bei Zülpich (Tolbiacum) 496 und liess sich vom heiligen Remigius mit 3000 Franken auf den katholischen Glauben taufen, wodurch er mit einem Schlage alle Rechtgläubigen, die bisher unter dem Arianismus geseufzt, für sich gewann. Im Jahre 507 vernichtete er auch durch die Schlacht bei Vouglé das Westgothenreich.

Rheinlande, ganz Mittel- und Süddeutschland sich erstreckend am meisten aus. Es konnte jedoch dieses grosse Reich schon wegen der vielen verschiedenen Nationalitäten, welche es umfasste, keinen langen Bestand haben. Denn auf der einen Seite war der politische und kirchliche Gegensatz zwischen den Germanen und Romanen ein allzu schroffer, andrerseits waren die Sitten, Gebräuche und Volkstypen der Bretagner, Aquitanier und der Baiern und Schwaben allzu verschieden. Ein Uebergangszustand war unumgänglich nothwendig, die Romanen mussten mit frischem germanischem Blute und die Germanen mit römischer Bildung sich befruchten. Die Monarchie der Merovinger gerieth aber dabei in einen immer grösseren und tieferen Verfall, welcher hauptsächlich durch das Gegengewicht der starken weltlichen und geistlichen Aristokratie gegen die Krone beschleunigt wurde. Dazu gesellte sich noch die doppelte Feindseligkeit der heidnischen norddeutschen Stämme, der Sachsen, Friesen und Normannen, welche mit Einfällen drohten, und die von Süden her drohende Gefahr der eindringenden Araber. Wäre das Frankenreich diesem doppelten Anpralle erlegen, dann hätten sich Heidenthum und Islam in die Civilisation und Zukunft Europa's getheilt. In diesen drohenden Gefahren erstand aber in den rheinisch-belgischen Ländern das Heldengeschlecht der Karolinger. Nach der neuen Einigung der Franken durch die Pippiniden vernichtete Karl Martell die Araber bei Tours und Poitiers und rettete somit die europäische Cultur und Civilisation. Darauf überwältigte er die Friesen und warf die Sachsen in eine ungefährliche Defensive zurück. Auch Süddeutschland gelangte wieder unter die fränkische Hoheit. Pippin der Kurze (752—768) setzte sich die erneuerte Krone auf das eigene siegreiche Haupt und stellte die Monarchie auf die glänzendste Weise wieder her. Er benutzte die günstigen Zeitumstände, als sein gefährlicher Gegner, das arabische Chalifat, immer mehr verfiel und nahm sich der christlichen Mission mit grossem Erfolg an. Dabei ging er auch in richtiger Erkenntniss der beiderseitigen Interessen eine Allianz mit dem Papste ein, wodurch sein Nachfolger, Karl der Grosse (768—814) die überlieferte Aufgabe des fränkischen Reiches zur Vollendung führte. In der Erinnerung an den alten Glanz des römischen Kaiserreichs griff er zurück auf den Imperatorentitel und stellte der religiösen Einheit der Welt eine entsprechende politische entgegen. Daraus ging hervor, dass dem kaiserlichen Schutzherrn der Kirche auch der gesammte Erdkreis unterworfen sein musste.

Verbreitung des Christenthums.

Von Judäa aus hatte Christi Lehre, getragen von ihrer göttlichen Kraft, über die ganze römische Welt sich ausgebreitet und die Saat des Evangeliums war durch das Blut der Märtyrer ein befruchtender Thau, aus welchem sich die schönsten Geistesblüthen entwickelten, geworden. Doch zeigten sich auch bald Auswüchse in der so fest gebauten Kirche des Herrn und die so zart gepflegte apostolische Liebesgemeinschaft artete aus in mannigfache Unterscheidungen. Gegründet auf alttestamentliche Vorstellungen und Begriffe, bildete sich ein besonderer geistlicher Stand, der Klerus, welcher sich der Ueberwachung in der Lehre und der Leitung des Gottesdienstes bemächtigte. Der Klerus trennte sich von den Laien und gestaltete sich zu einer vielgegliederten Hierarchie, an deren Spitze die Bischöfe standen. Unter ihnen erhob sich der Bischof der Hauptstadt, der Metropolit, allmählig über die Bischöfe der Provinzen durch seine Machtstellung und Geltung sowie auch die Stadtgemeinden ein gewisses Uebergewicht über die Landgemeinden sich erwarben. So kam es, dass die Bischöfe der Hauptstädte das Präsidium bei den Provinzialsynoden nach und nach sich aneigneten. Schon im dritten Jahrhunderte erfreuten sich die Bischöfe von Antiochien, Alexandrien, Rom, Constantinopel und Jerusalem eines besonderen Ansehens und nahmen bald den Ehrennamen der Patriarchen in Anspruch, welchen früher alle Bischöfe führten. Die grösste Geltung und Macht erlangte jedoch der Bischof von Rom, da er keinen Nebenbuhler im ganzen Westen hatte und seine Präponderanz auf den Apostelfürsten Petrus zurückführte. Durch solche bestimmten Ordnungen gestützt, nahm die Zahl der Christen trotz der furchtbarsten Verfolgungen, welche einzelne römische Kaiser über sie verhängten, immer mehr zu. Und als die grossen Zerwürfnisse und Drangsale über die heidnische Welt hereinbrachen und die alten heidnischen Götter taub gegen die Bitten ihrer Verehrer und Anhänger blieben, da wandte man sich von ihnen schnöde weg und die gequälten und niedergebeugten Gemüther richteten sich empor zu dem Herrn aller Herrn, der ihnen seine Hülfe zur rechten Zeit auch angedeihen liess. Kaiser Constantin erkannte in dem Christenthume die weltbesiegende und weltüberwindende Kraft und erhob es zur Staatsreligion in seinem ausgedehnten Reiche. So erhielt der Staat im Bunde mit dem Christenthum eine neue, unwiderstehliche Kraft und die Kirche, deren Existenz damals sehr bedroht war, gewann grössere und mächtigere Stützen als zuvor. Jetzt erstanden die grossen Glaubenshelden des Orientes und Occidentes und kämpften für die reine und lautere Lehre des Herrn mit dem Schwerte des Geistes. Es bildete sich eine eigene Wissenschaft der Theologie, welche in ihren dogmatischen Streitigkeiten diese Männer zur Parteinahme herausforderte. Die Lehre des Arius ergriff und erhitzte die Gemüther so gewaltig, dass Constantin die wahre Lehre der Kirche in einem Glaubensbekenntniss auf der grossen allgemeinen Reichssynode zu Nicaea 325 feststellen lassen musste. Des Arius Ketzerei wurde von den versammelten Bischöfen verurtheilt und somit die Einheit der rechtgläubigen Kirche und ihrer Lehre gesichert. Aber auch der Staat erhielt durch die Verbindung mit der Kirche grosse, unberechenbare Vortheile. Noch einmal drohte dieser neugeschlossene Bund zwischen Kirche und Staat unter Julianus Apostata sich wieder zu lösen und das Heidenthum neue Fortschritte zu machen; doch blieb das nur eine vorübergehende, vereinzelte Erscheinung und Theodosius verbot durch ein kaiserliches Edict alle Götzenopfer, verbannte den Arianismus als Ketzerei und verlieh dem nicänischen katholischen Glaubensbekenntniss eine vollständige Sanction 381. Dadurch wurde das römische Reich ein christlicher Staat und die eigene katholische Kirche die Staatskirche. Der tiefe, ethische Einfluss der Kirche in der Gesetzgebung des Staates wurde auch bald in der Abschaffung der unsittlichen Schauspiele, dem gemilderten Loose der Sklaven und Gefangenen, der besseren und geachteteren Stellung der Frauen, der Wittwen und Waisen und der Geltung und Weihe des christlichen Ehebundes verspürt. Kirche und Staat übten jetzt neben und miteinander die Herrschaft über das Leben der Menschen aus und aus ihrem freundschaftlichen Bunde schienen sich die schönsten Blüthen zu entwickeln; denn eine absolute Despotie konnte keines dieser beiden Institute ausüben. — Jetzt fand das Christenthum auch bei einzelnen deutschen Stämmen Eingang und auch die Gothen wandten sich grösstentheils ihm zu, da dem natürlichen Freiheitssinn der Germanen die Lehre von der Versöhnung und Erlösung durch Christi Marter- und Kreuzestod, von der Freiheit, die den Kindern Gottes bereitet ist, von dem streitenden Glauben viel adäquater war. Die Gothen schritten den übrigen deutschen Völkerschaften in der innigen, raschen Aufnahme des

Christenthums und in der Grundlegung eines grossen Staatsverbandes der Cultur und Civilisation als leuchtende Muster voran, sowie auch ihr gewaltiges Weltreich von der Theiss bis zum schwarzen Meere sich erstreckend, von vielen germanischen Völkerschaften z. B. den Vandalen, Alanen, Gepiden, Slawen, Finnen und Litthauern anerkannt wurde. Doch wurde durch die Zerstörung der Römerherrschaft im Occident und die alles geistige Leben mit sich dahin raffende Völkerwanderung die Ausbreitung des Christenthums gehemmt. Aber durch die Frankenherrschaft erhoben sich die Bisthümer Metz, Toul, Verdun und Trier, Mainz, Speier, Worms und Basel, deren geistliche Hirten sich aber nicht als solche gerirten, sondern ein rein weltliches Leben führten. So brachten schlichte, irische Mönche, aus reiner Liebe zum Herrn angetrieben, das Evangelium den Germanen. Fridolin predigte am Oberrhein und gründete auf einer Rheininsel das Kloster Seckingen; Columban wirkte mit seinem Schüler Gallus am Bodensee und gründete das berühmte St. Gallen. Ganz Alamannien wurde christanisirt und die Bisthümer von Strassburg, Basel, Constanz, Chur gegründet. Diesem Beispiele folgte auch Baiern, dessen Apostel der heilige Rupert, Bischof von Worms, wurde. In Ostfranken und Thüringen wirkte der irische Mönsch Kilian. Auch die Angelsachsen wurden jetzt für Christi Lehre gewonnen und ein besonderes inniges Verhältniss zwischen ihnen und dem heiligen Petrus hergestellt. Angelsächsische Priester und Mönche folgten den Spuren ihrer irischen Brüder über die See zu den heidnischen Deutschen, um hier zugleich mit dem Evangelium die Verehrung des heiligen Petrus auszubreiten. Willibrod wirkte zuerst unter den Friesen und Sachsen und gründete in Utrecht einen festen Bischofssitz (719). Unter seinen Gefährten zeichnete sich der aus Kyrton in Wessex gebürtige Angelsachse Winfried, welcher die deutsche Kirche mit unlösbaren Banden an Rom fesselte, aus. Der mit ihm in genauester Verbindung stehende Papst Gregor II. hatte ihm den Beinamen Bonifacius beigelegt. Zunächst begann er sein grosses Missionswerk in Ostfranken, Thüringen, Hessen und Friesland, wo er das Heidenthum gänzlich darniederwarf und an Stelle der heiligen Eichen christliche Kirchen erbaute. Winfrieds segensreiche Wirksamkeit wurde auch von Gregor III. dadurch anerkannt, dass er ihn zum Erzbischof der neubekehrten Länder ernannte und ihm die Erlaubniss ertheilte, bischöfliche Sprengel in denselben einzurichten. So wurden von ihm Salzburg, Passau, Regensburg, Freisingen geweiht. Karl Martell's Nachfolger, Pippin nahm sich seiner mit dem grössten Eifer an, da er dadurch die deutschen Stämme inniger und fester an die fränkische Monarchie zu fesseln vermeinte. Bonifacius errichtete jetzt für Ostfranken das Bisthum Würzburg, Erfurt für Thüringen, Büraburg für Hessen, Eichstädt für den Nordgau und über alle das Erzbisthum Mainz, wo er auf einer allgemeinen grossen deutschen Synode als Erzbischof 742 präsidirte. Man besprach und verständigte sich schon hier über die Anerkennung des Primates Petri, die Einführung der römischen Kirchenzucht und der Klosterregel des heiligen Benedict. Im Jahre 748 wurde dem Bonifacius das Erzbisthum Mainz als Sitz und Residenz zugewiesen und ihm die alamannischen Bisthümer Worms, Speier, Utrecht und Köln mit Tongern untergeordnet. So herrschte er schon jetzt über die ganze fränkische Kirche, restituirte den gelösten Metropolitanverband und suchte auch die Erzbischöfe in gehöriger Abhängigkeit von Rom zu erhalten. Die beiden neuaufstrebenden, die damalige Welt in ihren Angeln bewegenden Mächte, der Staat und die Kirche, erhoben sich nun zu einer grossen Machtentfaltung, da ihnen die Germanen die das Leben und Gedeihen bedingenden Kräfte und Wurzeln zugeführt hatten. Beide aber waren auch gezwungen, zur Lösung ihrer verschiedenen Aufgaben, die sie in ihrem weiteren Fortschreiten-hemmenden Mächte zu beseitigen, der Papst den Kaiser von Constantinopel, Pippin die Merovinger. Je weiter sie fortschritten, desto mehr wurden sie inne, dass sie zu einer Allianz zu schreiten sich immer mehr genöthigt sehen würden. Es vollzog sich demnach die wichtigste und folgenreichste Verbindung für die Geschichte der Menschheit. Nach der Entthronung des letzten merovingischen Königs liess sich Pippin 752 auf dem Märzfelde zu Soissons von den Franken zum König wählen, auf den Schild erheben und von des Reichs Bischöfen salben, um der Königsmacht eine besondere Weihe dadurch zu verleihen. Der nach Frankreich schutzflehend gekommene Papst Stephan III. wiederholte an Pippin die Weihe und Salbung 754 und auch an seinen Söhnen Karl und Karlmann. Seitdem nannte sich Pippin Rex Dei gratia Francorum. Stephan verlangte nun aber auch für solche Auszeichnung andere Gegendienste von Pippin, welcher nicht anstand, die Rechte des heiligen Petrus und Rom's gegen die Uebergriffe der Langobarden in Schutz zu nehmen. Aistulf musste das Exarchat und die Pentapolis (südl. v. d. Pomündung bis nach Ancona) cediren und Pippin schenkte es dem heiligen Petrus. So hat der Frankenkönig noch oft den von den Langobarden und den Byzantinern hart bedrängten Papst beschützen müssen und dadurch am besten documentirt, dass Kirche und Staat ihrer gegenseitigen Hülfe und Unterstützung bedurften. Man sah immer mehr ein, dass das Heil und Gedeihen allein von der Herstellung eines abendländischen Kaiserthums abhängig war.

A. Die Zeit der Karolinger 768—911.

I. Einhart's Leben.

Für die Regeneration der Wissenschaften unter Karl dem Grossen legt Einhart das beste Zeugniss ab, da er das geistige Leben, welches an Karl's Academie zu Aachen herrschte, mit zur Reife bringen half. Einhart wurde im Maingau 770 geboren und erhielt im berühmten Kloster Fulda, der Pflanzstätte so vieler grosser und berühmter Männer aus der Karolinger-Zeit die ersten Grundlagen seiner Bildung. Von dort wurde er wegen seiner grossen Fähigkeiten an Karl's Hof zu Aachen gezogen und bald durch seine Klugheit und Rechtschaffenheit für Karl eine unentbehrliche Stütze und sein intimster Freund. Karl, welcher Aachen zu einem geistigen Centrum seines grossen Weltreichs umschaffen wollte, berief auch den 735 zu York geborenen Alkuin, welchen er in Rom kennen und hochschätzen gelernt hatte, dorthin. Unter seiner Beihülfe gründete der Kaiser viele Schulen und andere Bildungsanstalten, durch welche er der ganzen wissenschaftlichen Bildung des Occidents einen mächtigen Aufschwung verlieh. Einhart erhielt unter dem gelehrten Alkuin nebst Karl's eigenen Kindern seine weitere Ausbildung und wurde eingeführt in die Schätze der römischen Literatur und in die Schriften der Kirchenväter. Auch trieb er Griechisch, Mathematik und Grammatik und wurde ein wahres Orakel in der Gelehrsamkeit seiner Zeit. Karl hob ihn von einer Stufe zur andern und machte ihn zum Minister seiner öffentlichen Bauten, in welcher Eigenschaft er sich eingehend mit Vitruv beschäftigte. So mag er wohl auch den Bau des schönen Aachener Domes sowie den der Mainzer Schiffbrücke und der Pfalzen zu Ingelheim, Tribur, Nymwegen und den Bau der Kirche zu Michelstedt geleitet haben. Einhart's Thätigkeit beschränkte sich mehr auf das Gebiet der Wissenschaften und freien Künste als auf das der Politik. Nur 2 Male tritt er in einer politischen Mission auf: das erste Mal 806, wo er nach Rom abgeschickt wird, um des Papstes Zustimmung zu der vom Kaiser gemachten Theilung einzuholen und 813 auf dem Reichstage zu

Aachen, wo er dem Kaiser seinen Sohn Ludwig zum Mitregenten empfiehlt. Des neuen Kaiser Ludwig Vertrauen genoss er im vollen Masse und wurde von ihm mit dem Orte Michelstedt im Odenwalde und mit dem Gute Mühlheim im Maingau beschenkt. In dieser Zeit trat er in den geistlichen Stand und wurde zuerst Abt zu Blandinium bei Gent 815, dann von Fontenelle bei Rouen, darauf von St. Bavo zu Gent und endlich von St. Servatius in Maestricht im Jahre 819 (821). Seine Stellung zum Kaiser war noch immer dieselbe und er wurde seit 817 Führer und Leiter des erst 21 Jahre zählenden Prinzen Lothar. Die immer grösser werdende Spannung zwischen dem Kaiser und seinem Sohne Lothar verleidete ihm jedoch seinen Aufenthalt bei Hofe und steigerte seine Sehnsucht nach der Einsamkeit. Sein Geist überliess sich mehr und mehr einer mystisch-religiösen Richtung, wofür seine Geschichte der Uebertragung der heiligen Marcellinus und Petrus das beste Zeugniss ablegt (830). Er liess ihnen zu Ehren Seligenstadt erbauen, wo er den Abend seines Lebens zubrachte. In diese Zeit fallen die meisten der uns erhaltenen Briefe, in welchen er für Freunde, Unterdrückte und Unglückliche besorgt und thätig ist und oft auch dem politischen Gange der Dinge mit Theilnahme zusieht. Das schwerste Unglück traf ihn aber im Frühjahr 836, der Tod seiner treuen, vielgeliebten Imma, über deren herben Verlust Kaiser Ludwig ihn bei einem Besuche in Seligenstadt 836 zu trösten sucht. Nachdem ihm 840 der Kaiser im Tode vorangegangen war, starb auch Einhart am 25. Juli 844 und wurde in der Kirche zu Seligenstadt begraben, wo seine Verdienste in der von Hrabanus Maurus verfassten Grabschrift gebührend hervorgehoben werden: „Klug war er, rechtschaffen im Wandel und kundig der Rede; Vielen hat seine Hand Nutzen uud Segen gebracht." Das Leben Karl's des Grossen, welches Einhart in seinem 45. Lebensjahre verfasste, noch vor dem Jahre 820, ist unter den schriftstellerischen Werken das gelungenste und umfangreichste. Es wurde das beliebteste und gelesenste Werk des ganzen Mittelalters und fand viele Nachahmer, unter denen vornehmlich Ragewin in seinem Leben Kaiser Friedrich's I. sich auszeichnet. Aus der gelungenen Latinität sowie aus der klaren Richtung und Anordnung des Stoffes kann man auf das tiefe und fruchtbare Studium der Alten, besonders des Sueton, schliessen und deutlich herausfühlen, wie nur von der Hand eines Freundes und Rathgebers ein so scharf gezeichnetes und wohlgelungenes Bild Karl's des Grossen entworfen werden konnte.

II. Einharti Vita Caroli Magni.

A. Bella (c. 5 sq.). I. Bellum Aquitanicum 771.

Karl's Vorgänger Pippin hatte schon mit dem Herzog Waifar von Aquitanien einen schweren Krieg, welcher mit der Unterwerfung des Landes endigte, zu bestehen gehabt. Sein Bruder Karlmann versagte, als das im Aufstande begriffene Land unterworfen werden sollte, seine Hülfe, und es trat eine Spannung zwischen den beiden Brüdern ein. Karl endigte den Krieg allein.

5. Omnium bellorum quae Carolus gessit, primo Aquitanicum, a patre inchoatum sed nondum finitum, quia cito peragi posse videbatur, fratre adhuc vivo, etiam et auxilium ferre rogato, suscepit; et licet eum frater promisso frustrasset auxilio, susceptam expeditionem strenuissime exsecutus, non prius incepto desistere aut semel suscepto labori cedere voluit, quam hoc quod efficere moliebatur, perseverantia quadam ac constantia perfecto fine concluderet. Nam et Hunoldum,[1]) qui post Waifarii mortem Aquitaniam occupare bellumque jam pene peractum reparare temptaverat, Aquitaniam relinquere et Wasconiam[2]) petere coegit. Quem tamen ibi consistere non sustinens, transmisso amne Garonna, Lupo, Wasconum duci, per legatos mandat, ut perfugam reddat; quod ni festinato faciat, bello se cum eo expostulaturum. Sed Lupus, sanioris usus consilio, non solum Hunoldum reddidit, sed etiam se ipsum cum provincia, cui praeerat, eius potestati permisit.

II. Bellum contra Desiderium susceptum. 774.

Karl hatte als des Papstes Bundesgenosse die Beseitigung des Königs Desiderius, welcher wegen der Scheidung seiner Tochter sein erbittertster Feind geworden, übernommen. Desiderius bildete mit den von der Succession ausgeschlossenen Söhnen Karlmann's eine Oppositionspartei und war auch bestrebt, den Papst Stephan III. von Karl zu trennen. Allein der Papst blieb unbeweglich und rief, als Desiderius mit einer starken Heeresmacht gegen Rom heranzog, Karl zu seiner Hülfe herbei, welcher schon 774 in die Lombardei eindrang und die Belagerung der von Pippin dem Papste geschenkten Städte begann. Darauf machte er dem Papste in demselben Jahre einen Besuch in Rom, um mit ihm persönlich sein Bündniss zu erneuern. Er wurde mit allen Ehren eines Patricius empfangen und bestätigte dem Papste die Schenkung seines Vaters. Auch gegen des Desiderius Sohn Adelchis schritt er zu Gunsten des Papstes ein, löste die herzogliche Gewalt bis auf die in Spoleto auf, theilte das Land in Grafschaften und führte die fränkische Kriegs- und Gerichtsverfassung ein.

6. Pippinus Haistulfum regem paucorum dierum obsidione apud Ticinum compulit et obsides dare et erepta Romanis oppida atque castella restituere, atque, ut reddita non repe-

---

[1]) Hunold hatte den Krieg nach Waifar's Tode von Neuem begonnen. [2]) *Wasconia* zwischen Adour und den Pyrenäen gelegen.

terentur, sacramento fidem facere; Carolus vero post inchoatum a se bellum non prius destitit, quam et Desiderium regem, quem longa obsidione fatigaverat, in deditionem susciperet, filium eius Adalgisum, in quem spes omnium inclinatae videbantur, non solum regno sed etiam Italia excedere compelleret, omnia Romanis erepta restitueret, Hruodgausum, Foroiuliani ducatus praefectum, res novas molientem opprimeret, totamque Italiam suae ditioni subiceret, subactaeque filium suum Pippinum regem imponeret. Italiam intranti quam difficilis Alpium transitus fuerit quantoque Romanorum labore invia montium juga et eminentes in coelum scopuli atque asperae cautes superatae sint, hoc loco describerem, nisi vitae illius modum potius quam bellorum quae gessit eventus memoriae mandare praesenti opere animo esset propositum. Finis tamen hujus belli fuit subacta Italia, et rex Desiderius perpetuo exilio deportatus, et filius ejus Adalgisus Italia pulsus, et res a Langobardorum regibus ereptae, Adriano, Romanae ecclesiae rectori, restitutae.

III. Bellum Saxonicum 772—803.

Kampf der deutschen Königsmacht gegen die altsächsische Volksfreiheit, des Christenthums gegen den alten Götterdienst der Germanen. Die Sachsen schieden sich geographisch in Westfalen an der Sieg, Ruhr, Lippe und den beiden Ufern der Ems, in die Engern, an beiden Ufern der Weser bis zur Leine, in die Ostfalen bis zur Elbe und in Transalbingier von dem rechten untern Elbufer bis zur Eider. Die Sachsen glichen noch den echten Söhnen der alten Cherusker, welche unter Armin den ersten Freiheitskrieg gegen die Römer führten. An der Spitze der kleinen Gaubezirke standen von den Gemeinden gewählte Gaufürsten, welche das Gericht zu hegen und den Heerbann zu führen hatten. Alljährlich versammelte sich die grosse Landesgemeinde zu Markloh an der Weser, wo die Deputirten der 3 freien Stände erschienen, die Landesangelegenheiten beriethen, Herzöge wählten und über Krieg und Frieden entschieden. Der Sachsenkrieg, welcher gegen dieselben Stämme und in denselben Gegenden wie der gegen die Römer vom Jahre 9 geführt wurde, hatte neben dem politischen auch einen religiösen Charakter, da er ein Kampf des Christenthums gegen das Heidenthum war und Karl die Reliquien der Heiden und frommen Missionare mit sich führte. Auf der ersten Expedition auf dem Maifelde in Worms 772 beschlossen, wurde der Sachsen Hauptfeste, die Eresburg an der Diemel (Stadtberge) genommen und die Irminsul, ein gewaltiger Baum, zerstört und alles Land bis zur Weser verwüstet. Die meisten Gaue gelobten Unterwerfung und stellten Geisseln. Im Jahre 775 rückte Karl wiederum mit einer ungeheuren Heeresmacht gegen das treulose und eidbrüchige Sachsenvolk vor. Nur einmal wagte es Widukind mit den Westfalen sich zu widersetzen. Doch Karl drang siegreich bis zur Ocker vor. Allein kaum hatte sich der König zur Rückkehr nach Franken gewendet, als die Sachsen sich von Neuem erhoben. Karl kehrte 776 zurück und gelangte siegreich bis zu den Quellen der Lippe, worauf die Sachsen Unterwerfung und Annahme des Christenthums gelobten. Im folgenden Jahre 777 hielt der König das Maifeld in Paderborn ab und schaarenweise liess das Volk sich taufen. Widukind aber flüchtete sich zum Dänenkönige Siegfried. Die Sachsen erhoben sich auf die Nachricht von der Niederlage in den Pyrenäen im Jahre 779 und 780 wieder, zerstörten die erbauten Kirchen, erschlugen die Priester und drangen verwüstend bis Deutz und Coblenz. Karl schlug sie siegreich zurück und alle Gaue unterwarfen sich, indem sie Annahme des Christenthums, der fränkischen Heeres- und Gerichtsverfassung gelobten. Karl theilte das Land in Gaue, bischöfliche Sprengel und hielt 782 einen grossen Reichstag an der Lippe. Allein jetzt erschien Widukind als Rächer der sinkenden Freiheit wieder und rief das Volk zu einer neuen Erhebung auf. 4500 Sachsen wurden bei Verden enthauptet. Im folgenden Jahre siegte Karl bei Detmold und an der Hase bei Osnabrück. Widukind hielt noch 2 Jahre Stand bis Karl 784 und 785 die letzten Kräfte des Landes erschöpfte und es vollständig unterwarf. Errichtung der 8 Bisthümer.

7. Post cujus finem Saxonicum, quod quasi intermissum videbatur, repetitum est; quo nullum neque prolixius neque atrocius Francorumque populo laboriosius susceptum est, quia Saxones, sicut omnes fere Germaniam incolentes nationes, et natura feroces, et cultui daemonum dediti, nostraeque religioni contrarii, neque divina neque humana iura vel polluere vel transgredi inhonestum arbitrabantur. Suberant et causae quae quotidie pacem conturbare poterant, termini videlicet nostri et illorum paene ubique in plano contigui, praeter pauca loca, in quibus vel silvae maiores, vel montium iuga interiecta utrorumque agros certo limite disterminant, in quibus caedes et rapinae vel incendia vicissim fieri non cessabant; quibus adeo Franci sunt irritati, ut non iam vicissitudinem reddere, sed apertum contra eos bellum suscipere dignum iudicarent. Susceptum est igitur adversus eos bellum, quod magna utrimque animositate, tamen maiore Saxonum quam Francorum damno, per continuos triginta tres annos gerebatur. Poterat siquidem citius finiri, si Saxonum hoc perfidia pateretur. Difficile dictu est, quoties superati ac supplices regi se dediderunt, imperata facturos polliciti sunt, obsides qui imperabantur absque dilatione dederunt, legatos qui mittebantur susceperunt, aliquoties ita domiti et emoliti, ut etiam cultum daemonum dimittere et christianae religioni se subdere velle promitterent: sed sicut ad haec facienda aliquoties proni, sic ad eadem pervertenda semper fuere praecipites, non sit ut satis aestimare, ad utrum horum faciliores verius dici possint, quippe cum post inchoatum cum iis bellum vix ullus annus exactus sit, quo non ab iis huiuscemodi facta sit permutatio. Sed magnanimitas regis, ac perpetua tam in adversis quam in prosperis mentis constantia, nulla eorum mutabilitate vel vinci poterat, vel ab his quae agere coeperat defatigari; nam numquam eos huiuscemodi aliquid perpetrantes impune ferre passus est, quin aut ipse per se ductorem, aut per comites suos misso exercitu, perfidiam ulcisceretur et dignam ab iis exigeret poenam, usque dum, omnibus qui resistere solebant profligatis et in suam potestatem redactis, decem milia hominum

ex his qui utrasque ripas Albis fluminis incolebant, cum uxoribus et parvulis sublatos transtulit, et huc atque illuc per Galliam et Germaniam multimoda divisione distribuit. Eaque conditione a rege proposita et ab illis suscepta, tractum per tot annos bellum constat esse finitum, ut abiecto daemonum cultu et relictis patriis cerimoniis, Christianae fidei atque religionis sacramenta susciperent, et Francis adunati, unus cum iis populus efficerentur.

8. Hoc bellum licet permultum temporis spatio traheretur, ipse non amplius cum hoste quam bis acie conflixit, semel iuxta montem qui *Osnigni* dicitur, in loco *Theotmelli* nominato, et iterum apud Hasam fluvium et hoc uno mense paucisque interpositis diebus. His duobus proeliis hostes adeo profligati ac devicti sunt, ut ulterius regem neque provocare, neque venienti resistere, nisi aliqua loci munitione defensi, auderent. Plures tamen eo bello tam ex nobilitate Francorum quam Saxonum, et functi summis honoribus, viri consumpti sunt, tandemque anno tricesimo tertio finitum est, cum interim tot ac tanta in diversis terrarum partibus bella contra Francos et exorta sint et sollertia regis administrata, ut merito intuentibus in dubium venire possit, utrum in eo aut laborum patientiam, aut felicitatem potius mirari conveniat. Nam biennio ante Italicum hoc bellum sumpsit exordium, et cum sine intermissione gereretur, nihil tamen ex his quae alicubi erant gerenda dimissum, aut ulla in parte ab aeque operoso certamine cessatum est; nam rex, omnium qui sua aetate gentibus dominabantur, et prudentia maximus et animi magnitudine praestantissimus, nihil in his quae vel suscipienda erant vel exequenda, aut propter laborem detractavit aut propter periculum exhorruit, verum unum quodque secundum suam qualitatem et subire et ferre doctus, nec in adversis cedere, nec in prosperis false blandienti fortunae assentiri solebat.

Bellum Hispanicum. 778.

Der letzte Sprössling vom entthronten Chalifengeschlechte, Abderrhaman war nach Spanien geflohen und hatte in Cordova eine selbstständige Herrschaft gegründet. Ihm widersetzte sich der Statthalter von Saragossa Ibn al Arabi und rief ein Christenheer unter Karl zu Hülfe. Karl griff die Ungläubigen an und besiegte sie. Er drang siegreich bis zum Ebro vor und zwang alle muhamedanischen Befehlshaber zwischen dem Ebro und den Pyrenäen, ihm Geisseln zu stellen. Allein auf dem Rückzuge erlitt das fränkische Heer überfallen von den kampf- und beutelustigen Basken in dem Thal von Roncevalles eine schwere Niederlage. Erst später ereilte die Basken die Rache.

9. Cum enim assiduo ac paene continuo cum Saxonibus bello certaretur, dispositis per congrua confiniorum loca prae-

sidiis, Hispaniam quam maximo poterat belli apparatu aggreditur, saltuque Pirenei superato, omnibus quae adierat oppidis atque castellis in deditionem acceptis, salvo et incolumi exercitu revertitur; praeter quod in ipso Pirenei iugo Wasconiam perfidiam parumper in redeundo contigit experiri. Nam cum agmine longo, ut loci et angustiarum situs permittebat, porrectus iret exercitus, Wascones, in summi montis vertice positis insidiis — est enim locus ex opacitate silvarum, quarum ibi maxima est copia, insidiis ponendis oportunus — extremam impedimentorum partem, et eos, qui novissimi agminis incedentes, subsidio praecedentes tuebantur, desuper incursantes, in subiectam vallem deiciunt, consertoque cum iis proelio, usque ad unum omnes interficiunt, ac direptis impedimentis, noctis beneficio, quae jam instabat, protecti, summa cum celeritate in diversa disperguntur. Adiuvabat in hoc facto Wascones et levitas armorum et loci in quo res gerebatur situs; et contra Francos et armorum gravitas et loci iniquitas per omnia Wasconibus reddidit impares. In quo proelio Eggihardus regiae mensae praepositus, Anselmus comes palatii, et Hruodlandus Brittanici limitis praefectus cum aliis compluribus interficiuntur. Neque hoc factum ad praesens vindicari poterat, quia hostis re perpetrata ita dispersus est, ut ne fama quidem remaneret, ubinam gentium quaeri potuisset.

Bellum Boioaricum. 788.

Thassilo, welcher wie Arichis ein Schwiegersohn des Desiderius war, hatte eigenmächtig seinen 6jährigen Sohn Theodor zum Mitregenten ernannt, mit Arichis gegen Karl agitirt und den fränkischen Grafen in Trident erschlagen. Deshalb begann Karl, als Thassilo auf der in Worms veranstalteten Vorladung nicht erschien, den Krieg gegen ihn. Es rückten 3 fränkische Heere auf das Lechfeld bei Augsburg. Da eilte Thassilo herbei und gab sein Herzogthum Baiern an Karl und bekam es als fränkisches und widerrufliches Lehn zurück. Auf dem Reichstage zu Ingelheim 788 wurde er verhaftet wie seine Familie zu Regensburg. Selbst Baiern traten gegen ihn als Ankläger auf.

11. Boioaricum deinde bellum et repente ortum, et celeri fine completum est. Quod superbia simul ac socordia Tassilonis ducis excitavit; qui hortatu uxoris, quae filia Desiderii regis erat ac patris exilium per maritum ulcisci posse putabat, iuncto foedere cum Hunis, qui Boioariis sunt ab oriente contermini, non solum imperata non facere, sed bello regem provocare temptabat. Cuius contumatiam, quia nimio videbatur, animositas regis ferre nequiverat, ac proinde, copiis undique contractis Boioariam petiturus, ipse ad *Lechum* amnem cum magno venit exercitu. Is fluvius Boioarios ab Alamannis dividit. Cuius in ripa castris collocatis, priusquam provinciam intraret, animum ducis per legatos statuit experiri. Sed nec

ille pertinaciter agere vel sibi vel genti utile ratus, supplex se regi permisit, obsides quae imperabantur dedit, inter quas et filium suum Theodonem; data insuper fide cum juramento, quod ab illius potestate ad defectionem nemini suadenti assentire deberet. Sicque bello, quod quasi maximum futurum videbatur, celerrimus est finis impositus. Tassilo tamen postmodum rex evocatus, neque redire permissus, neque provincia quam tenebat, ulterius duci, sed comitibus ad regendum commissa est.

Bellum Wilzicum. 791. 812.

Karl brachte die Wilzen oder Welataben zwischen Elbe und Oder zur Zinsbarkeit (812), da sie die ostfälische Festung Hochbuchi erobert und zerstört hatten. Darauf eilte er selbst und Ludwig von Aquitanien mit den Franken, Schwaben und Baiern nach der Donau, während sein Sohn Pippin mit seinen Langobarden im südlichen Baiern und die Sachsen und Friesen im Norden die Angriffe auf die Avaren vorbereiteten.

12. His motibus ita compositis, Sclavis qui nostra consuetudine Wilzi, proprie vero, id est sua locutione, Welatabi dicuntur, bellum illatum est. In quo et Saxones, velut auxiliares, inter ceteras nationes quae regis signa iussae sequebantur, quamquam ficta et minus devota obedientia, militabant. Causa belli erat, quod Obodritos, qui cum Francis olim foederati erant, assidua incursione lacessebant, nec iussu coerceri poterant. Sinus quidam ab occidentali oceano orientem versus porrigitur, longitudinis quidem inconpertae, latitudinis vero, quae nusquam centum milia passuum excedat, cum in multis locis contractior inveniatur. Hunc multae circum sedent nationes; Dani siquidem ac Suiones, quos Nortmannos vocamus, et septentrionale litus et omnes in eo insulas tenent. At litus australe Sclavi et Aisti, et aliae diversae incolunt nationes; inter quos vel praecipui sunt, quibus tunc a rege bellum inferebatur, Welatabi. Quos ille una tantum, et quam per se gesserat, expeditione ita contudit ac domuit, ut ulterius imperata facere minime *renuendum* judicarent.

Bellum Avaricum. 791. 796.

Die Avaren wurden bei Camp und Comagene aus ihren Schanzen herausgeworfen und ihr ganzes Land mit Feuer und Schwert schwer verwüstet. An der Raab angelangt entstand eine furchtbare Seuche, welche fast alle Pferde wegraffte. Karl ging nach Regensburg zurück, wo er sich mit der fossa Carolina, einer Canalverbindung zwischen Donau und Main oder Nordsee und schwarzem Meer beschäftigte. Darauf wurde der Krieg gegen die Avaren wieder aufgenommen und durch Pippin von Italien weiter geführt. Im Jahre 796 wurde das Land bis an die Theiss erobert und das grosse Nationallager, der Ring genannt, wo der Chagan die Beute von Jahrhunderten aufgespeichert hatte, genommen. Mit der reichsten Beute beladen kehrte das Heer zurück. Karl bildete aus dem eroberten Lande eine Markgrafschaft unter einem Markgrafen, welche man kurzweg die östliche Mark, die Mark Baierns, die Ostmark (Ostarrichi = Oesterreich) nannte.

13. Maximum omnium quae ab illo gesta sunt bellorum, praeter Saxonicum huic bello successit, illud videlicet, quod contra Avares vel Hunos susceptum est. Quod ille et animosius quam cetera, et longe maiori apparatu administravit. Unam tamen per se in Pannoniam — nam hanc provinciam ea gens tum incolebat — expeditionem fecit; cetera filio suo Pippino ac praefectis provinciarum, comitibus etiam atque legatis, perficienda commisit. Quod cum ab his strenuissime fuisset administratum, octavo tandem anno completum est. Quae proelia in eo gesta, quantum sanguinis effusum sit, testatur vacua omni habitatore Pannonia, et locus in quo regia Kagani (pagani) erat, ita desertus, ut nec vestigium quidem in eo humanae habitationis appareat. Tota in hoc bello Hunorum nobilitas periit, tota gloria decidit. Omnis pecunia et congesti ex longo tempore thesauri direpti sunt, neque ullum bellum contra Francos exortum humana potest memoria recordari, quo illi magis ditati et opibus aucti sunt. Quippe cum eo tempore pene pauperes viderentur, tantum auri et argenti in regia repertum, tot spolia praetiosa in proeliis sublata, ut merito credi possit, hoc Francos Hunis iuste eripuisse, quod Huni prius aliis gentibus iniuste eripuerunt. Duo tantum ex proceribus Francorum eo bello perierunt, Aericus dux Foroiulanus, in Liburnia iuxta Tharsaticam, maritimam urbem, insidiis oppidanorum interceptus, et Geroldus Boioarius praefectus, in Pannonia, cum contra Hunos proeliaturus aciem instrueret, incertum a quo, cum duobus tantum qui eum obequitantem ac singulos hortantem comitabantur, interfectus est. Ceterum incruentum pene Francis hoc bellum fuit, et prosperrimum exitum habuit, tametsi diutius magnitudine sui traheretur.

Bellum Boemanicum, Linonicum, Nortmannicum.
807. 810.

Die Linonen waren ein slavischer Stamm zwischen Elbe und Oder. Der Versuch, die Böhmen oder Tschechen zu unterwerfen, scheiterte 807. Doch wurden die Sorben zum Gehorsam zurückgebracht. Der Normannen- oder Dänenkönig Gottfried, welcher seine Herrschaft auch über die Friesen und Obotriten ausdehnen wollte, wurde von Karl sowie auch die Slaven angegriffen. Gottfried wich zurück und legte das Danewirk an. Gegen die Normannen, welche selbst Aachen zu verheeren strebten, zog Karl.

14. Post quod et Saxonicum suae prolixitati convenientem finem accepit. Boemanicum quoque et Linonicum bellum, quae postea exorta sunt, diu durare non potuerunt; quorum utrumque

ductu Caroli iunioris celeri fine completum est. Ultimum contra Nortmannos, qui Dani vocantur, primo piraticam exercentes, deinde maiore classe litora Galliae atque Germaniae vastantes, bellum susceptum est. Quorum rex Godefridus adeo vana spe inflatus erat, ut sibi totius Germaniae promitteret potestatem; Frisiam quoque atque Saxoniam haud aliter atque suas provincias aestimabat; iam Obodritos, vicinos suos, in suam ditionem redegerat, iam eos sibi vectigales fecerat. Jactabat etiam, se brevi Aquisgrani, ubi regis comitatus erat, cum maximis copiis adventurum; nec dictis eius, quamvis vanissimis, omnino fides abnuebatur, quin potius putaretur tale aliquid inchoaturus, nisi festinata fuisset morte praeventus. Nam a proprio satellite interfectus, et suae vitae et belli a se inchoati finem acceleravit.

B. Imperii fines.

15. Haec sunt bella, quae rex potentissimus per annos 47 — tot enim annos regnaverat — in diversis terrarum partibus summa prudentia atque felicitate gessit. Quibus regnum Francorum, quod post patrem Pippinum magnum quidem et forte susceperat, ita nobilitate ampliavit, ut paene duplex illi adiecerit. Nam cum prius non amplius quam ea pars Galliae, quae inter Rhenum et Ligerim, oceanumque ac mare Balearicum iacet, et pars Germaniae quae inter Saxoniam et Danubium, Rhenumque ac Salam fluvium, qui Turingos et Sorabos dividit posita, a Francis qui orientales dicuntur, incolitur, et praeter haec Alamanni atque Boioarii ad regni Francorum potestatem pertinerent, ipse per bella memorata primo Aquitaniam et Wasconiam totumque Pirenei montis iugum, et usque ad Ibērum amnem, qui apud Navarros ortus, et fertilissimos Hispaniae agros secans, sub Tortosae urbis moenia Balearico mari miscetur; deinde Italiam totam, quae ab Augusta Praetoria usque in Calabriam inferiorem, in qua Graecorum ac Beneventanorum constat esse confinia, decies centum et eo amplius passuum milibus longitudine porrigitur; tum Saxoniam, quae quidem Germaniae pars non modica est et eius quae a Francis incolitur, duplum in lato habere putatur, cum ei longitudine possit esse consimilis; post quam utramque Pannoniam, et ad positam in altera Danubii ripa Daciam, Histriam quoque et Liburniam atque Dalmatiam, exceptis maritimis civitatibus, quas ob amicitiam et iunctum cum eo foedus Constantinopolitanum imperatorem habere permisit; deinde omnes barbaras ac feras nationes, quas inter Rhenum ac Vistulam fluvios, oceanumque ac Danubium positae, lingua quidem paene similes, moribus vero atque habitu valde dissimiles, Germaniam incolunt, ita perdomuit, ut eas tributarias efficeret. Inter quas fere

praecipuae sunt Welatabi, Sorabi, Obodriti, Boemanni — cum his namque bello conflixit —; ceteras, quarum multo maior est numerus, in deditionem suscepit.

C. Res gestae domi.
Karl's Kaiserkrönung.

Karl hatte zwar eine Universalmonarchie geschaffen, allein die innere Organisation und Verschmelzung der vielen Gegensätze, des Romanismus, Germanismus, des Slavismus, des Christenthums mit dem Heidenthum war ihm noch nicht gelungen. Der Titel eines fränkischen Königs war ihm jetzt nicht mehr ausreichend und er griff zurück auf den von Constantin her geheiligten und erstrebten Imperatorentitel, welchen er durch Anlehnung an den Papst zu erlangen hoffte. Gegen Leo III., welcher ihm die Schlüssel zum Apostelgrabe, ja sogar die Fahne der Stadt übersendet hatte, war er sehr freundlich und versprach ihm in Paderborn 799 nachdrückliche Unterstützung in der gegen ihn ausgebrochenen Empörung. Es war eine günstige Zeit für Karl, sich selbst zum Kaiser und Herrn der unruhigen Stadt erklären zu lassen mit den Ansprüchen und der Sanction auf alle Länder, welche einst zu Rom gehört hatten. Er eilte nach Rom und wurde am 25. Dec. 800 vom Papste mit der Kaiserkrone geschmückt, indem ihm das Volk zujauchzte: „Dem Augustus Karl, dem von Gott gekrönten, grossen und friedebringenden Kaiser, Leben und Sieg!" Jetzt schien sich auch eine Amalgamirung zwischen den ursprünglichen Germanen mit den bereits romanisirten Germanen besser zu vollziehen und der lange Kampf zwischen Rom und den Germanen war ausgekämpft, indem die Germanen in den grossen Staatsverband mit den civilisirten romanischen Culturvölkern eintraten. So hatte sich die alte glorreiche Römerherrschaft in ein grosses germanisch-romanisches Reich umgewandelt. Ausser dem politischen Factor besass das Kaiserthum aber auch einen vorwiegend religiösen und das christliche Rom hegte vollends den Glauben an eine christliche Kirche und einen christlichen Staat. Diese religiös-politische Idee führte Karl auf die Theokratie des alten Bundes zurück. — Aber nicht nur auf politischem und kirchlichem Gebiete ist er eine hervorragende Persönlichkeit, sondern auch in der Kunst. Die von ihm erbauten Pfalzen zu Aachen, Ingelheim, Nimwegen sowie die Schiffbrücke bei Mainz und die Marienkirche in Aachen wurden für die schönsten Gebäude jener Zeit erklärt. Nach dem Muster seiner Pfalzschule zu Aachen liess er in Stiftern und Klöstern Schulen anlegen, zu Metz und Soissons Singschulen errichten und die Homilien ins Fränkische übersetzen. Auch beschäftigte er sich mit Astronomie und bemühte sich um die Herstellung eines reinen Bibeltextes.

17. Qui cum tantus in ampliando regno et subigendis exteris nationibus existeret, et in eiusmodi occupationibus assidue versaretur, opera tamen plurima ad regni decorem et commoditatem pertinentia diversis in locis inchoavit, quaedam etiam consummavit. Inter quae praecipua fere non immerito videri possunt basilica sanctae Dei genitricis Aquisgrani opere mirabili constructa, et pons apud Moguntiacum in Rheno quingentorum passuum longitudinis — nam tanta est ibi fluminis latitudo. Qui tamen uno antequam decederet anno incendio conflagravit, nec refici potuit propter festinatum illius decessum, quamquam in ea meditatione esset, ut pro ligneo lapideum restitueret. Inchoavit et palatia operis egregii, unum haud

longe a Moguntiaca civitate, juxta villam cuius vocabulum est *Engilenheim*[1]), alterum Noviomagi super Vahalem fluvium, qui Batavorum insulam a parte meridiana praeterfluit. Praecipue tamen aedes sacras, ubicunque in toto regno suo vetustate collapsas comperit, pontificibus et patribus ad quorum curam pertinebant, ut restauerentur, imperavit, adhibens curam per legatos, ut imperata perficerent. Molitus est et classem contra bellum Nortmannicum, aedificatis ad hoc navibus iuxta flumina, quae et ex Gallia et ex Germania septentrionalem influunt oceanum; et quia Nortmanni Gallicum litus atque Germanicum assidua inimicitia vastabant, per omnes portus et ostia fluminum, qui (hic) naves recipi posse videbantur, stationibus et excubiis dispositis, ne qua hostis exire potuisset, tali munitione prohibuit. Fecit idem a parte meridiana in litore provinciae Narbonensis ac Septimaniae, toto etiam Italiae litore usque ad Romam, contra Mauros nuper piraticam exercere aggressos; ac per hoc nullo gravi damno vel Italia a Mauris, vel Gallia atque Germania a Nortmannis diebus suis affecta est, praeter quod *Centumcellae*[2]), civitas Etruriae, per proditionem a Mauris capta atque vastata est, et in Frisia quaedam insulae Germanico litori contiguae a Nortmannis depraedatae sunt.

D. Vita Domestica.

18. Talem eum in tuendo et ampliando simulque ornando regno fuisse constat. Cuius animi dotes, et summam in qualicunque, et prospero et adverso, eventu mirari liceat constantiam. Ceteraque ad interiorem atque domesticam vitam pertinentia iam abhinc dicere exordiar.

Post mortem patris cum fratre regnum partitus, tanta patientia simultates et invidiam eius pertulit, ut omnibus mirum videretur, quod ne ad iracundiam quidem ab eo provocari potuisset. Deinde cum matris hortatu filiam Desiderii, regis Longobardorum, duxisset uxorem, incertum qua de causa, post annum eam repudiavit, et Hildegardem ex gente Suevorum, praecipuae nobilitatis feminam, in matrimonium accepit, ex

---

1) Ermold Nigelbus giebt im 4. Buche seines dem Kaiser Ludwig gewidmeten Gedichts (Vers 179—282) eine Beschreibung von diesem Palaste und der Kirche, worin die ganze heilige Geschichte des alten und neuen Bundes von Adam bis zu Christi Himmelfahrt bildlich dargestellt war. Im Palast war die Weltgeschichte mehr vertreten; denn auf der einen Seite erschienen Ninus, Cyrus, Alexander, Romulus und Remus, Hannibal etc.; auf der andern gewahrte man Constantin, Theodosius, Karl Martell, Pippin und Karl den Grossen. Kaiser Friedrich I. (1152—1190) liess die beiden Paläste zu Ingelheim und Nymwegen restauriren. Dem Handel und Gewerbe wies Karl neue Wege und Hülfsmittel an und cultivirte auch den Ackerbau, indem er seine Meierhöfe zu Musterwirthschaften umschuf.

2) Civitavecchia.

qua tres filios, Carolum videlicet et Pippinum et Ludovicum, totidemque filias, Hruodrudem et Bertham et Giselam, genuit. Habuit et alias tres filias, Theoderadam et Hiltrudem et Ruodhaidem. Defuncta Fastrada Liudgardam Alamannam duxit, ex qua liberos non tulit. Mater quoque eius Bertrada in magno apud eum honore consenuit. Colebat enim eam cum summa reverentia, ita ut nulla umquam invicem sit exorta discordia, praeter in divortio filiae Desiderii regis, quam illa suadente acceperat. Decessit tandem post mortem Hildegardae. Erat ei unica soror, nomine Gisla, a puellaribus annis religiosae conversationi mancipata, quam similiter ut matrem magna coluit pietate; quae etiam paucis ante obitum illius annis in eo, quo conversata est, monasterio decessit.

Liberos suos ita censuit instituendos, ut tam filii quam filiae primo liberalibus studiis, quibus et ipse operam dabat, erudirentur. Tum filios, cum primum aetas patiebatur, more Francorum equitare, armis et venatibus exerceri fecit, filias vero lanificio adsuescere, coloque et *fuso* [1]), ne per otium torperent, operam impendere, atque ad omnem honestatem erudiri iussit. Ex his omnibus duos tantum filios et unam filiam, priusquam moriretur, amisit, Carolum, qui maior natu erat, Pippinum, quem regem Italiae praefecerat, et Hruodrudem, quae filiarum eius primogenita, et a Constantino, Graecorum imperatore, desponsata erat. Quorum Pippinus unum filium suum Bernhardum, filias autem quinque, Adalhaidem, Atulam, Guntradam, Bertaidem ac Theoderadam superstites reliquit. In quibus rex pietatis suae praecipuum documentum ostendit, cum, filio defuncto, nepotem patri succedere, et neptes inter filias suas educari fecisset. Mortes filiorum ac filiae, pro magnanimitate qua excellebat, nimis patienter tulit, pietate videlicet, qua non minus insignis erat, compulsus ad lacrimas. Nuntiato etiam sibi Adriani Romani pontificis obitu, quem in amicis praecipuum habebat, sic flevit, ut filium aut si fratrem amisisset carissimum. Erat enim in amicitiis optime temperatus, ut eas et facile admitteret et constantissime retineret, colebatque sanctissime quoscumque hac affinitate sibi coniunxerat. Filiorum et filiarum tantam in educando curam habuit, ut numquam domi positus sine ipsis coenaret, numquam iter sine illis ageret: adequitabant ei filii, filiae vero paene sequebantur, quarum agmen extremum ex satellitum numero ad hoc ordinati tuebantur. Corpore fuit amplo atque robusto, statura eminenti [2]), quae tamen iustam non excederet — nam septem

---

1) Karl's Mutter hat in der Sage den Beinamen der Spinnerin.
2) Angilbert sagt in seinem Gedicht: „Ueber alle ragt König Karl hervor mit seinen hohen Schultern".

suorum pedum proceritatem eius constat habuisse mensuram — *apice*[1]) capitis rotundo, oculis praegrandibus ac *vegetis*, naso paululum mediocritatem excedenti, canitie pulchra, facie laeta et hilari. Unde formae auctoritas ac dignitas tam stanti quam sedenti plurima acquirebatur. Quamquam cervex *obesa*[2]) et brevior, venterque proiectior videretur, tamen haec ceterorum membrorum celabat aequalitas. *Incessu*[3]) firmo, totaque corporis habitudine virili, voce clara quidem, sed quae minus corporis formae conveniret; valetudine prospera, praeter quod, antequam decederet, per quatuor annos crebro febribus corripiebatur, ad extremum etiam uno pede claudicaret. Et tunc quidem plura suo arbitratu quam medicorum consilio faciebat, quos pene *exosos*[4]) habebat, quod ei in cibis *assa*[5]), quibus assuetus erat, dimittere, et *elixis* adsuescere suadebant. Exercebatur assidue equitando ac venando, quod illi *gentilicium*[6]) erat; quia vix ulla in terris natio invenitur, quae in hac arte Francis possit aequari. Delectabatur etiam vaporibus aquarum natura calentium, frequenti natatu corpus exercens, cuius adeo peritus fuit, ut nullus ei juste valeat anteferri. Ob hoc etiam Aquisgrani regiam exstruxit, ibique extremis vitae annis usque ad obitum perpetim habitavit. Et non solum filios ad balneum, verum optimates et amicos, aliquando etiam satellitum et custodum corporis turbam, invitavit, ita ut nonnumquam centum vel eo amplius homines una lavarentur. Vestitu patrio, id est francisco utebatur. Corpus *camisa*[7]) linea et *feminalibus lineis*[8]) induebatur; deinde tunica, quae limbo[9]) serico ambiebatur, et *tibialibus*[10]); tum fasciolis crura et pedes calciamentis constringebat et ex *pellibus lutrinis et murinis*[11]) *thorace*[12]) confecto humeros ac pectus hieme muniebat; sago veneto amictus et gladio semper adcinctus, cuius *capulus*[13]) et balteus aut aureus aut argenteus erat. Aliquoties et gemmato ense utebatur, quod tamen non nisi in praecipuis festivitatibus, vel si quando exterarum gentium legati venissent. Peregrina vero indumenta,

---

1) apex (apisci) die Spitze, der Scheitel.
2) obesus, a. um fett, dick.
3) Incessus der Gang. Incessum fingere, Cic.
4) exosus, a, um verhasst.
5) assum Braten.
6) gentilicius, national, Gell. 1, 9.
7) *camisa, camisia*, Papias ex Scholiaste Lucani: Interula, interior tunica, hoc est supparum, quod vulgo dicitur camisia = Hemd (chemise).
8) *feminalia linea* leinene Unterhosen feminalia, quae et femoralia, quibus femen, seu femur, tegitur. Theganus de gestis Ludovici pii c. 19.
9) *limbus*, Besatz, Bordure, Verg., Ovid.
10) *tibialia*, Strümpfe, cf. Suet. Oct. 82 oder Binde um das Schienbein.
11) *pellis lutrinus et murinus* (lutra, die Fischotter, Plin. u. Vitr.) Seehunds- und Zobelpelz.
12) *Thorax*, eine Jacke, Rock, Iuven. u. Sueton.
13) *capulus*, der Degengriff, Cic. u. Verg.

quamvis pulcherrima, respuebat, nec umquam eis indui patiebatur, excepta, quod Romae semel, Adriano pontifice petente, et iterum Leone successore eius supplicante, longa tunica et clamide amictus, calceis quoque Romano more formatis induebatur. In festivitatibus veste auro texta et *calciamentis gemmatis*[1], et fibula aurea sagum adstringente, diademate quoque ex auro et gemmis ornatus incedebat; aliis autem diebus habitus eius parum a communi et plebeio abhorrebat.

Während Karl das Kriegswesen sich vorbehielt, ging die höchste Justizgewalt in die Hände des Pfalzgrafen am Hofe über. Aber von seinem legislatorischen Blicke legen die Capitularien das sprechendste Zeugniss ab. In der Administration der Provinzen liess er die Herzogsgewalt aufhören und bestimmte als Basis des ganzen Reichsorganismus die Gaueintheilung und Grafengewalt. Für die Wahl seiner Beamten und Minister besass er den richtigen Blick. Sein Ruf verbreitete sich weit und breit und sogar der König von Schottland, der Chalif Harun al Raschid, der griechische Hof, der Chan der Bulgaren und die Sarazenen bezeugten ihm durch Gesandtschaften und Geschenke ihre Achtung.

In cibo et potu temperans, sed in potu temperantior, quippe qui ebrietatem in qualicunque homine, nedum in se ac suis, plurimum abominabatur. Cibo enim non adeo abstinere poterat, ut saepe quereretur, noxia corpori suo esse ieiunia. Convivabatur rarissime, et hoc praecipuis tantum festivitatibus, tunc tamen cum magno hominum numero. Coena quotidiana quaternis tantum *ferculis*[2]) praebebatur, praeter assum, quam venatores veribus inferre solebant, qua ille libentius quam ullo alio cibo vescebatur. Inter coenandum aut aliquod *acroama*[3]) aut lectorem audiebat. Legebantur ei historiae et antiquorum res gestae. Delectabatur et libris sancti Augustini praecipueque his qui de civitate Dei praetitulati sunt. Vini et omnis potus adeo parcus in bibendo erat ut super cœnam raro plus quam ter biberet. Aestate post cibum meridianum pomorum aliquid sumens, ac semel bibens, depositis vestibus et calciamentis, velut noctu solitus erat, duabus aut tribus horis quiescebat. Noctibus sic dormiebat, ut somnum quater aut quinquies non solum expergiscendo, sed etiam deresurgendo interrumperet. Cum calciaretur aut amiciretur, non tantum amicos admittebat, verum etiam, si comes palatii litem aliquam esse diceret quae sine eius jussu definiri non posset, statim litigantes introducere jussit, et, velut pro tribunali sederet, lite cognita sententiam dixit; nec hoc tantum eo tempore, sed etiam, eo die

---

1) calciamenta gemmata, mit Edelsteinen besetzte Schuhe.
2) *ferculum* (statt fericulum v. ferre) eine Tracht Speisen, ein Gang, eine Schüssel, Petron. u. Suet., Hor. und Plin.
3) acroama (ἀκρόαμα) Ergötzung der Ohren, Tischmusik, Tischlectüre, Cic. Arch. 9, 20. Nep. Att. 14, 1.

quidquid cuiuslibet officii agendum aut cuiquam ministrorum iniungendum erat, expediebat.

Erat eloquentia copiosus et exuberans, poteratque, quicquid vellet, apertissime exprimere. Nec patrio tantum sermone contentus, etiam peregrinis linguis ediscendis operam impendit; in quibus latinam ita didicit, ut aeque illa ac patria lingua orare sit solitus; graecam vero melius intelligere quam pronuntiare poterat. Adeo quidem facundus erat, ut etiam *didascalus*[1]) appareret. Artes liberales studiosissime coluit, earumque doctores plurimum veneratus, magnis afficiebat honoribus. In discenda grammatica *Petrum Pisanum*, diaconum, senem audivit, in ceteris disciplinis Albinum cognomento *Alcuinum*[2]), item diaconum, e Britannia, Saxonici generis hominem, virum undecunque doctissimum, praeceptorem habuit; apud quem et rhetoricae et dialecticae, praecipue tamen astronomiae ediscendae plurimum et temporis et laboris impertivit. Discebat artem computandi, et intentione sagaci siderum cursus curiosissime rimabatur. Temptabat et scribere, tabulasque et codicellos ad hoc in lecto sub cervicalibus circumferre solebat, ut, cum vacuum tempus esset, manum litteris effingendis adsuesceret; sed parum successit labor praeposterus ac sero inchoatus.

Religionem christianam, qua ab infantia fuerat imbutus, sanctissime et cum summa pietate coluit, ac propter hoc plurimae pulchritudinis basilicam Aquisgrani exstruxit, auroque et argento et *luminaribus*[4]), atque ex aere solido *cancellis*[5]) et ianuis adornavit. Ad cuius structuram cum columnas et marmora aliunde habere non posset, Roma atque Ravenna devehenda curavit. Ecclesiam et mane et vespere, item nocturnis horis et sacrificii tempore, quoad ei valetudo permiserat, impigre frequentabat[6]), curabatque magnopere, ut omnia quae

---

1) didascalus, Lehrer.
2) Alcuin starb am 19. Mai 804.
3) Die schwere, schwertgewohnte Hand übte sich noch spät im Schreiben, oft während der Nacht, wenn er nicht schlafen konnte. Auch trieb er Ethik, Physik, Logik und Astronomie.
4) *luminaria*, Kerzen, Hieron.
5) *cancelli*, (Dim. v. cancer) Schranken, Gitter.
6) Gegen die Kirche besass Karl eine grosse Pietät, welche jedoch nicht in blinde Nachgiebigkeit gegen den Clerus und Papst ausartete. Die Bischöfe bestätigte und installirte er und der Klerus wurde von ihm stets in Abhängigkeit und Unterwürfigkeit gehalten. Die neu angelegten Bisthümer betrachtete er als Stützen seiner Macht und die nach Benedict's von Nursia Regel entstehenden Klöster mehrten die Hierarchie. Auch für die Armenpflege seiner Zeit traf er die weitgehendsten Bestimmungen und Vorkehrungen. Seinen nie rastenden Geist beschäftigte

in ea gerebantur, cum quam maxima fierent honestate; aedituos creberrime commonens, ne quid indecens aut sordidum aut inferri aut in ea remanere permitterent. Legendi atque spallendi disciplinam diligentissime emendavit. In pauperes sustentandos et gratuitam liberalitatem, quam Graeci elemosynam vocant, devotissimus, ut qui non in patria solum et in regno suo id facere curaverit, verum trans maria in Syriam et Aegyptum atque Africam, Hierosolymis, Alexandriae atque Carthagine, ubi christianos in paupertate vivere compererat, penuriae illorum compatiens, pecuniam mittere solebat; ob hoc maxime transmarinorum regum amicitias expetens, ut christianis sub eorum dominatu degentibus *refrigerium*[1]) aliquod ac relevatio proveniret. Colebat prae ceteris sacris et venerabilibus locis apud Romam ecclesiam beati Petri apostoli, in cuius donaria magna vis pecuniae, tam in auro quam in argento, nec non et gemmis, ab illo congesta est. Quam cum tanti penderet, tamen intra 47 annorum, quibus regnaverat, spatium quater tantum illo votorum solvendorum ac supplicandi causa profectus est.

Post susceptum imperiale nomen, cum adverteret multa legibus populi sui deesse — nam Franci duas habent leges[2]), in plurimis locis valde diversas — cogitavit quae deerant addere et discrepantia unire, prava quoque ac perperam prolata corrigere; sed de his nihil aliud ab eo factum est, nisi quod pauca capitula, et ea imperfecta, legibus addidit. Omnium tamen nationum, quae sub eius dominatu erant, iura quae scripta non erant, describi ac literis mandari iussit[3]). Item barbara et antiquissima carmina[4]), quibus veterum regum actus et bella canebantur, scripsit memoriaeque mandavit. Inchoavit et grammaticam patrii sermonis. Mensibus etiam iuxta propriam linguam vocabula imposuit, cum ante id temporis apud Francos partim latinis partim barbaris nominibus pronunciarentur. Item ventos duodecim propriis appellationibus insignivit, cum prius non amplius quam vix quatuor ventorum vocabula possent inveniri. Et de mensibus quidem Januarium

---

auch schon die Idee einer allgemeinen Volksbildung, welche aber von der theologischen Gelehrtenbildung ihren Ausgang nehmen musste. Deshalb begünstigte er die neulat. Gelehrsamkeit und zog die grössten Gelehrten der damaligen Zeit an seine Hofacademie in Aachen.

1) refrigerium (refrigero) die Kühlung; dah. trop. die Linderung, Labung, der Trost.
2) Das salische und das ripuarische Gesetz.
3) So liess er die Volksrechte der Sachsen, Thüringer und Friesen aufzeichnen.
4) Die alten Nationalgesänge wurden auf seine Veranlassung gesammelt und aufgezeichnet.

Wintarmanot, Februarium *Hornung*¹), Martium Lenzimanot, Aprilem Ostarmanot, Maium Winnemanot, Junium Brachmanot, Julium Heuvimanot, Augustum *Aranmanot*, Septembrem *Witumanot*²), Octobrem *Windumemanot*³) Novembrem Herbismanot, Decembrem Heilagmanot appellavit. Ventis vero hoc modo nomina imposuit, ut Subsolanum vocaret Ostroniwint, Eurum Ostsundroni, Euroaustrum Sundostroni, Austrum Sundroni, Austroafricum Sundwestroni, Africum Westsundroni, Zephyrum Westroni, Chorum Westnordroni, Circium Nordwestroni, Septemtrionem Nordroni, Aquilonem Nordostroni, Vulturnum Ostnordroni.

30. Extremo vitae tempore, cum iam et morbo et senectute premeretur, vocatum ad se Ludovicum filium, Aquitaniae regem, qui solus filiorum Hildegardae supererat, congregatis solemniter de toto regno Francorum primoribus, cunctorum consilio consortem sibi totius regni et imperialis nominis heredem constituit, impositoque capiti eius diademate, Imperatorem et Augustum iussit appellari. Susceptum est hoc eius consilium ab omnibus qui aderant magno cum favore; nam divinitus ei propter regni utilitatem videbatur inspiratum; auxitque maiestatem eius hoc factum, et exteris nationibus non minimum terroris incussit. Dimisso deinde in Aquitaniam filio, ipse more solito, quamvis senectute confectus, non longe a regia Aquensi venatum proficiscitur, exactoque in huiuscemodi negotio quod reliquum erat autumni, circa Calendas Novembris Aquisgrani revertitur. Cumque ibi hiemaret, mense Januario, febre valida correptus, decubuit. Qui statim, ut in febribus solebat, cibi sibi abstinentiam indixit, arbitratus hac continentia morbum posse depelli vel certe mitigari, sed accedente ad febrem lateris dolore, quem Graeci pleuresin⁴) dicunt, illoque adhuc inediam retinente, neque corpus aliter quam rarissimo potu sustentante, septimo postquam decubuit die, sacra communione percepta, decessit, anno aetatis suae septuagesimo secundo, et ex quo regnare coeperat, quadragesimo septimo, 5. Calendas Februarii, hora diei tertia⁵).

---

1) Hornung von Hor, Koth.
2) Witu, Holz, der Monat, wo das Holz gefällt wird.
3) Der Monat der Weinlese, von windemon, lat. vindemiare.
4) Gewöhnlich Pleuritis.
5) Es galt unter den erlauchten Herrschergestalten des Mittelalters für eine besondere Ehre, Karl zur Seite gestellt zu werden. Das französische Ritterthum verherrlichte ihn als den ersten Ritter, das deutsche Bürgerthum als den väterlichen Volksfreund und gerechtesten Richter; die katholische Kirche versetzte ihn unter die Heiligen, die Poesie aller Völker kräftigte und stärkte sich an seiner gewaltigen hehren Erscheinung. —

31. Corpus more solemni lotum et curatum, et maximo totius populi luctu ecclesiae illatum atque humatum est. Dubitatum est primo, ubi reponi deberet, eo quod ipse vivus de hoc nihil praecepisset; tandem omnium animis sedit, nusquam eum honestius tumulari posse, quam in ea basilica, quam ipse propter amorem Dei et domini nostri Jesu Christi, et ob honorem sanctae et aeternae Virginis, genitricis eius, proprio sumtu in eodem vico construxit. In hac sepultus est eodem die quod defunctus est, arcusque supra tumulum deauratus cum imagine et titulo exstructus. Titulus ille hoc modo descriptus est:

SUB HOC CONDITORIO SITUM EST
CORPUS CAROLI MAGNI ATQUE
ORTHODOXI IMPERATORIS,
QUI REGNUM FRANCORUM
NOBILITER AMPLIAVIT
ET PER ANNOS XLVII
FELICITER REXIT.
ANNO DOMINI DCCC⁰ XIIII.
INDITIONE. VII. V. CAL. FEBR.

II. Thegan's Leben.

Thegan stammte aus einem altadligen Geschlechte und trat schon früh in den geistlichen Stand. Seinen Namen hat uns der gelehrte Abt von Reichenau, Walafried Strabo aufbewahrt, mit welchem auch Thegan in Verkehr gestanden zu haben scheint. Er beschäftigte sich viel mit den alten Klassikern; sein Werk über Ludwig den Frommen, welches er im Jahre 836 schrieb, umfasste den Zeitraum von 813 — 835. Ausführlicher hat er die Kronübertragung an Ludwig und seine wichtigsten Verwaltungsmassregeln nach seiner Thronbesteigung behandelt. Er ist ein entschiedener Anhänger Ludwig's und durch seine Parteistellung erhält sein sonst ziemlich farbloses Werk einen eigenthümlichen Reiz. Die Nichtswürdigkeit und Erbärmlichkeit Lothar's aber stellt er nicht in das gehörige Licht sowie er die Beweggründe zu der ersten Empörung im Jahre 831 verschweigt und den Aufstand Ludwig's und Pippin's Verhalten im Jahre 833 nur dürftig erzählt. Auch giebt er von dem Rückschlage, der sich nach seiner Erniedrigung für Ludwig im ganzen Reiche kund gab, nur dürftige Notizen, wogegen Lothar's zweite Unterwerfung im Jahre 843 gut und ausführlicher behandelt ist. Die Sprache Thegan's ist etwas hart und ungefügig, die Eintheilung des Werkes in Capitel verdanken wir dem Walafried Strabo.

III. Thegani Vita Ludovici imperatoris. (c. 5. 8. 9. 10. 11. 12.)

Karl der Grosse hatte bestimmt, dass das Kaiserthum in seinem Hause erblich verbleiben und an Austrasien, seines Geschlechtes Stammlande, haften sollte. Nach seiner Brüder Karl's und Pippin's Tode fiel Ludwig mit dem Kaiserthume das ganze Reich des Vaters zu und nur Bernhard, Pippin's Sohn, behielt mit beschränkter Gewalt Italien. Bei seiner Thronbesteigung zählte Ludwig 36 Jahre, allein er war kein Mann, sondern ein träger, energieloser Schwächling. Durch eine sorgfältige Erziehung und tüchtige Uebung in den Waffen hätte er seines Vaters vortreffliche Eigenschaften und Vorzüge noch erhöhen können, wenn ihm nicht Energie und Consequenz gemangelt hätten. Seine gepriesene Mildthätigkeit artete in die grösste Verschleuderung aus, aus der zärtlichen Anhänglichkeit und Fürsorge für die Seinen wurde die kläglichste Ohnmacht; seine Frömmigkeit und Religiosität brachten ihn zu der schimpflichen Abhängigkeit von der Geistlichkeit. Er überliess die Zügel der Regierung unwürdigen Günstlingen und bevorzugte stets die romanische Nationalität vor der germanischen bei der Besetzung von einflussreichen Staatsämtern. Geistliche Stiftungen bereicherte und vermehrte er und gründete die ersten Klöster als Pflanzstätten der Cultur und Civilisation in Sachsen.

Ludovicus postquam ad aetatem pervenit, desponsavit sibi filiam nobilissimi ducis Ingorammi, qui erat filius fratris Ruotgangi, sancti pontificis. Haec vero virgo Irmingarda vocabatur, quam cum consilio et consensu patris reginam constituit atque ex ea tres filios habuit adhuc vivente patre, quorum unus vocabatur Lotharius, alter Pippinus, tertius aequivocus eius Ludovicus. Post obitum gloriosissimi imperatoris Caroli perrexit filius eius Ludovicus de partibus Aquitaniae, venit ad Aquisgrani palatium et suscipit omnia regna quae tradidit deus patri suo sine ulla contradictione. Qui est annus incarnationis Domini octingentesimus decimus quartus, qui est primus annus regni eius. Post patrem sedit in supradicto palatio, et imprimis cum maxima festinatione iussit ostendi sibi omnes thesauros patris in auro, argento, gemmis pretiosissimis et in omni supellectili. Dedit sororibus suis partem earum legalem, et quidquid remanserat, dedit pro anima patris. Maximam partem thesauri misit Romam temporibus beati Leonis papae, et quidquid super hoc remanserat, sacerdotibus et pauperibus, advenis, viduis, orphanis omnia distribuit, nihil sibi reservans praeter mensam unam argenteam, quae triformis est, in modum quasi tres clipei in unum coniuncti; ipsam sibi retinuit ob amorem patris, et tamen eam alio pretio redemit quod pro patre tradidit.

Hoc facto legati venerunt ad eum ex omnibus regnis et provinciis, exteris nationibus et omnes qui sub ditione erant patris sui, nuntiantes pacem et fidem erga eum observare, et spontaneum obsequium non coacti obtulerunt. Inter quos venerunt legati Graecorum cum Amalarico Trevirensi episcopo, qui erat legatus piae memoriae Caroli ad imperatorem Constantinopolitanum cuius nomen modo memoriae non ocurrit. Illi venientes, in solio patris collocatum regem Ludovicum invenerunt, quia sic Dominus ordinavit. Ille eos benigne suscipiens, et dona eorum cum gratiarum actione suscepit et colloquium familiare interim, quousque cum eo erant, habebat. Non post multos dies magnis honoribus decoravit eos et dimisit ire ad propria et ante eos misit missos suos praeparare iis quidquid desiderabant ad opus eorum, quousque fuissent in regno eius. Eodem anno Ludovicus iussit omnia praecepta renovari, quae temporibus patrum suorum gesta erant ecclesiis Dei, et ipse manu propria ea cum subscriptione *roboravit*.

Interim venerunt legati Beneventanorum, qui omnem terram Beneventi suae potestati tradiderunt, et multa milia aureorum per annos singulos ad censum tradere promiserunt: quod ita perfecerunt usque in hodiernum diem.

Eodem tempore venit Bernhardus, filius fratris sui Pippini, et tradidit semetipsum ei ad procerem et fidelitatem cum iuramento promisit. Suscepit eum libenter Ludovicus, et magnis donis ac honorificis honoravit eum; permisit eum iterum ire incolumem in Italiam.

Ludovicus misit legatos suos super omnia regna sua inquirere et investigare, si alicui aliqua iniustitia perpetrata fuisset, et si aliquem invenissent qui haec dicere voluisset, et cum verissimis testibus hoc comprobare potuisset, statim cum iis in praesentiam eius venire praecepit. Qui egressi, invenerunt innumeram multitudinem oppressorum aut ablatione patrimonii, aut exspoliatione libertatis; quod iniqui ministri, comites, et locopositi per malum ingenium exercebant. Haec omnia princeps destruere iussit acta, quae impie in diebus patris sui per iniquorum ministrorum manus facta fuerant. Patrimonia oppressis reddidit, iniuste ad servitium inclinatos absolvit, et omnibus praecepta facere iussit, et manu propria cum conscriptione firmavit. Fecit enim hoc diu temporis.

Schon im Jahre 817 erliess er eine Successionsordnung, nach welcher er auf besonderen Wunsch des Klerus seinen ältesten Sohn Lothar zum Mitkaiser ernannte, seine beiden jüngeren Söhne Pippin und Ludwig mit kleineren Territorien abfand. Seinen revoltirenden Neffen Bernhard nahm er gefangen und liess ihn zum Tode verurtheilen. Dem aus der zweiten Ehe mit der welfischen Judith geborenen Sohne Karl wandte er eine besondere Vorliebe und Zuneigung zu und liess sich deshalb herbei, die Erbfolgeordnung umzustossen und sich wieder zu den alten Grundsätzen der Reichstheilung zurückzuwenden (829). Da liess sich Lothar zu jener unheilvollen Allianz mit seinen Brüdern und dem Klerus gegen seinen Vater bewegen. Und trotzdem sich die Aristokratie der deutschen Stämme für den Kaiser Ludwig erhob, unterlag er doch zuletzt seinen Söhnen und mit ihm wurde das Kaiserthum in den Staub getreten (833). Es kam zwar eine Aussöhnung auf eine kurze Zeit zu Stande, doch die klaffende Wunde schloss sich nicht wieder.

Imperator venit ad Aquisgrani palatium ad sedem suam. Pollebat enim de die in diem in virtutibus sacris, quod prolixum est enumerare. Erat enim statura mediocri, oculis magnis et claris, vultu lucido, naso longo et recto, labiis non nimis densis nec nimis tenuibus, forti pectore, scapulis latis, brachiis fortissimis, ita ut nullus ei in arcu vel lancea sagittando aequiparare poterat: manibus longis, digitis rectis, tibiis longis et ad mensuram graciles, pedibus longis, voce virili. Lingua graeca et latina valde eruditus, sed graecam melius intelligere poterat quam loqui; latinam vero sicut naturalem aequaliter loqui poterat. Sensum vero in omnibus scripturis spiritalem et moralem, nec non et anagogen optime noverat. Poetica carmina gentilia quae in iuventute didicerat, respuit, nec legere, nec audire, nec docere voluit. Erat fortis in membris suis, agilis et impiger, tardus ad irascendum et facilis ad miserandum. Quoties mane quotidianis diebus ad ecclesiam perrexerat causa orationis, flexis genibus fronte tetigit pavamentum, humiliter diu orans, aliquando cum lacrimis; et omnibus moribus bonis semper ornatus. In tantum largus, ut antea nec in antiquis libris nec modernis temporibus auditum est, ut villas regias, quae erant patris sui et avi et *tritavi*, (Urgrossvater) fidelibus suis tradidit eas in possessionem sempiternam, et praecepta constituit, et anuli sui impressione cum consubscriptione manu propria roboravit. Fecerat enim hoc diu temporis. Erat enim in cibo potuque sobrius et in *indumentis* suis moderabilis. Nunquam aureo resplenduit vestimento nisi tantum in summis festivitatibus sicut patres eius solebant agere. Tunc nihil in diebus se induit praeter camisiam et *femoralia* (Strümpfe) nisi cum auro texta, limbo aureo, balteo aureo praecinctus et ense auro fulgente, ocreas aureas et clamidem cum auro textam et Coronam auream in capite gestans et baculum aureum in manu tenens. Numquam in risum exaltavit vocem suam nec quando in summis festivitatibus ad laetitiam populi procedebant *themilici* (Schauspieler), scurri (Possenreisser) et mimi cum coraulis (Sänger) et citharistis ad mensam coram eo; *tunc ad mensuram ridebat populus coram eo* (das Volk fiel an einzelnen Stellen lachend ein), ille numquam nec dentes candidos suos in risu ostendit. Quotidie ante cibum elemosinarum largitionem pauperibus exhibuit, et ubicunque erat, xenodochia (Spitäler) secum habebat. Mense autem Augusto, quando cervi pinguissimi sunt, venatione vacabat usque dum aprorum tempus advenerat.

Omnia prudenter et caute agens, nihil indiscrete faciens praeter quod consiliariis suis magis credidit quam opus esset; quod ei fecit occupatio spalmodiae et lectionum assiduitas et aliud, quod ille non incipiebat. Quia iamdudum illa pessima consuetudo erat, ut ex vilissimis servis, fiebant summi pontifices: hoc non prohibuit; tamen maximum malum est in populo christiano, sicut testantur Regum historiae de Hieroboam filio Nabud, qui erat servus regis Salomonis et post eum principatum habebat super decem tribus filiorum Israel. Imperator denominavit filium suum Lotharium, ut post obitum suum omnia regna quae tradidit ei Deus per manum patris susciperet atque nomen haberet et imperium patris; ceteri filii ob hoc indignati sunt.

Ipso eodemque anno Bernhardus per exhortationem malorum hominum extollens se adversus patruelem suum voluit eum e regno expellere. Habebat enim impios consiliarios hinc inde. Quod audiens imperator perrexit de Aquisgrani palatio, pervenit ad *Cavillonis urbem*[1]), ubi obviam ei venit Bernhardus cum consiliariis suis impiis, et sese ostenderunt et commendati sunt. Imperator vero celebravit ibidem natalem Domini. Inde revertens venit ad sedem suam Aquisgrani et post pascha habuit conventum magnum populorum et omnes investigavit infidelium nequissimas conspirationes huius rei. Inventi sunt autem nonnulli in hac seditione esse lapsos ex utrisque Francorum et Longobardorum, qui omnes iudicati sunt mortis praeter episcopos, qui postmodum depositi in confessione eorum facti sunt. Hi fuerunt Anselmus Mediolanensis et Theodulfus *Aurelianensis*[2]) Wolvodus Cremonensis. Illud iudicium mortale, quod ceteris factum fuerat, imperator exercere noluit, sed consiliarii Bernhardum oculis privarunt similiter et *exhortatores*[3]) suos Egiltheum, Reginhardum et Reginharium, qui erat dux Austriae infidelissimus.

Bernhard fühlte sich durch die getroffenen Dispositionen Ludwig's gekränkt und rüstete sich deshalb für sein besseres Recht. Aber die Kaiserin Irmengard lockte ihn nach Chalons, wo er verhaftet und darauf nach Aachen abgeführt und geblendet wurde, woran er nach drei Tagen starb.

---

1) Chalons sur Saône.
2) Orleans.
3) Hauptanstifter.

a. 818. Tertio die post amissionem luminum Bernhardus obiit. Quod audiens imperator magno cum dolore flevit multis temporibus et confessionem dedit coram omnibus episcopis suis et iudicio eorum poenitentiam suscepit propter hoc tantum, quia non prohibuit consiliariis suis hanc debilitatem agere. Ob hanc causam multa dedit pauperibus propter purgationem animae suae.

Eodem tempore iussit fratres suos tonsurari, Drogonem, Hug et Theodoricum[1]), discordiam ad mitigandam et liberalibus disciplinis iussit instrui, quos postmodum honorifice constituit, Drogoni episcopatum dedit et Hugoni coenobia, monasteria.

Tunc perrexit imperator ad partes Britanniae[2]) cum exercitu, et ibi Marcomannus dux eorum interfectus est, et omnem terram illam suae ditioni subegit. Inde regrediens invenit Irmingardam reginam febricitantem, quae non post multos dies obiit in pace[3]).

Nach Irmengard's Tode wählte er Welf's von Baiern Tochter, die schöne Judith, aus uraltem schwäbischem fürstengleichem Stamme, welche ihm Karl den Kahlen 823 gebar. — Als man in ihm bald den blossen Priesterknecht gewahrte, entstanden viele tief eingreifende Meutereien in Unterpannonien, Aquitanien, Bretagne, bei den Obotriten, Dänen, in der spanischen Mark. Hierzu gesellten sich auch Plagen der Natur, sodass Ludwig in tiefster Zerknirschung und Reue aus eigenem Antriebe vor einer grossen Versammlung im Bussgewande ein Bekenntniss seiner Sünden ablegte.

a. 819. Sequenti vero anno accepit filiam Welfi ducis sui, qui erat de nobilissima progenie Bavariorum, et nomen Virginis Judith, quae erat ex parte matris, cuius nomen Eigilvi, nobilissimi generis Saxonici, eamque reginam constituit. Erat enim pulcherrima. Eodem anno Ingilenheim in villa regia generale placitum suum inibi habuit.

a. 829. Deinde venit Wormatiam, ubi et Carolo filio suo, qui erat ex Judith augusta natus, terram Alamannicam et Rhaeticam et partem aliquam Burgundiae coram filiis suis Lothario et aequivoco suo tradidit; et illi inde indignati sunt una cum Pippino germano eorum.

---

1) Drogo und Hug und Theoderich, Söhne Karls des Grossen. Drogo wurde Bischof von Metz, Hug Abt von St. Quentin und St. Bertin.
2) Bretagne, Land der Bretonen.
3) † 30. October 818 zu Angers.

Nachdem Kaiser Ludwig seinem Sohne Karl ein Reich, bestehend aus Alemannien, Rhaetien und Theilen von Burgund übergeben hatte, empörten sich die anderen Söhne darüber und erhoben die Waffen gegen ihren Vater. Bernhard entfloh, Judith flüchtete sich in ein Kloster und der Kaiser zog seinem Sohne Pippin nach Compiègne entgegen. Auch Lothar schloss sich dem Rebellen an und man wollte den Kaiser zur Abdankung zwingen. Jetzt aber regte sich für den Kaiser die Geistlichkeit und sein gleichnamiger Sohn Ludwig, sodass der Kaiser wieder auf den Thron gelangte. Lothar verzichtete auf das Mitkaiserthum. 833 standen alle drei älteren Söhne nebst dem Papste Gregor IV dem Vater bei Colmar auf dem Lügenfelde entgegen, wo man ihm seinen Anhang entriss und ihn zwang, sich seinen Kindern zu ergeben. Darauf musste er die stillen Klosterzellen mit dem Throne vertauschen und ein Verzeichniss aller seiner Sünden in Soissons ablesen.

Post pascha audivit, iterum filios suos adversus eum venire voluisse non pacifice. Quamobrem congregavit exercitum et perrexit obviam iis usque in magnum campum qui est inter Argentoratum et Basileam, qui usque hodie nominatur *Campus mendacii*[1]), ubi plurimorum fidelitas extincta est. Filii autem eius perrexerunt obviam ei cum Gregorio papa Romano; et quidquid postulabant, nihil eis pater consentiens. Non post multos dies venerunt ad colloquium imperator et supradictus pontifex; qui non diu loquentes, honoravit eum pontifex inprimis magnis et innumeris donis. Postquam uterque rediit ad tabernaculum, misit imperator dona regalia per Adalungum venerabilem abbatem atque presbyterum supradicto pontifici. Tunc consiliati sunt nonnulli, ut imperatorem derelinquerent et ad filios eius pervenirent, inprimis qui eum antea offendebant; ceterisque sequentibus, quadam nocte pars maxima dimisit eum, et tentoria eorum relinquentes, pervenerunt ad filios. In crastinum aliqui qui remanserant, venerunt ad imperatorem, quibus praecepit dicens: *Ite,* ait, *ad filios meos. Nolo ut ullus propter me vitam aut membra dimittat!* At illi infusi lacrimis decedebant ab eo. Iam tunc separatam habebant uxorem suam ab eo, cum iuramento confirmantes, ut nec ad mortem nec ad debilitationem eam habere desiderarent. Qui statim miserunt partibus Italiae in civitatem Tortonam, ibi eam habentes. Non multo tempore postea susceperunt patrem, et duxerunt eum cum illis, quo facto diviserunt se ibi; Pippinus perrexit in Aquitaniam, Ludovicus in Bavariam.

Allein bald bereuten die jüngeren Brüder die gegen ihren Vater gethanen Schritte und erkannten, dass sie nur für ihren älteren Bruder Lothar, welcher sich auf des Vaters Thron gesetzt, gearbeitet hatten. Ludwig der Deutsche verlangte zuerst die Freilassung des Vaters, dann auch Pippin. Bevor es jedoch zu neuen Parteiungen und Zwistigkeiten kam, entfloh Lothar und Ludwig wurde von Neuem auf den Thron gesetzt, dankte Pippin und bot Lothar Verzeihung an. Anfänglich war

---

1) Das Lügenfeld, welches früher das rothe Feld hiess. a. 833.

Lothar gegen seinen Vater glücklich, endlich musste er sich ihm aber doch ergeben, da ihm seine beiden andern Söhne Pippin und Ludwig zur Seite standen. Lothar musste nach Italien sich wenden, welches Land er ohne des Kaisers Willen nicht verlassen sollte. —

Lotharius vero duxit secum patrem ad Compendium palatium, et ibi valde afflixit eum cum episcopis et ceteris nonnullis. Iusserunt eum, ut in monasterium iret et ibi fuisset omnes per dies vitae suae. Quod ille renuens, non consensit voluntati eorum. Omnes enim episcopi molesti fuerunt ei et maxime hi, qui ex vilissima servili conditione honoratos habebat, cum his qui ex barbaris nationibus ad hoc fastigium perducti sunt. Elegerunt tunc unum impudicum et crudelissimum, qui dicebatur Ebo, Remensis episcopus, qui erat ex originalium servorum stirpe, ut eum inmaniter afflixisset cum confictionibus ceterorum. Inaudita locuti sunt, inaudita fecerunt, quotidie inproperantes ei. Abstulerunt ei gladium a femore suo, iudicio suorum induentes eum cilicio. Tunc impletum epilogium Jeremiae prophetae dicentis: „Servi dominati sunt nostri!" De Compendio postea duxerunt piissimum principum ad Aquisgrani palatium. Hoc audiens aequivocus eius filius, recessit a Bavaria magno dolore compulsus ob iniuriam patris. Qui veniens ad palatium Franchonovurt, statim inde direxit legatos suos Gozbaldum abbatem et presbyterum et Morhardum palatinum comitem, postulans et imperans, ut erga patrem humaniorem exhiberet sententiam. Quod frater eius Lotharius benigne non susceperat. Postquam illi legati reversi sunt statim alios destinavit ad patrem, qui prohibiti sunt ne eum viderent.

Postea perrexit Lotharius de Aquisgrani palatio, pervenit Moguntiam, ubi obviam venit ei frater, et colloquium inaequale habuerunt ibi propter hoc, quia omnes quos Lotharius habebat secum, adversarii erant patris sui iniuste; quos autem Ludovicus habebat secum, fideles erant patri suo ac sibi. Inde revertens Lotharius venit ad Aquis palatium celebravitque natalem Domini adhuc clauso patre.

Der Kaiser Ludwig brachte jetzt wieder ein neues nach Nationalverschiedenheit ausgearbeitetes Theilungsproject in Vorschlag. Allein Pippin starb 838 und Ludwig ging mit dem Plane um, seine beiden Söhne zu enterben und Alles zwischen Lothar und Karl zu theilen. Allein die Aquitanier legten sich in's Mittel und setzten Pippin den Jüngern selbst auf den Thron. Doch noch einmal theilte Ludwig sein Reich zwischen Lothar und Karl, erkrankte jedoch auf einem Zuge gegen den jüngeren Pippin und starb auf einer Rheininsel bei Ingelheim am 20. Juni 840 und wurde in Metz begraben.

Postea misit legatos suos imperator ad Lotharium, Marachwardum venerabilem abbatem cum ceteris fidelibus suis cum epistolis exhortatoriis, quibus ammonuit eum imprimis, ut recordatus fuisset omnipotentis Dei et mandatorum eius, ut averteret se a via sua prava, ut intelligeret quam districtum iudicium esset Dominum contemnere in praeceptis suis. Dicit enim Deus inter alia praecepta: „Honora patrem et matrem", et: „Qui maledixerit patri vel matri, morte moriatur." Post legatos venit Lotharius ubi erat imperator, pater eius, sedens *in papilione*[1]) sua, quod erat extensum in altum valde in campo magno, ubi eum exercitus omnis contemplari potuit et filii eius fideles steterunt juxta eum. Tunc veniens Lotharius cecidit ad pedes patris et post eum socer eius Hugtimidus. Tunc Matfridus et ceteri omnes qui primi erant in facinore illo, postquam surrexerunt de terra, confessi sunt se valde deliquisse. Post haec iuravit Lotharius patri suo fidelitatem ut omnibus imperiis suis obedire debuisset et ut iret in Italiam et ibi maneret et inde non exiret nisi per iussum patris. Tunc iuraverunt et ceteri. Post haec piissimus princeps indulgentiam dedit eis, si hoc iuramentum conservarent. Dimisit eos habere patrimonia et omnia quae habebant praeter quod ipse manu propria tradidit eis. Diviserunt se ibi et Lotharius perrexit in Italiam cum consentaneis suis pessimis et statim Matfridus, qui erat maximus incensor omnium illorum malorum, mortuus est et ceteri nonnulli. Hi vero, qui remanserant, febre correpti sunt.

III. Nithart's Leben.
Nitharti Historiarum Libri quatuor.

Nithart war der Sohn von Karl's des Grossen Vertrauten und Freund Angilbert und des Kaisers Tochter Bertha. Er genoss eine sorgfältige Erziehung und wurde schon früh in die an Karl's Hofschule in hoher Gunst stehenden klassischen Studien eingeführt. Zur Zeit des unseligen Bruderkrieges war er ein treuer und thätiger Anhänger seines Vetters Karl und übernahm eine Mission an den aus Italien heranziehenden Lothar im Jahre 841. Auch kämpfte er in der Schlacht bei Fontenaille 841 gegen Lothar unter Graf Adalhard und erhielt einen zweiten ehrenvollen Auftrag im Jahre 842, um mit Karl's zwölf Gesandten das von Lothar verlassene Reich mit Ludwig in Aachen zu theilen. Er war zu gleicher Zeit ein Held der Feder und des Schwertes und erhielt von Karl die Weisung, eine Zeitgeschichte zu verfassen, welche er im Jahre 841 begann und bis zum Jahre 843 fortführte. Sein Werk zählt zu den besten Erzeugnissen mittelalterlicher Historik und den zuverlässigsten Quellen der karolingischen Zeit, da es als der wahre Ausdruck eines viel bewegten Lebens zugleich Mitgefühl

---

1) papilio, Zelt.

für Personen und Zustände bei dem Leser zu erwecken vermag. Durch seine vortreffliche Charakterisirung und seine schneidende Kürze erinnert es leise an Tacitus sowie auch durch die tiefe Wahrheitsliebe und seine Fülle von Gedanken. Von Benutzung anderer Hülfsmittel ist bei Nithart wenig die Rede; nur im ersten Buche über die Entstehung des Bruderkrieges lehnt er sich an die grössere Lebensbeschreibung über Kaiser Ludwig den Frommen vom Anonymus an.

IV. Nitharti Historiarum libri quatuor.
(Lib. I, c. 8. Lib. II, c. 7. 9. 10. Lib. III, c. 5. 6. 7. Lib. IV, c. 1. 6.)

Cumque se haec ita haberent, Lotharius in Italia, Ludovicus trans Rhenum et Carolus in Aquitania essent, Ludovicus imperator paterque illorum in insula quadam juxta Moguntiacum 12. Cal. Julii obiit; quem Drogo, frater et episcopus atque archicapellanus eius, Mettis civitate sua apud Sanctum Arnulfum una cum episcopis, abbatibus comitibusque congruo honore sepulturae tradidit. Vixit per annos quatuor et sexaginta, rexit Aquitaniam per annos septem et triginta, imperiale vero nomen per annos septem et viginti et per menses sex obtinuit. Eodem tempore Lotharius dolo an vi Ludovicum aut subdere aut quod mavult perdere posset, tota mente tractabat. In quo negotio congrue Otgarium Mogontiae sedis episcopum et Adalbertum Metensium[2]) comitem, convocat; habebat enim uterque Ludovicum ad mortem usque exosum. Iam enim Adalbertus ex infirmitate qua paene per annum detentus fuerat, velut in supplementum fratricidii respiraverat; erat enim eodem tempore ita prudens consilio, ut sententiam ab eo prolatam non quilibet mutare vellet. Cuius instinctu Lotharius collectam hinc inde infinitam multitudinem Rhenum traiecit, praemittens more solito, qui minis blanditiisque pendulam plebem subducere temptarent. Timens autem populus qui cum Ludovico erat, ne tantum exercitum ferre valeret, partim defecti ad Lotharium transeunt, partim fugam ineunt ac Ludovicum desolatum relinquunt. Qui, quoniam omne suffragium aliud undique deerat, cum perpaucis abiit et in Boioariam se recepit.

---

1) Aus dem schrecklichen Kriege gegen den Vater hatte sich der unheilvolle Bruderkrieg entwickelt und Lothar bekriegte jetzt Ludwig, welcher bestrebt war, alle Völker am rechten Rheinufer unter seinem Banner zu vereinigen. Die jüngeren Brüder gelangten jetzt erst zu der Einsicht, dass es Lothar recht böse mit ihnen meinte, vereinigten sich mit ihren Heeren und schlugen Lothar und seinen Bundesgenossen Pippin von Aquitanien am 25. Juni 841 bei Fontenaille. Gegen 40000 Menschen sollen in dieser mörderischen Schlacht gefallen sein.

2) Metz.

Quod quoniam Lothario contigit, minime deinceps Lotharius aliquid illum praevalere putavit. Igitur Adalbertum ducem, quem supra modo memoravimus, ob hoc inibi reliquit, ut et populum sacramentis sibi firmaret, et si Ludovicus ad Carolum ire vellet, nullo modo posset. Ipse vero, quoniam Carolum Sequanam transire repererat, obviam ire parabat. Velociter quidem praemittit, rei veritatem, ubi et cum quibus esset, scire cupiens; Aquis pascha celebraturus. Interea legati a Ludovico venerant, nuntiantes quod si sciret quomodo fieri posset, in illius *adiutorium* venire vellet. Quo se Carolus et indigere respondit, gratias congruae voluntati egit, et ut hoc accelerare studerent, protinus praefatos missos remisit. Cumque quatuor vel eo amplius dies inibi adventum Lotharii praestolaretur et ille venire differret, concionem advocat, concilium iniit, quidnam consultius deinceps illi agendum videretur, deliberaturus. Quidam autem aiebant, quoniam mater sua una cum Aquitanis veniebat, obviam illi ire debere; sed pars aut obviam Lothario iter arripere suadebant, aut certe ubicumque vellet adventum illius praestolari debere dicebant; ob hoc quidem maxime, quoniam si quoque modo aliorsum iter flectere cepisset, cuncti fugam illum inisse iactarent, et hinc Lotharium et suos *audentiores* fieri debere, atque hi qui adhuc causa timoris neutri se *copulaverant*[1]), ad illum affluere undique sperabant; quod et evenit. Nam, quamquam difficile, praevaluit tamen sententia priorum; quamobrem *Catellonicam*[2]) Carolus adiit urbem; ibique matre una cum Aquitanis recepta, repente nuntiatur, quod Ludovicus cum Adalberto, duce Austrasiorum, proelio commisso vicisset, Rhenoque traiecto, ob illius adiutorium, quantotius posset, veniret. Quod cum otius universis castris omnibus notum fieret, cuncti alacri animo, ut illi obviam irent, suadebant. Lotharius quoque ut haec ita se habere deprehendit, circumfusae plebi, Carolum fugam iniisse persequique illum quantotius posset velle, denunciat; quo quidem nuntio fidos sibi alacriores reddidit, dubiis autem quibusque et affluendi audaciam iniecit, et firmiores suae parti reddidit. Cumque Carolus a Lothario persequi se didicisset, quoniam in difficili loco aquis paludibusque circumfusis castra posuerant, ut absque qualibet difficultate, si Lotharius vellet, congredi possent, protinus obviam illi perrexit. Quae quidem Lothario ut nunciata sunt, castra posuit ac veluti fessis equis biduo requiem dedit. Iterato itaque cum haec eadem fecissent, mis-

---

1) se copulare cum inimico, sich verbinden, inter se copulari, Cic. und Plin.
2) Chalons.

sosque invicem frequenter mitterent, sed nihil *proficui*[1]) deliberare possent, tandem appropinquantes Ludovicus et Carolus conveniunt deque his omnibus in eodem conventu, quod Lotharius absque quolibet moderamine erga suosque saeviebat dolendo, conferunt; quid vero deinceps agendum oportunius videretur, in crastinum deliberaturi. Aurora siquidem dilucescente conveniunt, concilium ineunt, quo multum de tanta calamitate conquirunt. Cumque alteruter, quae quantave et qualia passi a fratre fuerant, referre desissent, universis visum unanimiter parique consensu, ut tam ex sacrosancto ordine episcoporum quam et laicorum viros nobiles, prudentes, benevolos deligant, per quos quae pater inter illos statuerat et quae post obitum patris ab illo passi sint, mandent; insuper obsecrent, ut memor sit Dei omnipotentis et concedat pacem fratribus suis universaeque ecclesiae Dei; cederet cuique, quod patris fratrisque consensu iuste debebatur; insuper etiam, ut iustis precibus acquiesceret, offerrent illi, quidquid absque equis et armis in universo exercitu habere videbuntur. Et si his monitis obsecrationibusque acquiescere vellet, placere; sin aliter, aiebant se divino ex munere suffragium absque dubio sperare posse, si omne quod iustum est vellent, et hoc fratri offerre humiliter studerent. Quae quoniam merito rata videbantur, protinus expleta sunt.

Sed haec veluti pro nihilo ducta Lotharius sprevit; per suos se nihil absque proelio velle mandavit; confestimque obviam Pippino, qui ab Aquitania ad illum veniebat, iter arripuit. Quod cum otius didicissent Ludovicus et sui, supra modum rem graviter ferentes — erant enim undique graviter tam itineris longitudine quam et proeliis variisque difficultatibus et maxime equorum inopia attriti — verum tamen quamquam se haec ita haberent, timentes, ne forte, si ab auxilio fratris frater deficeret, posteris suis indignam memoriam reliquissent; quod quidem ne facerent, elegerunt omni penuriae etiam si oporteret morti, potius subire quam nomen invictum amittere. Quamobrem ex eadem magnanimitate mestitia oppressa, invicem se adhortantes, gaudentes, velociterque, ut Lotharium cito consequi possent, ibant. Cumque subito atque insperate propter urbem *Alciodorensem*[2]) uterque exercitus alter ab altero videretur, confestim Lotharius verens, ne forte fratres sui absque dilatione supra se irruere vellent, armatus castra aliquantulum excessit. Quod quoniam fratres sui facere illum cognoverunt,

---

1) Proficuum = lucrum, emolumentum. Turpinus in vita Caroli Magni cap. 8.
2) Auxerré.

quosdam castra metantes relinquunt, quosdam secum armatos assumunt et absque dilatione obviam procedunt; missos invicem mittunt pacemque sub nocte componunt. Castra autem ab invicem distabant plus minus *leuvas*[1]) tres et intererat paucula palus saltusque ac per hoc erat utrique ad alterum difficilis accessus. Quapropter aurora dilucescente Ludovicus et Carolus ad Lotharium mittunt, mandant sibi valde displicere, quod illis pacem absque proelio denegaverat; quod etiam, quoniam vellet et absque qualibet fraude, si fieri deberet, esset. Et primum quidem ieiuniis ac votis Deum invocent, deinde si ille transire ad illos voluisset, locum transeundi se daturos promittunt ut omni impedimento sua suorumque ex parte ablato absque qualibet occulta deceptione congredi possent; quae et, si vellet, sacramento firmare praeceperunt, at si nollet, ut eadem illis concederet atque firmare rogaret, petunt. Is autem more solito per suos se responsurum promisit et ut legati regressi sunt, protinus obviam iter arripuit ac locum quo castra poneret *Fontanetum*[2]) petit. Eodem autem die fratres sui post Lotharium iter accelerantes antecesserunt illum et propter vicum qui Tauriacus dicitur castra posuerunt. Crastino die exercitus praeparati ad proelium, castra aliquantulum excesserunt. Praemittentes Ludovicus ac Carolus Lothario mandaverunt, ut memor esset fraternae conditionis; sineret ecclesiam Dei et universum populum christianum pacem habere; concederet illis regna a patre suo consensu concessa; haberet sua sibi, non merito sed sola misericordia a patre illi relicta. Et in munere offerebant illi, quicquid in universo exercitu absque armis et equis habere videbantur; at si id nollet, cedebant illi uterque portionem regni, alter usque Carbonarias alter vero usque ad Rhenum; quod et si renueret, universam Franciam aequa lance diviederent, et quicquid horum vellet, suae ditionis esset. Ad quod Lotharius more solito per suos se quidquid placeret notare, respondit; mittensque per praesentem Drogonem, Hugonem et Hegibertum mandat non illos aliquid tale antea illi mandasse; ad quod considerandum spatium habere se velle aiebat: tamen Ricuinum, Hirmenaldum et Fredericum sacramento firmare praecepit, quod pro nulla re alia has inducias peteret, praeter quod commune profectum tam illorum quam et universae plebis, sicut iustitiam inter fratres et populum Christi oportebat, quaerere volebat. Quo quidem sacramento Ludovicus et Carolus creduli effecti, eo die et in crastinum insuper etiam us-

---

1) 3 Lieues.
2) Fontanetum lag 9 Lieues südlich von Auxerre an dem Flüsschen Andria. Während Lothar südlich zog, wandten sich seine Brüder westlich von Auxerre nach dem Orte Tauriacus.

que in horam secundam [diei tertii, quod evenit 7. Calend. Julii, pace utrorumque ex parte jureiurando firmata, ad castra redeunt; missam vero sancti Johannis in crastinum celebraturi. Pippino quoque eodem die Lotharius in supplementum recepto, mandat fratribus suis, quoniam scirent illi imperatoris nomen magna auctoritate fuisse impositum, ut considerent, quatenus eiusdem nominis magnificum posset explere officium; insuper autem haud se libenter utrorumque quaerere profectum. Interrogati autem, si quiddam horum quae mandaverant recipere vellet vel si quamlibet finitivam sententiam illis mandasset, nihil sibi horum fuisse iniunctum, responderunt. Quamobrem cum omnis spes iustitiae ac pacis sua ex parte ablata videretur, mandant illi, si melius non invenisset, aut reciperet unum horum quae illi mandaverant, aut nosset illos in crastinum — quod contigit sicut praefatum est 7. Calend. Julii — hora videlicet diei secunda, ad omnipotentis Dei iudicium, quod illis absque illorum voluntate mandaverat, esse venturos. Quae quidem Lotharius solito more insolenter sprevit et visuros se, quid agere deberet, respondit. Diluculo Ludovicus et Carolus consurgunt; verticem montis castris Lotharii contigui cum tertia, ut videtur, exercitus parte occupant adventumque eius et horam secundam, ut sui iuraverant, exspectant. Cumque utrumque adesset, proelium super rivulum Burgundionum magno certamine committunt. Et Ludovicus quidem ac Lotharius in loco qui *Brittas*[1]) dicitur strenue confligunt; quo superatus Lotharius terga vertit. Pars autem exercitus, quam Carolus in loco qui le Fay vulgo dicitur excepit, protinus fugit; pars vero quae in Solennat (Sulenne) Adelardum ceterosque quibus haud modicum supplementum Domino auxiliante praebui, appetiit, strenue conflixit; quo et utrique vicerunt sed novissime omnes a parte Lotharii fugerunt. Qua finem primi certaminis dedit Lotharius, terminetur liber secundus.

Ergo 16. Cal. Martis Ludovicus et Carolus in civitate quae olim Argentoratum vocabatur, nunc autem Strassburg vulgo dicitur, convenerunt; et sacramenta quae subter notata sunt Ludovicus romana, Carolus vero teodisca lingua iuraverunt. Ac sic ante sacramentum circumfusam plebem alter teodisca alter romana lingua allocuti sunt. Ludovicus autem, qui maior natu, prior exorsus, sic coepit: „Quoties Lotharius me et hunc fratrem meum post obitum patris nostri insectando usque ad internecionem delere conatus sit, nostis; cum autem nec fraternitas nec christianitas nec quodlibet ingenium salva iustitia ut pax inter nos esset, adiuvare posset, tandem coacti rem ad iudicium

---

1) les Bretignelles.

omnipotentis Dei detulimus, ut suo nutu, quid cuique debe-
retur, contenti essemus. In quo nos, sicut nostis, per misericordiam Dei victores exstitimus; is autem victus, una cum suis
quo valuit secessit. Hinc vero fraterno amore correpti necnon
et super populum christianum conpassi, persequi atque delere
illos noluimus; sed hactenus sicut et antea, ut saltem deinde
cuique sua iustitia cederetur, mandavimus. At ille posthaec
non contentus iudicio divino, sed hostili manu iterum et me
et hunc fratrem meum persequi non cessat; insuper et populum nostrum incendiis, rapinis caedibusque devastat: quamobrem nunc, necessitate coacti, convenimus; et quoniam vos de
nostra stabili fide ac firma fraternitate dubitare credimus, hoc
sacramentum inter nos in conspectu vestro iurare decrevimus.
Non qualibet iniqua cupiditate illecti hoc agimus, sed ut cer-
tiores, si Deus nobis vestro adiutorio quietem dederit, de communi profectu simus; si autem, quod absit, sacramentum quod
fratri meo iuravero, violare praesumpsero, a subditione mea,
nec non et a iuramento quod mihi iurastis, unumquemque
vestrum absolvo. Cumque Carolus haec eadem verba romana
lingua perorasset, Ludovicus, quoniam maior natu erat, prior
haec deinde se servaturum testatus est: „Pro[1]) Deo amur et
pro christian poblo[2]) et nostro commun salvament, dist di[3])
in avant, in quant Deus savir et podir me dunat[4]) si salva-
raeio cist meon fradre Carlo et in adiudha et in *cadhuna*[5]) cosa,
si cum om[6]) per dreit son fradra salvar d'ist[7]), inquid il mi
altresi fazet[8]) et ab[9]) Ludher nul plaid[10]) numquam *prindrai*[11]),
qui meon *vol*[12]) cist meon fradre Carle in damno sit[13]). Quod
cum Ludovicus explesset, Carolus diutisca lingua sic haec eadem
verba testatus est: „In Godes minna ind in thes christianes
folches ind unser bedhero gealtnissi, fon thesemo dage fram-
mordes, so fram so mir Got gewizci indi madh furgibit, so
haldih tesan minan bruodher, soso man mit rehtu sinan bru-
dher scal, in thiu, thaz er mig sosoma duo; indi mit Ludheren
in nohheiniu thing ne geganga, the minan willon imo ce
scadhen werhen. Sacramentum autem quod utrorumque popu-

---

1) Pro hat causale Bedeutung.
2) Genetiv abhängig von salvament.
3) de isto die.
4) savoir et pouvoir me donne.
5) usque ad unum.
6) om = homo.
7) dist, deit, doit, debet = scal.
8) = faciat.
9) apud.
10) placitum.
11) prindrai = prendre.
12) vol, Wille.
13) Dativ ohne Casuspartikel.

quique propria lingua testatus est, romana lingua sic se bet: „Si Lodhuwigs sagrament, quae *son fradre Carlo*[1]) iurat, nservat et Carlus meos *sendra*[2]) de suo part non lo stanit[3]), io returnar non lint pois, ne io ne *neuls*[4]) cui eo returnar pois, in nulla aiudha contra Lodhuwig nun li *iver*[5])." Diuca autem lingua: Oba Karl then eid, then er sineno bruoer Ludhuwige gesuor, geleistit, indi Ludhuwig min herro then imo gesuor, forbrichit, ob ih inan es irwenden ne mag, h ih noh thero nohhein then ih es irwenden ne mag, widhar rle imo ce follusti ne wirdhic. Quibus peractis Ludovicus teno tenus per Spiram[6]) et Carolus iuxta Wasagum[7]) per izzunburg[8]) Wormatiam iter direxit. Aestas autem qua praeum exactum est proelium, fuit frigida nimis et omnes fruges rsero collectae sunt; autumnus vero et hiems naturalem orıem peregerunt. Ac eodem die quo praedicti fratres necnon primores populi praefatum pepigerunt pactum subsequente lu nix multa cecidit. Cumque Wormatiam venissent, missos ligunt, quos protinus ad Lotharium et in Saxoniam mittunt; horum necnon et Carlemanni[9]) adventum inter Wormatiam Moguntiacum praestolari statuunt.

Körperliche und geistige Eigenschaften der beiden Brüder.

Hic quoque haud quaquam ab re, quoniam iucunda ac ırito notanda videntur, de qualitate horum regum et unanitate qua interea degerint, pauca referre libet. Erat quidem isque forma mediocris, cum omni decore pulchra et omni ercitio apta; erat uterque audax, largus, prudens pariter et quens; omnemque praemissam nobilitatem excedebat fratrum ıcta ac veneranda concordia. Nam convivia erant illis paene sidua; quodcumque pretium habebant, hoc alter alteri per nsensum dabat. Una domus illis convivii et una somni; ıctabant tam pari consensu communia quam et privata; non icquam aliud quilibet horum ab altero petebat nisi quod ile ac congruum illi esse censebat. Ludos etiam hoc ordine epe causa exercitii frequentabant. Conveniebant autem ocunque congruum spectaculo videbatur et subsistente hinc le omni multitudine, primum pari numero Saxonum, Was-

1) Dativ.
2) senior.
3) los tanit (tenet).
4) ne ullus.
5) altfr. futur er, ier (lat. ero).
6) Speier.
7) Vogesen.
8) Weissenburg a. d. Lauter.
9) Der älteste Sohn Ludwig's des Deutschen.

conum, Austrasiorum, Brittonorum ex utraque parte veluti i vicem adversari sibi vellent, alter in alterum veloci cursu n bat; hinc pars terga versa protecti *umbonibus*[1]) ad socios i sectantes evadere se velle simulabant; at versa vice, iteri illos, quos fugiebant, persequi studebant; donec novissime ut que reges cum omni iuventute ingenti clamore, equis emiss hastilia crispantes exiliunt, et nunc his, nunc illis terga dan bus, insistunt. Eratque res digna pro tanta nobilitate neon et moderatione spectaculo; non enim quispiam in tanta mul tudine ac diversitate generis, uti saepe inter paucissimos notos contingere solet, alicui aut laesionis aut vituperatio quippiam inferre audebat.

842. Quae cum ita sint, Karlemannus cum ingenti exerc Boioariorum et Alamannorum ad patrem suum Mogonti: venit. Bardo vero qui in Saxoniam missus fuerat, simili fecit, nuntians, quod Saxones mandata Lotharii sprevissent quidquid Ludovicus et Carolus illis praeciperent, libenter facere vellent. Lotharius quoque missos qui ad se dire fuerant, inconsulte audire distulit; quod tam Ludovicus qu et Carolus necnon et universus exercitus aegre tulerunt, qualiter idem ipsi ad illum pervenire possent, intendunt. Er 16. Calend. Aprilis illis in partibus viam dirigunt et Carol quidem per Wasagum iter difficile ingressus, Ludovicus ve terra Rhenoque per Bingam, Karlemannus autem per *Einrich* ad Confluentes in crastinum hora fere diei sexta veneru protinusque ad sanctum Castorem orationis causa pergu missam audiunt ac deinde idem reges armati naves consc dunt et Mosellam otius traiciunt. Quod cum Otgarius, M guntiae sedis episcopus, Hatto comes, Herioldus ceterique vi runt, quos Lotharius ob hoc inibi reliquerat, ut illis transiti prohibuissent, timore perterriti, litore relicto fugerunt. Lotl rius quoque, ut fratres suos Mosellam transisse in *Sinciac* didicit, confestim et ipse abire et regno et sede non desti donec se super ripam Rodani cum paucis qui se sequi delil raverant, ceteris omissis, excepit.

Usque Ludovicus et Carolus Lotharium a regno suo abi certis indiciis cognovere, Aquis palatium, quod tunc sedes pri

---

1) Schild.
2) Pagus ad dextram Rheni et a meridie Laugonae et pagi En risgove. (Ein Theil des früheren Herzogthums Nassau).
3) Sinzig.

unciae erat, petentes; sequenti vero die, quid consultius de
)ulo ac regno a fratre relicto agendum videretur, delibera-
i. Et quidem primum visum est, ut rem ad episcopos sa-
dotesque, quorum aderat pars maxima, conferrent, ut illorum
isultu veluti numine divino harum rerum exordium atque
:toritas proderetur. Et hoc illis, quoniam merito ratum
.ebatur, commissum. Quibus ab initio gesta Lotharii con-
)erantibus, quomodo patrem suum regno pepulerit, quoties
pulum christianum periurum sua cupiditate effecerit, quoties
m ipse hoc quod patri fratribusque iuraverat frustraverit,
)ties post patris obitum fratres suos *exhereditare* (enterben)
[ue delere temptasset, quot homicidia, adulteria, incendia
nigenaque facinora universalis ecclesia sua nefandissima
)iditate perpessa sit, insuper autem, neque scientiam guber-
idi rempublicam illum habere necquoddam vestigium bonae
.untatis in sua gubernatione quemlibet invenire posse, fere-
it. Quibus ex causis non immerito, sed iusto Dei omni-
:entis iudicio, primum a proelio et secundum a proprio regno
;am illum inisse aiebant. Ergo omnibus unanimiter visum
 atque consentiunt, quod ob suam nequitiam vindicta Dei
im eiecerit regnumque fratribus suis melioribus se iuste ad
;endum tradiderit. Verum tamen haud quaquam illis hanc
:ntiam dedere, donec palam illos percontati sunt, utrum illud
: vestigia fratris eiecti, an secundum Dei voluntatem regere
luissent? Respondentibus autem, in quantum nosse et posse
us illis concederet, secundum suam voluntatem se et suos
bernare et regere velle, aiunt: Et auctoritate divina, ut
id suscipiatis et secundum Dei voluntatem illud regatis,
memus, hortamur atque praecipimus. Hinc autem uterque
)rum duodecim e suis ad hoc opus elegit, quorum unus ex-
i; et sicut illis congruum, ut inter illos hoc regnum divi-
retur, visum est, contenti sunt; in qua divisione non tantum
tilitas aut aequa portio regni, quantum affinitas et congru-
tia cuiusque aptata est. *Evenitque* (Zufallen) Ludovico omnis
isia.

843. Cum autem, uti praefatum est, reversi quidque regi
o quae invenerant nunciassent, hinc inopia, hinc hieme in-
inte, hinc etiam quod primores populi, degustato semel peri-
lo, iterum proelium nolebant ac maxime per hoc, ut pax inter
os usque in vigesimo die post missam sancti Johannis firma-
tur, assentiunt. Ad quam statuendam hinc inde primates
)puli Teotonis[1]) villam confluunt; iurant, ut ipsi reges

---

1) Thionville, Diedenhofen.

inter se interim mutuam pacem servare deberent et ut nequaquam quolibet modo omitteretur, ni in eodem conventu, ut¹) aequius possent, omne regnum dividerent; essetque Lotharii, uti iuratum fuerat, partium electio eiusdem regni. Hinc quisque, qua libuit, discessit; et Lotharius Aquis hiematum petiit; Ludovicus Boioariam, Carolus autem, uxorem ducturus, *Carisiacum*²) venit. Eodem tempore Mauri a Sigenulfo, fratre Sigihardi, sibi causa subsidii inducti, Beneventum invadunt. Eodem etiam tempore *Stellingi*³) in Saxonia contra dominos suos iterum rebellaverunt; sed proelio commisso nimia caede prostrati sunt; ac sic auctoritate interiit, quod sine auctoritate surgere praesumpsit. Accepit quidem Carolus, uti praefatum est, in coniugio Hirmentrudem Udonis et Ingeltrudis⁴) filiam et neptem Adelardi. Dilexerat autem pater eius suo in tempore hunc Adelardum adeo, ut quod idem vellet, in universo imperio hoc pater faceret; qui utilitati publicae minus prospiciens, placere cuique intendit. Hinc libertates; hinc publica in propriis usibus distribuere· suasit ac dum, quod quique petebat, ut fieret, effecit, rem publicam penitus *annullavit*. Quo quidem modo effectum est, ut in hac tempestate populum qua vellet facile devertere posset; et hac de re Carolus praefatas nuptias maxime iniit, quia cum eo maximam partem plebis sibi vindicare posse putavit. Nuptiis quidem 19. Cal. Januarii expletis, natalem Domini Sancti Quintini⁵) celebre peregit⁶); Valentinianos quoque, qui de fidelibus suis inter Mosam

---

1) Lothar war nach Deutschland geeilt, proclámirte den Stellingen die alte Freiheit und gewann sie dadurch für sich. Aehnlich verfuhr er mit den Normannen. Allein Ludwig und Karl verbanden sich gegen ihn und er neigte sich scheinbar zu einem Frieden und Vertrage, welcher endlich 843 zu Verdun geschlossen wurde. Ludwig der Deutsche erhielt alle deutschen Länder rechts vom Rhein und links Mainz, Speier und Worms; Lothar alles was zwischen Rhein, Schelde, Maas, Saone und Rhone lag, mit Italien und der Kaiserwürde; Karl der Kahle erhielt Westfrankreich.
2) Kiersey.
3) *Stallinc*, niederdeutsch für Stellinc, ein freier Eigenthümer, welcher zu einer unabhängigen Coalition gehörte. Es ist vielleicht ein Ehrentitel, auf welchen die frilingi, deren Eigenthum abgabenfrei war und die lazziliti (adj. laz, goth. lats = piger, tardus) die Mittelfreien, kein Recht hatten.
4) Ingeltrud, Schwester des Grafen Adelhard.
5) St. Quentin.
6) So hatte die vom Volke so sehnlichst erstrebte Ausscheidung oder Theilung der Nationalitäten in dem denkwürdigen Vertrage von Verdun sich als Geburtsstunde Deutschlànds vollzogen und die Rheingrenze war wieder wie schon unter den Römern als eine grosse historische Operationsbasis fixirt worden. In den im Vertrage zu Diedenhofen 844 stipulirten Bestimmungen wurde von den drei Brüdern festgestellt, dass die Söhne eines Jeden ungestört das Reich ihres Vaters erben und die Aquitanier, Bretagner und Normannen dabei befragt werden sollten.

Sequanamque custodiae causa remanere deberent, ordinavit; idem vero partibus Aquitaniae una cum coniuge anno 843 incarnationis Domini hieme iter direxit.

Machtentfaltung der Hierarchie.

Da die schwachen Nachfolger des grossen Karl an der Spitze der abendländischen Theokratie sich nicht mehr zu halten vermochten, so gab man allgemein der Idee Raum, Petri Nachfolger an die Spitze zu stellen und die getrennten Staaten des Abendlandes von ihm abhängig zu machen. Die Anregung dazu wurde von der westfränkischen Kirche in den Jahren 829—847, wo die pseudoisidorischen Decretalien entstanden, gegeben. Hiernach sollte der Klerus über alle weltlichen Mächte erhoben und dem römischen Bischofe eine absolute Gewalt über ihn verliehen werden. So wurde die Kirche nach Analogie des Karolingischen Staates in eine absolute Monarchie umgewandelt, um Roms Weltherrschaft zum zweiten Male zu begründen. Schon von Papst Gregor IV. wurde diese überall sich bahnbrechende Ansicht zum Nutzen und Frommen der Kirche ausgebeutet und Nicolaus I. ergriff diese Idee eines päpstlichen Kaiserthums mit aller ihm innewohnenden Energie. Mit allem Nachdruck trat er sowohl König Lothar II. als auch dem Kaiser von Byzanz entgegen und wollte auch in der orientalischen Kirche sein höchstes Richteramt geltend machen. Seine Nachfolger wandelten in den von ihm gebahnten Wegen weiter fort, konnten jedoch die beabsichtigte Vereinigung mit der orientalischen Kirche nicht bewerkstelligen. Nach Kaiser Ludwig's II. Tode 875 entstand zwischen seinen Oheimen Ludwig und Karl der alte Streit. Karl eilte nach Rom, trat mit dem Papste Johann VIII. in eine Allianz und erhielt aus seinen Händen die Kaiserkrone nicht als Erbstück, sondern als ein Geschenk. Daher ging das Erbkaiserthum unter und an seine Stelle trat das allgemein beliebte und begehrte Wahlkönigthum. Karl, von Italiens Grossen zum Könige erwählt, musste sich durch einen besonderen Wahlact seiner Vasallen die Krone noch einmal ertheilen lassen, welche nun mit den Päpsten gegen das Königthum in einen langen Kampf eintreten. Es folgt jetzt eine Zeit der grössten Verwirrung und des furchtbarsten Schreckens; im Innern des Reiches herrschte

---

Der Vertrag von Mersan 870 vereinigte mit Metz und Strassburg alle germanischen Elemente im Ostfrankenreiche, während die romanischen Bestandtheile an Karl den Kahlen und die Westfranken kamen.

die wildeste Anarchie und an seinen Marken brachen sich schon die Wogen der feindlichen Heere der Araber, Byzantiner, Normannen, Magyaren, Slaven etc. Deutschland und Europa wären verloren gewesen, wenn nicht ein nationales Princip in der Staatenbildung geltend gemacht hätte. Nachdem Ludwig der Deutsche (843—876) und Karl der Dicke (876—887) dem Verfalle der karolingischen Universalmonarchie umsonst zu steuern bemüht gewesen waren, folgte der energische und tüchtige Arnulf von Kärnthen (887—899). Dem weiteren Vorgehen und Gebahren des Herzogs Guido von Spolet und des Markgrafen Berengar von Friaul sowie des Grafen Rudolf von dem transjuranischen Burgund konnte er zwar nicht wehren, doch schlug er die Normannen bei Löwen an der Dyle (26. Juni 891), unterwarf Zwentibold und vernichtete das grossmährische Reich 894 und sicherte sich im Besitze Lothringens. Darauf brach er, vom Papste und Berengar eingeladen, nach Italien auf und erwarb sich 895 die Kaiserkrone. Nach Deutschland zurückgekehrt starb er am 8. December 898 zu Oettingen in Baiern und hinterliess zum Nachfolger Ludwig, das Kind genannt (899 — 911). So gross und herrlich das Heldengeschlecht der Karolinger begonnen, so kläglich endigte es mit einem unmündigen Kinde. Die Reichsverwaltung führten während seiner Minderjährigkeit der Herzog Otto der Erlauchte von Sachsen und der Erzbischof Hatto von Mainz. Die Ungarn kamen bis zur Enns, sogar durch Kärnthen nach Oberitalien, wo sie an der Brenta 20000 Mann ermordeten. Aus Baiern wurden sie von dem hochherzigen Herzog Luitbold, dem Markgrafen der Ostmark, zurückgeworfen. Aber auch im Innern Deutschlands folgten die blutigsten Fehden, während die Ungarn 907 wieder an der Enns erschienen und die Heere Königs Ludwig und Luitbold auseinander sprengten. Darauf drangen sie 908 durch Franken nach Thüringen vor und verbreiteten überall Entsetzen und Furcht. Besitz und Menschenleben verloren ihren Werth und es wollte kein Heer mehr gegen diese wilden Bestien in den Kampf ziehen. Ludwig das Kind starb am 20. Juni 911 in dieser grossen Noth und musste den Fluch, welchen seines grossen Vorgängers Hand auf viele Länder und Völker gebracht, an seiner eigenen Person und seinem Hause erfahren.

Durch Ludwig's Tod war der bisherige deutsche Völker- und Staatsverband zerrissen und das Reich war den einzelnen stimmführenden Vasallen überlassen. Die Herzöge der einzelnen Stämme hatten sich eine fürstengleiche Stellung erworben und bestimmten unter Arnulf, Conrad und Ludwig vorwiegend die Geschicke des Reiches. Es macht jetzt die deutsche Geschichte eine Bewegung von der Universalmonarchie zum Nationalstaat. Als Otto der Erlauchte die herabgewürdigte deutsche Krone anzunehmen sich weigerte, wurde sie dem Grafen Konrad von Franken übertragen. Seine Versuche zur Einigung der deutschen Völker sind grösstentheils gescheitert. Der nach Otto's des Erlauchten Tode zum Herzoge von Thüringen und Sachsen erwählte Heinrich gerieth mit ihm in einen Streit, weil er Thüringen von Sachsen getrennt und und dem Grafen Burkard übergeben hatte. Heinrich verjagte Burkard aus Thüringen und schlug auch Markgraf Eberhard, des Königs Bruder. Dasselbe Schicksal hatte Konrad auch vor dem Schlosse Hohentwiel gegen Erchanger's Anhang. Die Stellung Konrad's wurde immer unsicherer und die Ungarn drangen über den Rhein bis nach Elsass und Lothringen. Gegen den hartnäckigen und widersetzlichen Herzog Arnulf von Baiern unternahm Konrad zwei Züge, verjagte ihn und setzte seinen Bruder Eberhard dort ein. Kurz vor seinem Tode (23. December 918) bestimmte Konrad seinen Bruder Eberhard dahin, dass er auf die Krone renoncirte und dem tapferen, wackeren Herzog Heinrich von Sachsen die Reichsinsignien überbringen liess. Heinrich (919—936) war eine echte, brave, deutsche Natur, welche stets die Sache, niemals den Schein wollte. Die Regierung begann er mit bescheidenen Anfängen als erwählter König allein der Franken und Sachsen, lehnte aus Furcht vor Priestereinfluss die Salbung ab und wollte nur ein König des deutschen Volkes sein. Durch Unterhandlung und Waffengewalt brachte er auch die übrigen deutschen Stämme, Schwaben, Baiern und Lothringen zur Anerkennung seiner Monarchie. Gegen die mächtig emporkommenden Herzogsgeschlechter in Baiern, Schwaben, Lothringen und Franken verfuhr er mit grosser Schonung und Rücksicht und gewann durch eine solche weise Selbstbeschränkung einen immer grösseren Spielraum. Dem Clerus gewährte er keinerlei Machtzuwachs und Einmischung in die Cabinetspolitik wie zu der Zeit der Karolinger.

B. Die Zeit der sächsischen Kaiser 919—1024.

I. Widukind von Corvey.

Um den Kriegsruhm seiner Landsleute, der edlen Sachsen, zu verherrlichen schrieb Widukind für des Kaiser's Tochter Mathilde, Aebtissin zu Quedlinburg die 3 Bücher sächsischer Geschichten. Da er nur nach mündlicher Ueberlieferung berichtet, so haben seine Angaben über die Karolinger und seine Darstellungen aus der Sagenzeit der Sachsen und Heinrich's I. sowie Otto's des Grossen einen sagenhaften Charakter. Sein lateinischer Ausdruck ist oft schwerfällig und ungelenkig und wird bei dem Suchen nach klassischen sallustischen Ausdrücken häufig undeutlich. Aber einen unendlichen Reiz gewährt uns seine innige Begeisterung und Wärme, welche seine Darstellung durchdringt. Sein ganzes Werk, in welchem er den grossen Gegensatz zwischen den Sachsen und Franken darstellt, zeigt uns das Gepräge eines von bewusster Einheit getragenen Epos, welches am Ende des Jahres 967 vollendet zu sein scheint. Er stand dem kaiserlichen Hause, wie man aus seiner Widmung an Mathilde ersehen kann, ziemlich nahe, und schöpfte daher auch aus verbürgten Quellen, aber er blieb doch als Mönch in seinem Kloster ausser Connex mit den politischen Ereignissen und befangen in seinen Urtheilen. In allem, was ihm nahe lag, zeigt er sich durchaus zuverlässig, unbefangen und wahrheitsliebend in der Schilderung der handelnden Persönlichkeiten und Ereignisse (cf. die Schlachten im Unstrutthal und auf dem Lechfelde). Widukind ist bei seinen Licht- und Schattenseiten doch ein ganzer Sachse des zehnten Jahrhunderts.

II. Thietmar von Merseburg.

Thietmar wurde am 25. Juli 967 zu Halberstadt geboren und entstammte dem damals reichbegüterten und hochangesehenen Walbeck'schen Grafengeschlechte. Sein älterer Bruder Graf Heinrich zeichnete sich in den Kriegen der damaligen Zeit durch seine Tapferkeit und seinen persönlichen Muth aus; sein jüngerer Bruder Friedrich war Burggraf von Magdeburg. Seine ersten Jugendjahre verlebte Thietmar in Quedlinburg unter der sorgsamen Obhut und treuen Pflege von seines Vater's Muhme Emnilde, einer Nichte König Heinrich's I. Mit dem 12. Lebensjahre trat er in die damals blühende und berühmte Klosterschule Bergen bei Magdeburg, welche von dem gelehrten Abte Riodag geleitet wurde, der ihn in die lateinischen Dichter einführte und alle seine anderen gründlichen Studien leitete. Im Jahre 989 wurde er in seines Vaters Gegenwart in die Brüderschaft des Domcapitels von St. Moritz in Magdeburg aufgenommen. In seinem 26. Lebensjahre wurde er nach seiner Mutter Tode Probst von Walbeck, welches Amt er sieben Jahre lang bekleidete. Während dieser Zeit fand er durch die ehrenvollen Missionen, mit welchen er von dem ihm nahe verwandten sächsischen Kaiserhause betraut wurde, hinreichende Gelegenheit die ganze gelehrte Bildung seiner Zeit und ein unbefangenes Urtheil sich anzueignen. Im Jahre 1009 erhielt er auf besondere Verwendung des Erzbischofs Tagino von Magdeburg den Bischofssitz von Merseburg, welchen er bis zu seinem im Jahre 1018 am 1. Dec. erfolgten Ableben inne hatte. Mittelst seiner nahen Stellung zum Hofe griff er in die Reichsgeschäfte oft mit dem grössten Nachdruck ein und wurde ein unmittelbarer Zuschauer der grossen Fehden zwischen den Germanen und Slaven sowie Theilnehmer vieler Feldzüge, Hoftage und Reichsversammlungen. Die Abfassungszeit der 6 ersten Bücher seiner Annalen fällt in die Jahre 1012 bis 1014; die beiden letzten sind in seinem letzten Lebensjahre wenige Wochen vor seinem Tode niedergeschrieben. Das Original seiner Chronik mit vielen Zusätzen seiner eigenen Hand versehen findet sich im königl. Archiv zu Dresden.

Widukindi Res gestae Saxonicae.

Liber I c. 26—28. 38. 41.

I. Heinrich's Wahl und Krönung in Fritzlar.

Ut ergo Rex imperaverat Everhardus adiit Henricum seque cum omnibus thesauris illi tradidit; pacem fecit, amicitiam promeruit, quam fideliter familiariterque usque ad obitum obtinuit. Deinde congregatis principibus et natu maioribus exercitus Francorum in loco qui dicitur Fritzlar, designavit eum regem coram omni populo Francorum atque Saxonum. Cumque ei offerretur unctio cum diademate a summo pontifice[1],

---

[1] Seine innere Politik wurde durch die Kraft und Ergebenheit seines thüringisch-sächsischen Heimathlandes kräftig gestützt. Ihr verdankte er die günstigen Erfolge und Siege über die Ungarn, Wenden, Böhmen und Dänen.

qui illo tempore *Herigerus* erat[1]), non sprevit nec tamen suscepit: „Satis, inquit, mihi est, ut prae maioribus n eis rex dicar et designer, divina annuente gratia ac vęstra pietate; penes meliores vero nobis unctio et diadema sit, tanto honore nos indignos arbitramur. Placuit itaque sermo iste coram universa multitudine et dextris ad coelum illatis, nomen novi regis cum clamore valido salutantes frequentabant.

II. Heinrich's Zug gegen Burghard v. Schwaben[2]).

a. 919. Eo ordine rex factus Henricus perrexit cum omni comitatu suo ad pugnandum contra Burghardum[3]) Alamanniae ducem. Hic cum esset bellator intolerabilis, sentiebat tamen, quia valde prudens erat, congressionem regis sustinere non posse tradidit semet ipsum ei cum universis urbibus et populo suo. Et rebus prospere gestis transiit inde in Boioariam, cui praesidebat Arnulfus dux[4]). Quo comperto in praesidio urbis quae dicitur Ratisbona obsedit eum. Videns autem Arnulfus quia resistere regi non sufficeret, apertis portis egressus est ad regem, tradito semet ipso cum omni regno suo. Qui honorifice ab eo susceptus amicus regis appellatus est. Rex autem de die in diem proficiens et crescens robustior maiorque ac clarior pollebat. Cumque regnum sub antecessoribus suis ex omni parte confusum civilibus atque externis bellis colligeret, pacificaret et adunaret, signa movit in Galliam et Lotharii regnum.

III. Heinrich zieht gegen Karl den Einfältigen v. Lothringen.

Lotharius enim erat filius Ludovici imperatoris e Carolo magno[5]) nati; huic erant fratres Carolus et Ludovicus. Carolo Aquitaniae et Wascanorum cessere regiones, terminum habens ab occidente Barcellonam, Hispaniae urbem, ab aquilone Britannicum mare et ad meridiem iuga Alpium, ad orientem vero Mosam fluvium. Inter Mosam vero fluvium et Rhenum

---

1) d. h. dem Erzbischofe von Mainz.
2) Seine äussere Politik gegen Dänen und Franzosen gieng darauf hinaus, dass er die Rechte des Reiches schirmte, mit dem stammverwandten England feste Beziehungen anknüpfte, die Südgrenze durch eine Allianz mit dem Könige von Italien deckte und die Mission des Ostens schon jetzt erwog.
3) Der Schwabe Burkard, Schwiegervater Rudolf's von Hochburgund, versagte dem neuen Könige seine Anerkennung, beugte und demüthigte sich jedoch vor ihm, als Heinrich die Franken, Sachsen und Thüringer gegen ihn führte.
4) Bald erkannte auch Arnulf von Baiern ihn an.
5) Karl der Einfältige hatte Lothringen an sich gerissen und als er durch Gegenkönige beängstigt wurde, stand auch er zu Deutschland. Der mächtigste Herr im Lande, Herzog Gieselbert, wurde Heinrich's Eidam und Eberhard, der Franke, Pfalzgraf Lothringen's zu Aachen.

Lothario regnum cessit. Ludovico autem a Rheno usque ad fines Illyricos et Pannoniae, Odoram quoque fluvium et terminos Danorum imperium erat. Inter hos fratres bellum illustre gestum est in *Fontinit*[1]), antequam haec divisio regni fieret. Postea vero facta inviolabiliter mansit, quousque jure hereditario haec omnia regna cederent Carolo, huius Lotharii proavo.

IV. Heinrich bekriegt die Ungarn[2]).

a. 932. Henricus autem cum iam exercitum haberet equestri proelio probatum, adversus antiquos hostes Hungarios praesumpsit inire certamen. Et convocato omni populo hac oratione eos est allocutus: „Olim ex omni parte confusum a quantis periculis imperium vestrum modo sit liberum, ipsi melius nostis, qui civilibus discordiis et externis bellis toties attriti laborabatis. At nunc, propitia nobis summa divinitate, nostro labore, vestra virtute, pacatum collectumque cernitis, barbaros superatos et servituti subiectos. Quod superest, necesse habemus, ut contra communes hostes Avaros pariter consurgamus. Itaque filios filiasque vestras exspoliavi et aerarium eorum replevi; nunc templa templorumque ministros ut exspoliem cogor. Consulite igitur vobis ipsis et quid de hac re nobis sit faciendum eligite. Thesaurum divinis officiis sanctificatum tollamne et dabo pro nostra redemptione Dei inimicis? an certe addam cultui divino pecuniae honorem, ut ab ipso potius redimamur, qui vere noster exstat creator pariter et redemptor?" Ad haec populus emisit voces in coelum, inquiens, se a Deo vivo et vero redimi omnimodis desiderare, quia fidelis et iustus sit in omnibus viis suis et sanctus in omnibus operibus suis. Operam suam deinde promittens regi contra gentem acerrimam, dextris in coelum elevatis pactum firmavit. Tali itaque pacto cum populo peracto dimisit rex multitudinem. Postea legati Hungariorum adierunt regem pro solitis muneribus; sed ab

---

1) Fontenaille.
2) Während des 9jährigen Waffenstillstandes mit den Ungarn benutzte Heinrich die Zeit, um die Zahl der festen Plätze und sogenannten Städte im Innern Deutschland's zu vermehren (Goslar, Quedlinburg, Merseburg), sie mit Wällen und Mauern zu umgeben und zu ihrer Hebung und Blüthe Gauversammlungen, Gerichte und Messen (Jahrmärkte) dorthin zu verlegen. Auch übte er seine Mannen in besserer Behandlung der Waffen und der Rosse, in beweglicherer Kriegsordnung und brachte die Reiterspiele (Turniere) mehr in Aufnahme. Die geheimen oder offenen Freunde der Ungarn machte er durch Unterwerfung unschädlich. So unterwarf er 926 und 927 die Heveller mit ihrer Hauptstadt Brannibor (Brandenburg), die Dalemincier in ihrer Hauptfestung Jahna zwischen Meissen und Lommatsch 928, 929 die Rhedarier, Heveller und Ukrer in der blutigen Schlacht bei Lenzen.

eo spreti in fines suos vacui sunt reversi. Quae audientes Avari non diu morati cum gravi hostilique manu festinant intrare Saxoniam. Et iter agentes per Dalaminciam ab antiquis auxilium petunt amicis. Illi vero scientes eos festinare ad Saxoniam Saxonesque ad pugnandum cum illis paratos, pinguissimum pro munere eis proiciunt canem. Et cum non esset iniuriam vindicandi locus ad aliam pugnam festinantibus, cum ridiculosa satis vociferatione longius prosecuntur amicos. Igitur quam potuerunt repentino impetu intrant fines Thuringorum, illam totam terram hostiliter pervagantes. Ibique divisis sociis, alii ad occidentem pergebant, ab occidente et meridie Saxoniam quaerentes intrare. At Saxones pariter cum Thuringis congregati inito cum eis certamine, caesis ducibus ceteros illius exercitus occidentalis per totam illam regionem errare jusserunt. Quorum alii fame consumpti, alii frigore dissoluti, alii autem caesi vel capti, ut digni erant, miserabiliter perierunt. Qui autem in oriente remansit exercitus, audivit de sorore regis quae nupserat Widoni Thuringo — (erat namque illa ex concubina nata) — quia vicinam urbem inhabitaret et multa pecunia ei esset auri et argenti. Unde tanta vi urbem oppugnare coeperunt, ut, nisi nox visum pugnantibus impediret, urbem caperent. Ea vero nocte audientes de casu sociorum regisque super eos adventu cum valido exercitu — nam castra metatus est rex iuxta locum qui dicitur *Riade*[1]) — timore perculsi, relictis castris, more suo igni fumoque ingenti agmina diffusa collegerunt. Rex vero postero die producens exercitum, exhortatus est, ut spem suam divinae clementiae committerent, divinum sibi auxilium quemadmodum in aliis proeliis adesse non dubitarent; communes omnium hostes esse Hungarios, de vindicta patriae parentumque solummodo cogitarent; hostes cito terga vertere vidissent, si viriliter certando persisterent. His optimis verbis erecti milites imperatoremque in primis mediis et ultimis versantem videntes coramque eo angelum — hoc enim vocabulo effigieque signum maximum erat insignitum — acceperunt fiduciam magnamque constantiam. Rex vero veritus est, quemadmodum evenit, ne hostes, viso milite armato, fugae statim indulsissent; misit legionem Thuringorum cum raro exercitu, ut inermes prosequerentur et usque ad exercitum protraherentur. Actum est ita; sed nihilominus, videntes exercitum armatum, fugerunt, ut per octo miliaria vix pauci caederentur vel caperentur. Castris vero invasis omnes captivi liberati sunt.

---

1) Niederlage der Ungarn bei Jechaburg und am Schlachtberge zwischen Wiehe und Ritteburg, am 15. März 933.

V. Heinrich's Erkrankung und Tod in der Pfalz zu Memleben am 2. Juli 936.

Cumque Henricus se iam moveri morbo sensisset, convocato omni populo, designavit filium suum Othonem regem, ceteris quoque filiis praedia cum thesauris distribuens; ipsum vero Othonem, qui maximus et optimus fuit, fratribus et omni Francorum imperio praefecit. Testamento itaque legitime facto et rebus omnibus rite compositis defunctus est ipse rerum dominus et regum maximus Europae omni virtute animi corporisque nulli secundus relinquens filium sibi ipsi maiorem filioque magnum latumque imperium, non a patribus sibi relictum, sed per semet ipsum acquisitum et a solo Deo concessum. Erant autem dies quibus regnavit 16 annos, vitae autem fere 60. Translatum est autem corpus eius a filiis suis ad urbem quae dicitur Quidelingaburg et sepultum in basilica sancti Petri ante altare cum planctu et lacrimis plurimarum gentium.

Liber Secundus.

I. Otto's I. (936—973) Krönung zu Aachen.

Auf dem Reichstage zu Aachen wurde Otto's Wahl von allen deutschen Fürsten durch Aufhebung der Hände bekräftigt. Darauf wurde dem neuen Könige ein festliches Krönungsmahl veranstaltet, wobei man die 3 Erzbischöfe von Mainz, Cöln und Trier und 4 weltliche Fürsten als Kämmerer, Truchsess, Oberschenk und Marschall erscheinen sah.

a. 936. 8. Aug. Defuncto itaque patre patriae et regum maximo optimo Henrico tota gens Francorum atque Saxonum iam olim designatum regem a patre, filium eius Othonem elegit sibi principem; universalisque electionis notantes locum jusserunt esse ad Aquisgrani palatium. Duces ac praefectorum principes cum cetera principum militum manu congregati collocarunt novum ducem in solio ibidem constructo, manus ei dantes[1]) ac fidem pollicentes operamque suam contra omnes hostes et inimicos spondentes more suo creaverunt regem. Quibus rebus factis pontifex obvius laeva sua dextram tangit regis suaque dextra *lituum*[2]) gestans, *linea*[3]) indutus *stola*[4]) *planetaque*[5]) infulatus, progressusque in medium usque fani substitit. Deinde processit pontifex cum rege, tunica stricta more Francorum induto pone altare super quod insignia rega-

---

1) Der Huldigende hielt seine Hände zwischen des König's Händen.
2) lituus, der Krummstab.
3) *linea*, vestis interior, stricta, ex lino confecta — camisia.
4) *stola*, una e vestibus ecclesiasticis, quae et oratorium dicta.
5) *planeta*, vestis sacerdotalis, quae vulgo casula dicitur.

lia posita erant, gladius cum balteo (Wehrgehenk), *clamis*[1]) (Mantel) cum armillis (Spangen), baculus (Stab) cum sceptro ac diadema.

II. Otto's Kriegszug gegen den heidnischen Herzog Boleslaw von Böhmen.

Es standen Otto viele Kämpfe nach innen und aussen bevor, aber er hat sie alle bestanden und sich den Beinamen des Grossen erworben, obwohl er bisweilen den Baum seines Ruhmes in blutgedüngte Erde gepflanzt. Der heidnische Herzog Boleslaw von Böhmen hatte seinen christlichen Bruder Wenzeslaw ermordet. Das gegen ihn mit der Merseburger Legion ausgeschickte Heer war zurückgeschlagen, und Otto zog mit Hermann Billung zum zweiten Male gegen ihn, besiegte ihn und machte ihn tributär. Inzwischen war auch die Oppositionspartei unter Tancmar, Heinrich und Eberhard nicht unthätig gewesen. Otto besiegte sie jedoch auf einige Zeit nachdem Tancmar 938 ermordet. Nachdem Otto den arelatischen Staat (Hauptstadt Arles) unter seine Oberlehnsherrschaft gebracht, zog er gegen Eberhard, welchen die Baiern nach des bösen Arnulf's Tode zu ihrem Herzoge gewählt hatten und besiegte ihn 938.

a. 937. Interea barbari ad novas res moliendas desaeviunt percussitque Bolizlav fratrem suum, virum christianum et, ut ferunt, Dei cultura religiosissimum, timensque sibi vicinum subregulum eo quod paruisset imperiis Saxonum, indixit ei bellum.

Illo quoque tempore defunctus est Sigifridus comes, cuius legationem cum sibi vindicasset Thancmarus eo quod propinquus ei esset et regali dono cessisset Geroni comiti, afflictus est Thancmarus tristitia magna.

a. 938. Rex autem transiit in Boioariam et rebus ibi rite compositis reversus est in Saxoniam. Dissensio autem quae facta est inter Evurhardum et Bruningum, ad hoc pervenit, ut caedes publicae fierent depopulationesque agrorum agerentur et ab incendiis nusquam abstinerent. De legum quoque varietate facta est contentio. Unde exiit edictum a rege, ut universi populi conventus fieret apud villam quae dicitur *Stela*[2]). Iunctus est autem Thancmarus Evurhardo collectaque valida manu oppugnat praesidium quod dicitur *Badiliki*[3]), in quo erat Henricus iunior dataque praeda urbis suis commilitonibus abiit secum adducens Henricum quasi vile quoddam mancipium.

III. Versöhnung der Brüder.

Durch die Niederwerfung der Oppositionspartei in der Schlacht bei Birthen am Rhein wurde Heinrich, welcher sich bisher noch in Merseburg gegen ihn gehalten, von Otto zur Ergebung gezwungen.

---

1) *clamis*, Purpurmantel.
2) In der Nähe von Werden a. d. Ruhr.
3) Belike, südlich von Lippstadt a. d. Lippe.

ein Heinrich ruhte noch nicht und begann mit den Thüringern und
Sachsen gegen Otto zu conspiriren. Man wollte Otto 941 auf dem Osterfeste in Quedlinburg ermorden und Heinrich an seine Stelle setzen. Otto erhielt jedoch Kunde davon, liess einige der Verräther niederhauen
und Heinrich gefangen in die Pfalz nach Ingelheim abführen, wo eine
Aussöhnung zwischen den beiden feindlichen Brüdern stattfand. 942.
Später erhielt Heinrich das erledigte Herzogthum über Baiern 948.

Henricus erat eo tempore nimis adolescens, fervens animo;
nimia regnandi cupiditate illectus, eo pacto crimine solvit
eum, quo coniuratione secum facta contra regem dominum
suum et fratrem, sibi regni diadema, si possibile foret, imponeret. Foedus itaque invicem percussum. Inde liberaliter
Henricus ad regem reversus, puriori fide ac caritate ab eo est
susceptus quam ingressus.

Igitur cum omnia regna coram eo silerent et potestati
eius omnes hostes cederent, monitu et intercessione sanctae
matris eius recordatus est multis laboribus fatigati fratris
praefecitque eum regno Boioariorum, Bertoldo iam defuncto,
pacem atque concordiam cum eo faciens, qua usque in finem
fideliter perduravit. Erat autem ipse Henricus copulatus
matrimonio filiae ducis Arnulfi, feminae egregiae formae mirabilisque prudentiae. Ille annus illustris calamitate omnis
populi erat, de morte scilicet beatae memoriae Edidis reginae,
cuius dies extrema septimo Kal. Februar. celebrata est cum
gemitu et lacrimis omnium Saxonum. Haec nata est e gente
Anglorum, non minus sancta religione quam regali potentia
pollentium stirpe claruit. Decem annorum regni consortia
tenuit, undecimo obiit. Saxoniam vero decem et novem annis
inhabitavit[1]). Reliquit filium nominatum Liudolfum, omni
virtute animi et corporis ea aetate nulli mortali secundum;
filiam quoque nomine Liudgardam, quae nupserat Conrado
duci. Sepulta est autem in civitate Magathaburg in basilica
nova latere *aquilonali*[2]) ad orientem.

IV. Otto bekriegt die Slaven und unterwirft sie.

Der berühmte, erlauchte Markgraf Gero, Gründer der schönen
Closterkirche zu Gernrode a. H., welcher von Magdeburg bis Meissen
über die Sorbengränze herrschte, hatte 30 der slav. Häuptlinge bei einem
Gastmale niederhauen lassen. Doch wurde dadurch ihr Muth noch nicht
gebrochen, und es war erst Otto selbst aufgespart, die Heveller zu unterwerfen. Er führte nach und nach die germanische Gau- und Lehensverfassung unter ihnen ein und setzte deutsche Grafen über sie. Um den
ganzen Osten zu christianisiren und zu germanisiren gründete er die
Bisthümer zu Havelberg, Brandenburg, Merseburg, Zeitz, Altenburg und
Meissen und ordnete sie dem Erzbisthum Magdeburg unter. Um die
Vereinigung der deutschen Nationalherzogthümer in seiner Familie zu

---

1) Editha † 946.
2) Das nördliche Schiff.

bewerkstelligen, behielt er Sachsen und Thüringen selbst, mit Hermann's von Schwaben einziger Tochter Ida vermählte er seinen Sohn Ludolf, (949), Conrad dem Rothen verlieh er zugleich mit der Hand seiner Tochter Luitgard Lothringen und Franken. (Ottonismus.) Gegen die Dänen, welche die Mark Schleswig zerstört hatten, zog Otto nach Jütland bis an den Limfiord, in welchen er seine Lanze schleuderte (Ottensund, 948). Seine Macht erstreckte sich jetzt von der Maas und Schelde bis an die Oder, von der Schleie bis an die Alpen.

Eo anno (955) Slavi qui dicuntur Uchri a Gerone magna gloria devicti, cum ei praesidio esset dux Conradus a rege missus. Praeda inde ingens sumpta, Saxoniae laetitia magna exorta.

V. Otto zieht gegen die Ungarn und besiegt sie auf dem Lechfelde 955.

a. 955. Ingressusque Saxoniam Cal. Iulii obvios habet legatos Hungariorum tamquam ob antiquam fidem ac gratiam eum visitantes, re autem vera, ut quibusdam videbatur, eventum belli civilis considerantes. Quos cum secum aliquantos per dies retinuisset et aliquibus munusculis donatos remisisset in pace, audivit a nuntiis fratris, ducis Boioariorum: „Quia ecce Hungarii diffusi invadunt terminos tuos, statuuntque tecum inire certamen." His auditis rex quasi nihil laboris praeterito bello toleravisset, coepit ire adversus hostes, sumptis secum paucis admodum ex Saxonibus quod iam bellum Slavonicum urgeret. Castris positis in confiniis Augustanae urbis occurrit ei exercitus Francorum Boioariorumque; cum valido quoque equitatu venit in castra Conradus dux, cuius adventu erecti milites, iam optabant non differre certamen. Nam erat natura audacis animi, et quod rarum est audacibus, boni consilii, et dum eques et dum pedes iret in hostem, bellator intolerabilis domi militiaeque sociis carus. Igitur ab utriusque exercitus latrocinantibus agminibus *notificabatur*, non longe exercitus ab altero fore. *Ieiunio* in castris *praedicato* iussum est omnes in crastino paratos esse ad bellum. Primo diluculo surgentes, pace data et accepta operaque sua primum duces deinde unusquisque alteri cum sacramento promissa erectis signis procedunt e castris, numero quasi octo legionum. Ducitur exercitus per aspera et difficilia loca, ne daretur hostibus copia turbandi sagittis agmina, quibus utuntur acerrime, *arbustis*[1]) ea protegentibus. Primam et secundam tertiamque legionem direxerunt Boioarii, quibus praefuerunt praefecti ducis Henrici; nam ipse bello interim aberat, eo quod valetudine corporis laborasset, qua etiam mortuus est

---

1) arbustum (arbor) ein mit Bäumen, um welche Weinstöcke gebunden werden, besetzter Ort; Baumweingarten, (versch. von vinea, wo die Reben auf der Erde ranken). cf. Cic.; Vergil u. Cato.

artam ordinavere Franci, quorum rector ac procurator erat
Conradus. In quinta, quae erat maxima, quae et dice-
ur regia, ipse princeps vallatus lectis ex omnibus militum
ibus alacrique iuventute coramque eo angelus, penes quem
toria, denso agmine circumseptus. Sextam et septimam
struxerunt Suavi, quibus praefuit Burghardus, cui nupserat
a fratris regis. In octava erant Boemi electi milites mille,
nis potius instructi quam fortuna, in qua et sarcinae omnes
impedimenta quaeque, quasi ipsa esset tutissima, quae
et novissima. Sed aliter res acta est ac arbitrabatur; nam
ngarii non cunctantes Lechium fluvium transierunt circum-
tesque exercitum, extremam legionem sagittis lacessere
perunt, et impetu cum ingenti vociferatione facto, aliis
sis vel captis, sarcinis omnibus potiti, ceteros legionis illius
natos fugere compulerunt. Similiter septimam ac sextam
gressi plurimis ex eis fusis in fugam verterunt. Rex autem
m intellexisset bellum ex adverso esse et post tergum
vissima agmina periclitari, misso duce cum quarta legione
ptivos eripuit, praedam excussit, latrocinantiaque hostium
mina proturbavit. Fusis latrocinantibus undique adversariorum
minibus signis victricibus dux Conradus ad regem revertitur;
rumque in modum cunctantibus veteranis militibus gloria
toriae assuetis cum novo milite et fere bellandi ignaro
umphum peregit.

Aus seines Vaters Politik war er gänzlich herausgetreten und hatte
Bischofsgewalt zur Centralgewalt seines Reiches gemacht. In Frank-
ch unterstützte er abwechselnd den Karolingischen König gegen den
rzog Hugo Capet und verewigte planmässig die Zerrissenheit und
hwäche des Reiches. In Italien suchte er gegen König Hugo einen
fstand des Markgrafen Berengar von Friaul zu unterstützen und be-
iegte ihn dann mit grossem Glück.

955. Dum ea geruntur in Boioaria, varie pugnatum est
praeside *Thiadrico* adversus barbaros. (Slavos). — Triumpho
lebri rex factus gloriosus ab exercitu pater patriae imperator-
e appellatus est. Decretis proinde honoribus et dignis
udibus summae divinitati per singulas ecclesias, et hoc idem
nctae matri eius per nuntios obsecrans, cum *tripudio*[1]) ac
mma laetitia Saxoniam victor reversus a populo suo liben-
ssime suscipitur. —

Barbari vero post proximum pascha irruunt in regionem,
ucem habentes Wichmannum, ad facinus tantum, non ad
nperium; nullam moram agens sed et ipse dux Herimannus
um praesidio militari adest vidensque exercitum hostium
ravem sibique parvas admodum belli copias affore, civili

---

1) *tripudium* aus terripavium, nach Cic. Divin. 2, 34.: folglich das
tampfen auf die Erde, Catull. 61, 25. Liv. I, 20.

bello urgente, arbitratus est consultius differre certamen in dubiis rebus constitutis multitudinique imperare, quae maxima in unam urbem confluxerat, dum ceteris diffiderent quoquo pacto possent, pacem expostularent. Quod scelus imperator ulcisci gestiens, victoria iam de Hungariis patrata regionem barbarorum hostiliter intravit. Consultum de Saxonibus, qui cum Slavis conspiraverant, judicatum est, Wichmannum et Ecbertum pro hostibus publicis habere.

VI. Otto's Römerzüge. 951 (Adelheid). 962 (Erneuerung der abendl. Kaiserwürde). 966—972 (Joh. XIII. Byzantiner).

Otto hatte umsonst seinen Sohn Heinrich zur Eroberung Italiens hinausgesandt, hatte dort umsonst seinen Sohn Ludolf geopfert; er war nicht davon zurückzubringen, Italien und Berengar zu bekriegen, ihn zu verjagen, die italienische lombardische Königskrone und die römische Kaiserkrone zu erstreben. Er beabsichtigte auch, die Byzantiner gänzlich von der Halbinsel zu verdrängen. Doch das gelang seinem thatenreichen Leben nicht, und als einzige Frucht dieser Bestrebungen brachte er nur die Vermählung Otto's II. mit der griechischen Kaisertochter Teophano zu Stande.

962. Rebus igitur rite compositis per omnem Franciam Saxoniamque et vicinas circumquaque gentes, Romam statuens proficisci, Longobardiam perrexit. Ergo qualiter regem Longobardorum Berengarium duobus annis obsessum cum coniuge et filiis captum, in exilium destinaverit, Romanos duobus proeliis vicerit Romamque expugnaverit, duces Beneventanorum subiecerit Graecos in Calabria Apuliaque superaverit, terrae Saxoniae venas argenti aperuerit imperiumque cum filio quam magnifice dilataverit, nostrae tenuitati non est edicere.

Otto erhielt 962 am 2. Febr. die Salbung zum Kaiser von Papst Johann und nach ihm sind nur deutsche Könige Kaiser geworden und es hat sich ein unheilbringendes Monstrum von äusserem Glanz und innerer Zerrüttung zwischen Deutschland und Italien daraus entwickelt nämlich das heilige römische Reich deutscher Nation!

963. Eo quoque tempore Gero praeses Slavos qui dicuntur *Lusici (Lausitzer)* potentissime vicit et ad ultimam servitutem coegit, non sine sui tamen gravi vulnere nepotisque optimi viri casu, ceterum quoque quam plurimorum nobilium.

Inzwischen war auch von den wagrischen Slaven tapfer gekämpft aber auch Herzog Hermann von Sachsen gestorben und mit des Kaisers Bewilligung sein Sohn Bernhard I. gefolgt.

972. Imperator egressus est ex Italia cum magna gloria capto rege Longobardorum, superatis Graecis victisque Saracenis; cum victricibus alis Galliam ingressus est, inde Germaniam transiturus et proximum pascha loco celebri Quidlingaburg celebraturus, ubi diversarum gentium multitudo confluens restitutum patriae cum filio cum magno gaudio celebrabant. Manens autem ibi decem et septem non ampli...

bus, descendit inde, ascensionem Domini ad Merseburg
ebraturus. Tristis autem illa loca perambulat obitu optimi
i ducis Herimanni, qui prudentiae ac iustitiae miraeque
ilantiae in rebus civilibus et externis, cunctis retro morta-
is aeternam reliquit memoriam. Post susceptos ex Africa
atos eum regio honore et munere visitantes, secum jussit
nere. Tertia autem feria ante pentecosten ad locum devenit,
dicitur *Mimileva*[1]). Proxima nocte ad morem diluculo e
o consurgens nocturnis et matutinis laudibus intererat.
tea paululum requievit. Missarum deinde officiis celebratis
peribus iuxta morem manus porrexit paululum gustavit
umque in lecto requievit. Cum autem hora esset processit
us et hilaris ad mensam resedit. Peracto ministerio
pertinis laudibus interfuit. Peracto cantico evangelii
uari atque fatigari iam coepit. Quod cum intellexissent
icipes circumstantes *sedili*[2]) eum imposuerunt. Inclinantem
m caput quasi iam defecisset *refocillaverunt*[3]) expetitoque
amento divini corporis ac sanguinis et accepto sine gemitu
magna tranquillitate ultimum spiritum cum divinis officiis
ati creatoris omnium tradidit. Transportatus inde in cubi-
m et cum esset iam sero nuntiatur populo mors eius.
ide corpus eius *Parthenopoli*[4]) sepultum est[5]).

Thietmari Chronicon.

Liber III. Proemium.
Otto II. (973—983.)

Auch Otto II. brachte wie sein Vater den kirchlichen Einfluss bei
ischen Zielen zur Verwendung und suchte im Osten den Einfluss
Erzbisthums Magdeburg, im Norden Hamburgs Mission, im Westen
Machtstellung von Mainz zu befördern. Eine unglückliche, verhäng-
olle Idee von ihm bestand jedoch darin, dass er Italien und Deutsch-
zu einem einzigen Reiche vereinigen wollte, um durch diese ver-
ten Kräfte Apulien und Sicilien zu gewinnen. Daran scheiterten
weltumspannenden Träume durch die blutige Niederlage bei Cotrone
Auf die Kunde von diesem Verluste erhoben sich die Slaven und
n, welche die geschwächte Kraft der Sachsen nicht niederzuwerfen
iochte.

[1] Memleben an der Unstrut, wo auch König Heinrich I. 936 das
iche segnete.
[2] sedile, der Sitz, Thron. Virg., Ovid., Suet.
[3] refocillare, erquicken, wieder zu sich bringen, eig. vermittelst
Wärme, lugentem, Sen.: aegre refocillicatus, von einem fast Todten,
Ep.
[4] Magathaburg.
[5] Das römische Kaiserreich deutscher Nation war durch Otto den
en begründet; denn der Kaiser war König von Deutschland, König
Italien, Lehnsherr der Wenden, Böhmen, Polen und Dänen, Mediator
nakreich, Protector von Burgund. Aber durch ihn blieb auch die
sche Herrschaft über Italien eine ununterbrochene kriegerische Action.

Tertius in numero regum, sed proximus Otho
Nomine scribatur et digna laude locetur
Sede patris magni vivens per secla secundo
Successu, miseris qui profuit omnibus horis.
Huius prima bonis laetantur, triste supremis
Advenit, nostris criminibus undique magnis.
Tunc luit hic mundus, quod sprevit recta malignus.
Ultrici gladio perierunt plurima regno.
Nulla patet nobis certissima causa, peritis
Cunctis est visum, Marsburgi flebile damnum
Ex quo sustinuit, quod pax pia longe recessit
Finibus e nostris, late regnabit et hostis.
Quis valet effari, saeviret ut iste crudeli
Funere, cum Christi templis nec parceret almi.
Congressi mutuo ceciderunt atque duello
Ex nostris multi, Saracenis *exuberati*[1]).
Vere felices, qui Christum semper amantes
Tranquillae pacis retinent optata, timoris
Funditus ignari pulsantis corda maligni,
Plus quam tricenos qui nunc turbaverat annos
Antecessores nostros, et, pro dolor! hostes
Armavit, nostras quoque nunc infringere terras.
Qui coela terris coniunxit, ponat ut istis
Finem suppliciis, optet modo quisque fidelis.

Liber IV. c. 1. 6—9.

Otto III. (983—1002.)

Der Erzbischof Willigis von Mainz hatte den jungen Otto III. noc
vor seines Vaters Tode nach Deutschland bringen (984), ihn in Aache
krönen und der Pflege Warin's von Cöln übergeben lassen. Doch al
bald erschien auch der gefangen gehaltene Heinrich, übernahm die Vo
mundschaft und strebte selbst nach der Krone. Es bildeten sich ve
schiedene Parteien; denn die Sachsen hielten es mit dem Königskind
die Baiern mit Heinrich, welcher jedoch sich endlich unterwerfen un
den jungen Otto in Rohrheim bei Worms in Gegenwart von Theophani
Adelheid und Conrad von Burgund ausliefern musste. Otto wucl
unter dem 3 Weiberregiment und der Leitung des Willigis heran. Sein
Lehrer waren der berühmte Meinwerk von Paderborn, Bernward vo
Hildesheim und der Franzose Gerbert, nachmaliger Papst Sylvester II.

Anno 984 imperatrix Theophano, tertii mater Othoni
vulneris et unici absentia filii perculsa ad Adelheidam in
peratricem Paviam civitatem veniens magno suscipitur luct
caritativoque lenitur solatio. Dux Henricus cum Ecbert
comite monoculo Agrippinam veniens regem patronus legali

---

1) exuberare, sich zeigen, wachsen, Suet.: ex multa erudition
exuberat eloquentia.

de Warino archipresule suscepit eiusdemque auxilium cum omnibus quos ad sui gratiam convertere poterat, firmiter est adeptus. Dispositis autem, prout sibi placuit, cunctis, dux ad Corbeiam cum eis venit, ibique Thiedricum et Sicconem comites ac confratres nudis pedibus veniam postulantes dedignatur suscipere. Quod illi aegre ferentes abierunt cognatos suimet et amicos a ducis ministerio toto mentis nisu amovere studentes. Qui cum palmarum solemnia Magdaburgiae (Parthenopoli) celebrare voluisset, omnes regionis illius principes huc convenire rogavit atque praecepit tractans quomodo se suae potestati subderent regnique eum fastigio sublevarent. Huic consilio maxima pars procerum hoc dolo consensit, quod licentiam a domino suimet rege, cui iuraverat, prius peteret postque secura novo regi serviret. Quidam autem ob eius indignationem digressi, occultis meditantur astutiis qualiter hoc numquam fieret.

Auf dem grossen Freudenfeste zu Quedlinburg erschienen die Herzöge von Baiern, Schwaben, Kärnthen und Sachsen als Verwalter von Küche, Keller, Kammer und Marstall. Boleslav gab das eroberte Meissen zurück und Miesko von Polen schenkte dem Könige ein Kameel.

985. Celebrata est proxima paschalis solemnitas in Quidelingeburg a rege, ubi quatuor ministrabant duces, Henricus ad mensam, Conradus ad cameram, Hecil ad cancellarium, Bernhardus equis praefuit. Huc etiam Bolizlavus et Miseco cum suis conveniunt, omnibusque rite peractis, muneribus locupletati discesserunt. Quo tempore Miseco semet ipsum regi dedit et cum muneribus aliis camelum ei presentavit et duas expeditiones cum eo fecit. Multis bellorum asperitatibus Slavos lacessere rex non desistit. Orientales quoque adversum se presumentes insurgere devicit. De occidentali parte quam plures arma sepius commoventes multosque depredantes vi et arte superare contendit. a. 989. Imperator, vir iam factus evacuavit quae erant parvuli; semperque Marsburgensis destructionem ecclesiae deflens, quomodo haec renovaretur, sedula mentis intentione volvebat et quamdiu in corpore vixit, hoc votum perficere studuit monitis piae matris.

In Rom hatte sich Crescentius an die Spitze der Unzufriedenen gestellt, sich der Engelsburg bemächtigt und mit Papst Johann XV. in die Herrschaft sich getheilt. Der Papst rief Otto zur Hülfe und Otto kam nach Italien 996, erhielt in Pavia die lombardische Krone, in Rom am 21. Mai die Kaiserkrone. Nach 2 Jahren 998 kam Otto mit seinem Papste und Gerbert wiederum nach Rom und der Markgraf Ekkard erstürmte die Engelsburg, wo sich Crescentius verschanzt hatte und liess ihn enthaupten. Gerbert bestieg als Sylvester II. Petri Stuhl.

996. Rex autem natale Domini Coloniae fuit et pacificatis omnibus in his regionibus ad Italiam diu desideratus

perrexit, in urbe Pavia paschale peregit festum. Dehinc Romam veniens gloriose, nepotem suum Brunonem, Othonis filium ducis, in loco Johannis papae nuper defuncti cum omnium laude presentium statuit; in ascensione Christi, quae tunc erat 12. Calendas Iunii, anno aetatis suae 15. regni autem 13. indictione octava ab eodem unctionem imperialem accepit et advocatus ecclesiae sancti Petri fit. Postea vero imperium illud priorum suorum more gubernavit aetatem suam moribus industriaque vincens.

Im Jahre 1000 machte Otto eine Pilgerreise nach Gnesen, besuchte Adalbert's Grab in tiefer Zerknirschung und erhob Gnesen zum Erzbisthum. Darauf begab er sich nach Aachen und liess Karl's des Grossen Grab öffnen und nahm der Leiche ein goldenes Kreuz und noch unversehrte Gewänder ab. Am 23. Jan. 1002 starb Otto, 22 Jahre alt, an einem Friesel.

997. Imperator autem e Romania discedens nostras regiones invisit et accepta Slavorum rebellione Stoderaniam, quae *Hevellun* (Hevellim) dicitur, armato petens milite, incendio et magna depredatione vastavit et victor Parthenopolim rediit. Quamobrem hostes nostri *Bardengau* turmatim aggressi, (Bardengu, Lage,) a nostris sunt devicti. In illo certamine Ramivardus Mindensis episcopus fuit, qui socios arrepta in manibus cruce sua sequentibus signiferis praecessit et ad haec facienda potenter consolidavit. Illo die Gardulfus comes cum paucis occubuit, ex hostibus autem maxima multitudo, ceteri relicta praeda fugerunt.

Liber V.

Heinrich II. (1002—1024.)

Mit dem jungen Heinrich bewarben sich der tapfere Markgraf Ekkard von Meissen und Thüringen und Herzog Hermann II. von Schwaben und Elsass um die Krone. Allein Heinrich schlug seine beiden Rivalen aus dem Felde und liess sich von Willigis am 11. Juni 1002 in Mainz krönen und wurde zu Aachen als König Heinrich II. auf den Königsstuhl gesetzt. Gegen Harduin von Ivrea trat er 1004 seinen Zug an und erhielt in Pavia die eiserne Krone. In Böhmen setzte er den Prinzen Jaromir als lehnsabhängigen Herzog ein und der Krieg, welchen er gegen Polen zu führen hatte, dauerte trotz mehrerer Unterbrechungen bis zum Frieden von Budissin (Bautzen) 1018 fort. Am 14. Februar 1014 wurden Heinrich und Kunigunde in Rom gekrönt, und dafür reiche Gaben an die Geistlichkeit gespendet. Aber auch die 4. Krone, die von Burgund, gewann er noch durch eine Cession Rudolf's zu Strassburg im Jahre 1016. 1020 dämpfte er eine Meuterei der Slaven, gieng 1021 mit einem Heere nach Capua und räumte den Normannen Wohnsitze in Unteritalien ein. 1024 starb er in der Reichspfalz Grona bei Göttingen und wurde in Bamberg begraben.

Henricus scandit postquam puerilia vicit,
Ardua virtutum cretus de stemmate regum.

Huic pater Henricus dux, et genitrix erat eius
Gisla, suis meritis aequans vestigia regis
Conradi, patris, Burgundia regna tenentis.
Nutrit praeclarum Wolfgangus presul alumnum,
Qui sequitur dominum toto conamine Christum.
Postque necem patris ductor successit *herilis*,
Eius et imperium longe spectat quoque clarum.
Maxima pars regni, Sclavo vastata crudeli,
Multum laetatur, quod ab huius pace potitur
Sedibus optatis iustoque, rapacibus altis
Prorsus depulsis ac dira lege sedatis.
Inflatos omnes contra se deprimit hostes,
Demulcens socios iocundo famine cunctos.
Si quo deliquit modicum, statim resipiscit,
Fructibus ac dignis curabat vulnera carnis.
Utilis ecclesiae cunctis miseratur ubique.
Mersburg, si scires huius pia vota, sitires
Adventum tanti rectoris, et inclita Christi
Munera laudares, condignaque praemia ferres.

VIII. 16.

Nec tacendum est, quod in Ruscia contigit lugubre damnum. Bolizlavus namque eam magno exercitu petiit multumque ei nostro famine nocuit. Mense etenim Julio et 11. Calendas Augusti Bolizlavus ad quendam fluvium veniens ibidem exercitum suimet castra metari pontesque necessarios parare iubet. Iuxta quem rex Ruscorum cum suis sedens futurum duelli invicem condicti eventum sollicitus expectabat. 1018. Interim Polonorum provocatione hostis praesens ad bellum excitatur et ab amne, quem tuebatur, exinopinata prosperitate fugatur. Ex hoc rumore Bolizlavus extollitur et consocios parari et accelerari rogans fluvium etsi laboriose, velociter transcendit. Inimica autem acies contra turmatim ordinata, patriam defendere suam frustra nititur. Namque in primo conflictu cedit ac numquam postea fortiter resistit. Ibi tum cesa est innumerabilis multitudo fugientium et parva victorum. Hericus miles inclitus ex nostris oppetiit, quem imperator Henricus II in vinculis diu retinuit. Illo die dux optata prosperitate inimicos palantes insequitur et ab incolis omnibus suscipitur multisque muneribus honoratur. Interea quaedam civitas fratri suo tunc obediens a Iarizlavo vi capitur et habitator eiusdem abducitur. Urbs autem Kitava (Kiew) nimis valida ab hostibus Pedeneis hortatu Bolizlavi crebra impugnatione concutitur et incendio gravi deletur. Defensa est autem a suis habitatoribus, sed celeriter patuit extraneis viribus; namque a rege suo in fugam verso relicta, 19. Calendis Septembris Bolizlavum, et quem diu amiserat, Zentepulcum seniorem suum, cuius gratia et nostrorum timore omnis haec regio conversa est, suscepit. —

Die Zeit der salisch-fränkischen Kaiser 1024—1125.

Bruno.

Er war aus Sachsen gebürtig und gehörte der Magdeburger Domgeistlichkeit an und zwar zur unmittelbaren Umgebung des Erzbischofs Werner, welcher mit Otto von Northeim und Anno von Cöln an der Spitze der Oppositionspartei gegen Heinrich IV. stand. Nach Werner's tragischem Untergange in der Schlacht bei Mellrichstadt 1078 schloss sich Bruno dem Bischofe Werner von Merseburg an, für welchen er im Jahre 1082 das Bellum Saxonicum nach eigener Erinnerung und mündlichen Mittheilungen schrieb. Sonst benutzte er noch die Briefe der sächsischen Bischöfe und die Gregor's VII., welche sich in der Kanzlei des Erzbischof Werner vorfanden. Doch übergeht Bruno wichtige politische Ereignisse wie die Reichsversammlung zu Goslar 1077, wo der päpstliche Legat feierlich den Bannfluch über Heinrich IV. wiederholte, den Einfall Heinrich's IV. in's Meissnische, des Gegenkönig's Hermann Sieg bei Höchstedt 1081. Auch giebt er bisweilen unzuverlässige, ungenaue Nachrichten, z. B. über die Freilassung des Herzog's Magnus vor dem Sachsenkriege und die Flucht des Bischof's Burchard von Halberstadt und weiss nichts von den häufigen Versammlungen der Sachsen und Thüringer nach ihrer ersten Niederlage 1075, wo sich zwischen Fürst und Volk die grösste Zwietracht zeigte, und nichts von der Erbitterung des Herzog's Rudolf von Schwaben nach dem Gerstunger Frieden am 2. Febr. 1074, ebenso von den schon im Oktober 1073 zu Gerstungen gepflogenen Friedens-Präliminarien. Bruno's Bellum Saxonicum ist nur als eine Stimme der Zeit, nicht als eine zuverlässige Geschichtsquelle aufzufassen, von einem Manne, welcher ganz und gar papistisch gesinnt war, abgefasst. Von hoher Wichtigkeit ist er für die Kenntniss der neuen ständischen Verhältnisse. Er unterscheidet einen Adel (nobilitas, dem selbst der König angehört, und die principes, primates), eine gemeine, aber freie Ritterschaft (majores mediocres) (60,000 milites armati) und einen besonderen Ritterstand usus militiae (ordo militaris), dann die unfreien Dienstmannen (famuli engl. knight). Auch schon einen Bauernstand (agricolae, rustici, mercatores) kennt er.

Lambert von Hersfeld.

Nach dem Aussterben des erlauchten sächsischen Hauses trat Conrad II. 1024—1039, eine echte realistische Natur, als Hersteller des deutschen Kaiserthums, welches nach Karl und Otto I. schon zweimal von seiner stolzen Höhe herabgesunken war, auf, und seinen Sohn Heinrich III. ergriff wiederum der mächtige Zauber der geweihten Weltkrone. Dieser Heinrich verwischte ähnlich wie Karl und Otto I. die Grossen, die Grenzlinien von Kirche und Staat und verabsäumte über seinen kirchlichen Sorgen und Angelegenheiten die Förderung des deutschen Staates und das Heil und Gedeihen der deutschen Nation. Conrad II. hatte in den von den Ottonen heillos verfahrenen Verhältnissen des Nordens und Ostens wieder festen Boden gewonnen, den Dänen die Markgrafschaft Schleswig überlassen und damit eine freie Hand gegen Polen und die Wenden gewonnen. Den Klerus suchte er wie König Heinrich I. in gehörigem Gehorsam und sicherer Unterwürfigkeit zu erhalten. Vornehmlich war es ihm um die Herstellung der Erbmonarchie und um die Beschützung und Beschirmung der niederen Stände gegen die Magnaten zu thun. In Italien schlägt er sich von Stadt zu Stadt bis nach Rom zur Kaiserkrönung durch und verwirklicht die längst vorbereitete Erwerbung von Burgund. Die Oppositionspartei gegen Conrad bildeten der Herzog Ernst von Schwaben und Welf und Graf Werner von Kyburg Heinrich III., unter welchem das deutsche Kaiserreich seine grösste Ausdehnung und Machtentfaltung erreicht, bekundete grosse Kraft und systematische Consequenz. Er erneuerte die Lehnspflicht von Böhmen und Polen und unterwarf auch auf einige Zeit Ungarn. Auch suchte er die christliche Mission bei den Slaven und mit derselben den politischen Einfluss des Kaiserthums in Dänemark und Scandinavien geltend zu machen. Die zerstörte und gebrochene Herzogsgewalt erholte sich wieder, da er die ganze Fülle seiner Regententhätigkeit der Kirche zuzuwenden sich bestrebte.

Lambert war von vornehmer Geburt und wurde schon frühzeitig den Studien zugeführt, die er im berühmten Kloster Hersfeld mit dem grössten Eifer trieb und später mit Ausdauer fortsetzte. Er zeichnet sich vor allen mittelalterlichen Autoren durch seine reine, schöne, ächt klassische Latinität aus. Am 15. März 1058 erhielt er aus den Händen seines verehrten und geliebten Lehrers, des Abtes Meginher im Alter von 22—24 Jahren das heilige Gewand und wurde zur Zeit der Herbstfasten in Aschaffenburg von dem Erzbischofe Luitbold von Mainz zum Priester geweiht, worauf er seine Pilgerfahrt nach Jerusalem antrat. Im Jahre 1071 erhielt er von seinem Abte Ruthard den ehrenvollen Auftrag, zur Wiederherstellung der klösterlichen Sitten und Regeln die Klöster zu Sigeberg und Saalfeld zu besuchen. In seine stille, traute Klosterzelle zurückgekehrt, widmete er alle ihm übrig bleibenden Mussestunden schriftlichen Arbeiten. Er verfasste 1) eine Geschichte des Hersfeldischen Klosters, von welcher nur ein kleiner Rest übrig geblieben ist, und 2) eine Geschichte Deutschland's, welche aus zwei Theilen besteht. Der erste Theil beginnt mit Adam und behandelt in fünf Abschnitten die ganze Weltgeschichte bis zum Tode Kaiser Conrad's II. 1039. Im zweiten Abschnitte fängt er mit König Heinrich's IV. Regierungszeit an und berichtet als Augenzeuge die wichtigsten Ereignisse, die Leiden und Widerwärtigkeiten, die unwürdige und grausame Behandlung durch Gregor VII. bis zur Königswahl des Herzogs Rudolf von Schwaben zu Forchheim 1077. Lambert hat sich die besten römischen Historiker zu Mustern der Nachahmung erkoren und den Geist des klassischen Alterthums sehr gründlich durchdrungen und aufgefasst. Er zeichnet sich in seiner Darstellung durch grosse Einfachheit, Ordnung und Deutlichkeit, durch seine klassischen Reden, die er seinen Helden in den Mund legt, durch seine herrlichen und vortrefflichen Gemälde, z. B. die köstliche Schilderung von König Heinrich IV. gefahrvoller Romfahrt im Jahre 1077 aus. Auch thut er sich hervor durch sein richtiges und scharfes Urtheil, durch seine unparteische Abwägung der Ereignisse. Durch seine fleissigen Studien der lateinischen Dichter Horaz, Vergil, Ovid, Terenz erhebt sich sein Stil oft über die nüchterne Prosa und nimmt einen höheren poetischen Schwung an.

Lamberti Annales.
Henricus III. 1039—1056.[1])

1040. Henricus rex in Boemiam duxit exercitum, ibique Werinherus comes et Reginhardus signifer Fuldensis cum aliis multis occisi sunt.

Petrus Hungariorum rex a suis expulsus ad regem Henricum confugit petens auxilium.

1041. Henricus rex secundum Boemiam ingressus, ducem eius in deditionem accepit Prenzlao[2]) nomine, terramque eius sibi tributariam fecit. Inde per Boioariam regressus, festum sancti Michaelis Ratisponae celebravit.

Ouban, qui Hungariorum regnum invaserat, eruptionem in fines Boioariorum et Carentinorum fecit multamque praedam abegit. Sed Boioarii coadunatis viribus insecuti, praedam excusserunt, multisque occisis, reliquos in fugam, coëgerunt.[3])

1043. Rex incarnationem Domini Goslariae celebravit. Illuc dux Boemicus adveniens, benigne susceptus a rege et

---

1) Für die Mehrung und Machtentfaltung Deutschland's hat Heinrich III. ganz im Sinne seines Vaters, welcher ihm Burgund, Baiern, Schwaben, Kärnthen und Franken hinterlassen, gewirkt und gelebt.

2) Bretislaw, von 1037—1055, schickte ihm seinen Sohn als Geisel; Heribert von Mailand unterwarf sich persönlich und die Burgunder brachten reichliche Geschenke.

3) Heinrich vermählte sich mit Wilhelm's von Aquitanien Tochter, der schönen und geistreichen Agnes von Poitou, bei welcher Gelegenheit

honorifice aliquamdiu habitus, tandem in pace est dimissus. Ibi inter diversarum provinciarum legatos, legati Ruscorum tristes redierunt, quia de filia regis sui, quam regi Henrico nupturam speraverant, certum repudium reportabant. Ibi quoque legati regis Hungariorum pacem suppliciter orant, sed non impetrant, quoniam rex Petrus, quem Aban per vim regno expulerat, praesens erat suppliciterque Henrici regis auxilium contra illius violentiam implorabat.[1])

1044. Gotofridus dux Lothoringorum, nobilissimae indolis iuvenis atque in re militari admodum exercitatus, quia ducatum patris non potuit obtinere, arma contra rempublicam corripuit, Adalbertum ducem, quem rex patri eius subrogaverat, proelio victum occidit, caedes hominum et depopulationes agrorum quam maximas fecit, loca omnia usque ad Rhenum praeter ea quae vel murorum praesidio hostilem impetum subterfugiebant vel se data pecunia redemerant, in cinerem redegit. Dux Gotefridus a rege in deditionem acceptus, in *Gibekestein*[2]) (a. 1045) missus est custodiendus sicque regnum brevi tempore quietum et pacatum mansit. Gotefridus custodia absolutus (1046), dum videret, nec intercessionem principum nec deditionem, quam sponte subierat, sibi aliquid profuisse et rei indignitate et inopiae familiaris taedio permotus, bellum rursus de integro sumpsit. Inter alias, quas rei publicae intulit, clades, Neumago (Nimwegen) domum regiam miri et incomparabilis operis incendit, civitatem Verdonensem cepit, maiorem in ea ecclesiam concremavit. Sed post modicum facti in tantum poenituit, ut publice se verberari faceret et capillos suos, ne tonderentur, multa pecunia redimeret, sumptus ad reaedificandam ecclesiam daret, et in opere caementario per se ipsum plerumque vilis mancipii ministerio functus deserviret.

1046. Henricus nativitatem Domini Romae celebravit, ubi tribus depositis qui sedem apostolorum contra ecclesiasticas regulas invaserant, Suitgerum, Babenbergensem episcopum, vicarium apostolorum constituit.[3]) A quo in die sancto ipse

---

Gaukler, Mimen und Possenreisser erschienen. Das Herzogthum Baiern erhielt Heinrich von Luxemburg, Schwaben der Pfalzgraf Otto bei Rhein, Kärnthen Welf.

1) Nachdem die Ungarn unter Stephan's Neffen, Peter durch drei Feldzüge beruhigt, wurde das Land bis an die Leitha unter dem neuen König Samuel Aba an Deutschland abgetreten. Allein bald entbrannte der Krieg von Neuem und Aba wurde bei Vestnemti geschlagen, Peter wieder eingesetzt und erhielt 1044 sein Königreich auf Lebenszeit von Heinrich zu Lehen.

2) Gibichenstein.

3) Nach Clemens II. Tode schickte Heinrich Bischof Poppo von Brixen (Damasus II.) und nach dessen schnellem Tode Bruno (Leo IX) von

vicissim cum Agnete regina imperiali nomine et honore est donatus. Deinde exercitum navalem, in Germaniam reversus, per Rhenum duxit in Frisiam contra Gotefridum eiusque adiutorem Diodericum[1]) ibique duas urbes munitissimas cepit, *Rinesburg* (Rineburg)[2]) et Fleerdingen[3]).

1048. Festum sancti Michaelis imperator *Polethe* (Poelde) celebravit.[4]) Ibi postero die Dietmarus comes, frater ducis Bernhardi, cum a milite suo Arnoldo accusatus fuisset de inito contra imperatorem consilio, congressus cum eo ut obiectum crimen manu propria purgaret, victus et occisus est.

1049.[5]) Leo VI. papa propter componendum statum ecclesiarum et pacem Gallis reddendam Roma egressus, Moguntiae synodum celebravit praesidente imperatore cum 42 episcopis. Ubi Sibecke Spirensis episcopus de criminibus, quorum accusabatur, sacra communione se purgavit; et dux Gotefridus interventu papae et principum gratiam imperatoris obtinuit Goslariae.

1052. Imperator nativitatem Domini Polethe celebravit, ubi filio suo Henrico, adhuc *catechumeno*[6]), principes regni sub iuramento fidem promittere iussit. —

1056. Henricus Goslaria Botfeldem[7]) profectus, cum ibi aliquamdiu venationi deditus moraretur, comperit, Guillelmum marchionem[8]) et Diotericum comitem[9]) cum infinita multitudine Saxonici exercitus, quos contra Luticios miserat, malegestis rebus, occubuisse[10]). Nec multo post ipse corporis molestia correptus, cum septem aut eo amplius diebus lecto decubasset, diem clausit extremum. Corpus eius Spiram translatum est; et celebratis regio more exequiis, die natalitio apostolorum Simonis et Judae, quo natus fuerat, sepulturae est traditum. —

Toul nach Rom. Mit dem letzteren zog aus Clugny die Seele von fünf päpstlichen Regierungen, der Mönch Hildebrand 1048—1073.

1) Graf von Holland.
2) Rhynsburg bei Leyden.
3) Flaerdingen an der Maas.
4) Die Sachsen standen unter ihrem alten starren Herzoge Bernhard, welcher mit dem ehrgeizigen Erzbischof Adalbert, dem Begründer eines nordischen Roms, in Streit gerathen, Heinrich am fernsten.
5) Unteritalien wurde jetzt der Tummelplatz für Griechen, Araber, Longobarden und Normannen, welche sich in der Grafschaft Aversa und in Melfi ansammelten. Trotz der Bannblitze behaupteten sich hier und in Melfi die Normannen und siegten sogar bei Civitella über einige vom Kaiser geschickte Deutsche. Nach Bonifacius Ermordung hatte sich der abgesetzte Gottfried nach Italien begeben und Bonifacius' Wittwe Beatrix geheirathet.
6) Catechumenus ($\varkappa\alpha\tau\eta\chi o\acute{v}\mu\varepsilon\nu o\varsigma$) Jemand, der in der christlichen Religion unterrichtet wird, ehe er die Taufe erhalten.
7) Ein Königshof an der Bode, unweit Quedlinburg.
8) Von der Nordmark (Brandenburg) aus dem Hause Haldensleben, welchem Luidger von Stade, genannt Udo, folgte.
9) Von Katlenburg, Vetter des Herzog's Otto von Northeim.
10) Bei Prizlava, am Ausfluss der Havel in die Elbe.

Henricus IV. 1056—1106.[1])

Principes Saxoniae crebris conventiculis agitabant de iniuriis, quibus sub imperatore Henrico III. affecti fuerant arbitrabanturque, pulchre sibi de his satisfactum fore, si filio eius, dum adhuc aetas oportuna iniuriae esset, regnum eriperent (1057); nec procul a fide aberat, filium in mores vitamque patris pedibus, ut aiunt, iturum esse. Accessit ex insperato magnum turbandis rebus adiumentum Otho, frater Guillelmi marchionis, sed matrimonio impari, matre scilicet Sclavia (unfrei) natus, vir acer ingenio et manu impiger. Is apud gentem Boemorum iam a puero exulaverat; sed comperta morte fratris, magna spe obtinendae hereditatis regressus in Saxoniam, a cunctis illic principibus benigne excipitur magnisque omnium adhortationibus instigatur, non modo *marchiam*[2]), quae sibi iure hereditario competeret, sed ipsum quoque regnum affectare. Ubi alacrem paratumque negotio advertunt, fidem omnes dicunt; suas quisque manus, suam operam pollicentur; regemque, ubicumque fortuna oportunum fecisset, interficere constituunt. Perculsis metu omnibus, quibus rerum publicarum sollicitudo aliqua erat, et magnopere intentis ad sedandam turbam quae oriebatur, placuit, regem ocius in Saxoniam venire et periclitanti reipublicae, quaque posset ratione, consulere. 26. Juni a. 1057. Itaque nativitatem sanctorum apostolorum Petri et Pauli Merseburg celebraturus erat. Eo quicquid principum erat in Saxonia, ad colloquium evocari iussit. Quo dum pergerent, pro sua singuli copia magna militum manu stipati, contigit, ut Brun et Ecbertus, patrueles regis[3]), casu inciderent in multitudinem praedicti Othonis conglobato agmine ad curtem regiam proficiscentis. Hi praeter causam publicam privatis quoque inimicitiis infestissimi illi erant. Nec mora, dato militibus signo ad pugnam, equis subdunt calcaria, et pari utraque pars audacia, paribus odiis in mutua vulnera ruunt. Ibi *in prima fronte*[4]) Brun et Otho, ambo pleni irarum,

---

1) Die vormundschaftliche Regierung über den 6jährigen König Heinrich IV. wurde von der Kaiserin-Mutter, Agnes, Regentin v. Baiern, und dem Bischof Heinrich von Augsburg ausgeübt. Die schreckliche Leidenschaft des Hasses brach zuerst bei den Sachsen hervor, welche von der fränkischen Herrschaft völlig abzufallen drohten.

2) *marchia*, marchionatus. Speculum Saxonicum lib. II. Art. 12. p. 5. Sententia in comitatu reprobata, ad Marchiam appellari non potest, licet comes sit cum eo comitatu a Marchione infeudatus. cf. Wichbild **Magdeburgense** art. 10.

3) Sie waren Enkel des Grafen Brun von Braunschweig und der Kaiserin Gisela, Heinrich's IV. Grossmutter.

4) frons, Stirn, Vorderseite des Heeres, Liv.

ferirent ambo sui tangendi immemores, dum hostem ferirent, tam concitatos in sese vicissim impetus dederunt, ut uterque alterum primo incursu equo excussum, letali vulnere transfoderet. Amissis ducibus, aliquamdiu utramque aciem anceps pugna tenuit.[1]) Sed Ecbertus quamquam graviter saucius, dolore tamen interempti fratris efferatus, rapido cursu in confertissimos hostes praecipitem se mittit, Bernhardi comitis filium, egregium adolescentem, sed vixdum militiae maturum, interficit; ceteros languidius, quoniam ducem perdidissent, pugnantes, in fugam convertit. Sic respublica maximo metu liberata est, et Saxones adempto rebellionis signifero nihil ulterius quod secus esset contra regem moliti sunt. Andreas rex Hungariorum videns, Belam quendam propinquum suum, regnum affectare, et Hungarios (a. 1061) a se paulatim ad eum deficere, uxorem suam et filium Salomonem, cui imperator filiam suam, parvulo parvulam desponderat, cum multis opibus ad regem Henricum transmisit, petens, ut et sibi misso exercitu subveniret et suos donec rebus tranquillitas redderetur, servaret. Rex Guillelmum marchionem Thuringorum et Epponem Citicensem episcopum cum duce Boemorum et exercitu Boioarico illuc misit. Sed marchio et episcopus priores Ungariam ingressi, non exspectato duce Boemorum, cum Bela signa contulerunt atque infinitam multitudinem Hungariorum peremerunt. Deinde cum ex omni parte Hungarii ad ferendum suis auxilium frequentes confluxissent, videntes missi regis tantae multitudini se numero et viribus impares esse, finibus hostium excedere volebant. Verum illi loca omnia, per quae exitus esse poterant, occluserant, tum, ne quid cibi aut potus in via reperiretur, providerant. Cumque insuper abeuntes crebra incursione infestarent, et illi semper periculum virtute propulsantes, magnas hostium strages darent, tandem diuturna caede exhaustis viribus, Andreas equo forte excussus, pugnantium pedibus est conculcatus; episcopus captus; marchio fame magis quam ferro expugnatus, se dedidit; cuius virtus tantae admirationi apud barbaros fuit ut Ioas[2]), filius Belae, pro illius tum gentis moribus haud de-

---

1) Gegen Berthold von Zähringen reussirte der mit Agnes Tochter vermählte Graf Rudolf von Rheinfelden und wurde nach Otto's Tode Herzog von Schwaben. Das Herzogthum Baiern erhielt Otto von Northeim. —

1058 wurden auf der Lateranensischen Synode die früheren Decrete gegen das Cölibat und die Simonie bestätigt und die Papstwahl in die Hände der 7 Cardinäle gelegt. Das Papstthum machte immer grössere Anstrengungen für seine Machtentfaltung und ging mit den Normannen in Unteritalien eine Allianz gegen den Kaiser ein.

2) Sonst Geisa genannt.

speratae indolis adolescens, ultro patrem exoraret, non modo ut eum iure belli intactum sineret, sed etiam ut affinitate sibi iungeret, desponsata ei filia sua, sorore Ioiada.

I. Heinrich IV. wird bei Kaiserswerth gefangen genommen.[1]

Imperatrix nutriens adhuc filium suum, regni negotia per se ipsam curabat utebaturque plurimum consilio Henrici Augustensis episcopi. Principes suspicionis cuiuslibet indignitatem non ferentes, crebra conventicula facere, circa publicas functiones remissius agere, adversus imperatricem popularium animos sollicitare, postremo omnibus modis niti, ut a matre puerum distraherent et regni administrationem in se transferrent. Ad ultimum Coloniensis episcopus communicatis cum Ecberto comite et cum Othone duce Boioariorum consiliis navigio per Rhenum ad locum qui dicitur *Sancti Suitberti insula*[2] venit. Ibi tum rex erat. Qui dum quodam die post solemnes epulas factus fuisset hilarior, hortari eum episcopus coepit, ut navim quandam suam, quam ad hoc ipsum miro opere instruxerat, spectatum procederet. Facile hoc persuasit puero simplici et nihil minus quam insidias suspicanti. Cumque navim ingressus fuisset, stipantibus eum his, quos episcopus factionis suae socios ac ministros paraverat, repente remiges insurgunt, remis incumbunt, navim dicto citius in medium fluminis impellunt. Rex nova rerum facie confusus incertusque animi nec aliud quam vim et necem sibi paratam arbitratus, in flumen se praecipitem dedit; citiusque eum aqua violentior suffocasset, nisi Ecbertus comes, dato post eum saltu, periclitantem, ipse quoque non minimum periclitatus, vix et aegre morti eriperet et navi restitueret. Exinde blanditiis quibus poterant delinitum, Coloniam perducunt. Cetera multitudo per terram sub-

---

1) Um diese Zeit wurde der kaiserlichen Wittwe und dem viel beneideten und gehassten Bischof Heinrich der Einfluss durch die Entführung Heinrich's IV. bei Kaiserswerth entzogen. In Cöln, wohin man Heinrich gebracht hatte, setzte man fest, dass der jedesmalige Bischof, in dessen Sprengel der König sich befände, die oberste Stelle in der Reichsversammlung einnehmen sollte. Doch musste der finstere Anno v. Cöln dem schönen und ehrgeizigen Adalbert von Bremen*) bald die Zügel über Heinrich überlassen, welcher die Jugend und Tugend des jungen Prinzen vergiftete.

2) Kaiserswerth.

*) Auf einem Zuge nach Ungarn zur Einsetzung des Königs Salomo von Ungarn, welcher mit Heinrich's Schwester sich vermählt hatte, machte sich Adalbert besonders bei Heinrich beliebt, der ihm viele Mönchsgüter und Abteien schenkte. So kam es auch, dass der junge König schon im 15. Lebensjahre für waffenfähig und mündig erklärt wurde. Durch Adalberts Hülfe erhielt auch der nach Italien entflohene Herzog Gottfried sein Herzogthum Niederlothringen 1065 zurück.

sequitur criminantibus plurimis, quod regia maiestas violata suique impos facta foret. Episcopus, ut invidiam facti mitigaret, ne videlicet privatae gloriae potius quam communis commodi ratione haec admisisse videretur, statuit, ut episcopus quilibet, in cuius dioecesi rex tunc temporis moraretur, ne quid detrimenti respublica pateretur, provideret, et causis, quae ad regem delatae fuissent, potissimum responderet. Imperatrix nec filium sequi nec iniurias iure gentium expostulare voluit, sed in propria recedens, privata deinceps aetatem agere proposuit.

II. Heinrich wird vor die Fürstenversammlung zu Tribur geladet.[1])

a. 1066. Jan. Deinde archiepiscopi Moguntinus et Coloniensis cum ceteris, quibus curae erat respublica, crebra conventicula faciebant, atque omnes in commune, quid facto opus esset, consulere cogitabant. Postea iam adulta conspiratione, diem generalis colloquii omnibus indixere regni principibus ut Triburiam convenientes, Adalbertum Bremensem archiepiscopum, communem omnium hostem, communibus omnes studiis oppugnarent regique denunciarent, aut regno ei cedendum esse, aut familiaritate et amicitia Bremensis archiepiscopi defungendum. Perlato Goslariam atrocis rei nuntio, rex ad constitutum diem concitus properabat; cum quo et Wernheri comes veniens, in villam Ingilheim, cuius pars aliqua ad nostrum quoque monasterium pertinet, hospitatum divertit. Ubi dum milites eius ab incolis praedas agerent et illi ad arma conclamantes manu se vindicare niterentur, atrox pugna coorta est. In qua dum Wernheri comes ad ferendum suis opem impigre discurreret, a quodam nostri monasterii vilissimo *mancipio*[2]), vel ut alii ferunt a femina saltatrice, clava percussus in capite, corruit atque ad regem semivivus est reportatus. Admonitus ab episcopis qui praesentes erant, ut pro peccatis suis Deo, in extremo iam spiritu constitutus, satisfaceret, seque Hersfeldensium monachorum precibus interemptum recognoscens, villam Kirchberg, quam iniuste invaserat, redderet: nullo modo acquievit donec episcopi consensu facto minitarentur, se ei sacram communionem morienti non daturos, nisi prius tanti peccati pondere se

---

1) Die mit Adalberts sich mehrendem Einflusse unzufriedenen deutschen Fürsten beschieden den König aus Goslar nach Tribur und erklärten ihm rundweg, dass er entweder der Krone oder dem Erzbischofe Adalbert entsagen müsse. Man forderte ihn ausserdem auf, sich mit Bertha von Susa zu vermählen, um ihn von seinen Ausschweifungen abzulenken. Adalbert sah sich genöthigt, vor seinen Feinden, den Sachsen, sich zu flüchten und die erpressten Schätze zurückzugeben.

2) mancipium, der Leibeigene.

exonerasset. Sic tandem pudore magis quam religione victus reddidit statimque vita excessit. Statuto die tristis in regem omnium vultus, tristis erat sententia, ut aut regno se abdicaret aut archiepiscopum Bremensem a consiliis suis atque a regni consortio amoveret. Tergiversanti et quid potius eligeret haesitanti archiepiscopus consilium dedit, ut proxima nocte, ablatis secum regni *insignibus*[1]) clam aufugeret et Goslariam aut in alium locum se reciperet, ubi ab iniuria tutus foret donec turba haec conquiesceret. Adveniente vespero thesauros regios per satellites et socios fraudis suae iam exportare coeperat, cum repente ad ministros regis consilium hoc, nescio quo indicio, permanavit. Qui statim raptis armis curtim regiam circumdederunt totamque deinceps noctem *ducentes pervigilem*[2]), ne quid novi accideret, asservabant. Facto mane infensis adeo animis omnes in archiepiscopum coorti sunt, ut nec manibus temperassent, nisi regia maiestas vix et aegre iracundiam cohibuisset. Contumeliose itaque eiectus est e curte regia cum omnibus tyrannidis suae fautoribus misitque cum eo rex amicorum suorum non modicam manum, ne scilicet ab aemulis suis insidias in via pateretur. Sic iterum rerum publicarum administratio ad episcopos rediit, ut singuli suis vicibus, quid regi, quid reipublicae facto opus esset, praeviderent. —

1069. Rex Fritislariam veniens gravissimam in aegritudinem incidit ita ut a medicis desperaretur et principes de regni successione consilia conferre coepissent. A qua infirmitate vixdum plene resumptis viribus pentecostem Hersfeldiae celebravit. Nec multo post nuptias Triburiae regio apparatu celebravit in coniunctione Berchtae reginae, filiae Othonis marchionis Italorum[3]). — Interea Dedi marchio Saxonicus cum viduam duxisset Othonis marchionis tertio prius anno defuncti praedia etiam, quae ille a diversis dominis beneficii loco habuerat, summa vi nitebatur acquirere. Cum nullus daret postulanti, indignitatem non ferens regi, per quem potissimum stetisset ne darentur, bellum parabat crebrisque colloquiis Thuringos ad societatem armorum sollicitabat. Promptum hoc fore sperabat, eo quod rex archiepiscopum adiuvando *in exigendis decimationibus* (Zehnte), multum a se avertisset animos eorum.[4]) Rex

---

1) insignia, die Reichskleinodien. (Krone, Scepter, Schwert, Purpurmantel, goldene Armspangen, Sporen etc.)
2) pervigilem ducere, bewacht halten.
3) Graf von Savoyen, Markgraf von Susa.
4) Der von den Sachsen wegen der vielen Erpressungen, Abgaben und Zwingburgen gegen Heinrich genährte Hass und Widerwille erhielt durch den Thüringer Zehntenkrieg noch neue Nahrung und Kraft. Hein-

infesto agmine Thuringiam intravit ibique duo castella, quibus marchio praesidium imposuerat, Bichelingun (Beichlingen) et Scidingen (Burgscheidungen a. d. Unstrut) alterum per deditionem alterum manu expugnatum recepit. Ceteris illico admovendus erat exercitus. Sed marchio advertens nullo loco vel munitione sustineri posse impetum regis incisa spe resistendi se suaque omnia dedidit. Marchio aliquamdiu habitus in custodia, tandem adempta possessionum et *redituum*[1]) non modica parte dimissus est. — Imminente iam die, qui scindendo regis coniugio dictus fuerat, rex Mogontiam concitus properabat. Et ecce inter eundum comperit, Petrum Damianum, legatum sedis apostolicae suum Mogontiae adventum praestolari, qui discidium fieri prohibeat et Episcopo Mogontino apostolicae animadversionis sententiam minitetur, quod tam nefariae separationis se auctorem promiserit. Consternatus illico, quod rem diu exoptatam perdidisset e manibus per iter quo venerat in Saxoniam redire volebat.

III. Otto von Northeim und der Sachsenkrieg.

Erzbischof Adalbert begann seine alte Rolle wieder an Heinrich's Hofe zu spielen, indem er die sächsischen Fürsten verläumdete und eine süddeutsche Allianz hintertrieb. Durch ihn war auch ein gewisser Egino angetrieben worden, den Herzog Otto, welcher sich eines hohen Ansehens bei Heinrich erfreute, anzuklagen. Er beschwor, von Otto ein Schwert zur Ermordung des Königs erhalten zu haben. Otto war geneigt, es auf ein Gottesurtheil (Ordale) ankommen zu lassen und begab sich über Goslar nach Mainz. Da ihm jedoch der König das freie Geleit entzog, kehrte er um. Allein die sächsischen Fürsten sprachen deshalb das Schuldig über ihn aus und Heinrich entriss ihm Baiern, welches er Welf IV., Azzo's von Este Sohn, 1070 verlieh. Auch wurden Otto's Güter in Sachsen verwüstet und zerstückelt. Otto, durch Magnus verstärkt, erhob sich gegen den König, doch vermittelte Graf Eberhard von Nellenburg den Frieden und die Sachsen unterwarfen sich. Allein Heinrich behielt Otto und Magnus noch längere Zeit in Haft und schloss zur Demüthigung des Billunger Stammes in Sachsen einen Vertrag mit König Suen von Dänemark, eroberte Lüneburg, und auch Adalbert fing wieder an zu machiniren.

Clarus eo tempore in palatio et magnae in republica auctoritatis erat Otho dux Boioariorum. Sed sicut semper gloriam sequi solet invidia, invidentes ei plerique homines nequam, qui malitiae suae potentiam eius atque immoderatam gloriam ob-

---

rich hatte dem Erzbischofe Siegfried von Mainz, unter welchem Thüringen stand, das Versprechen gegeben, ihm bei der Eintreibung der Abgaben behülflich zu sein, wenn er zu der Scheidung von seiner Gemahlin seine Zustimmung geben wolle. Aber auf der zu diesem Behufe in Mainz veranstalteten Reichsversammlung erschien der päpstliche Legat, Peter Damiani, Bischof von Ostia, und erklärte sich entschieden gegen die Scheidung.

1) reditus, das Einkommen, die Einkünfte, Nep. u. Ovid.: esse in reditu, etwas einbringen, Einkünfte geben, Plin. Ep.

stare querebantur, sollicite oportunitatem ad opprimendum eum quaerebant. Itaque quendam Egenem nomine hominem ingenuum sed omni flagitiorum genere infamatum, in necem exitiumque eius subornaverunt. Is crimen adversus eum detulit, quod se ad occidendum regem precibus et pollicitationibus multis saepenumero sollicitasset atque in argumentum fidei gladium ostentabat, quem sibi ab eo in hos tam sceleratos nefariosque usus datum asserebat; si inficiaretur, paratum se quovis iudicio verbis suis fidem facere. Qua accusatione vulgata hi, quos ratione communis commodi aliquando offenderat, omnes infensi infestique aderant et iracundiam regis adversus eum inflammare summa vi, summa ope nitebantur. Igitur rex eum Mogontiam cum ceteris principibus ad colloquium evocavit, quid delatum esset exposuit negantique inducias in sex hebdomatas dedit, ut Calendis Augusti Goslariam veniens, obiectum crimen congressus cum accusatore suo, manu propria refelleret. Cum in haec verba discessum esset, *causari*[1]) principes de iniquitate conditionis coeperunt, nec bonum nec aequum esse dicentes, ut homo nobilissimus, integerrimae apud omnes existimationis nec ulla umquam sinistri rumoris macula *attaminatus*[2]), manum conferre iuberetur cum homine sceleratissimo, qui si quid ingenuitatis a parentibus accepisset, id per furta, per latrocinia, denique per omnia vitiorum probra iam dudum obliterasset. Ille tamen et indignitate rei efferatus et Deo innocentiae suae teste et conscio fretus, cum quovis, etiam indigno etiam praeter natales suos pugnare malebat quam tanti sceleris suspicione teneri. Igitur die statuto ad proxima Goslariae loca cum armata multitudine venit; missis ad regem nunciis mandavit, si sibi tuto venire, si tuto causam dicere liceret, paratum se coram venire et conditione, quam principes regni aequam iudicassent, crimen, cuius insimulatus fuerat, refellere. Rex ad haec atrociter et acerbe respondit, se ei nec in veniendo nec in causa dicenda pacem aut securitatem polliceri; id solum exspectare, ut iuxta condictam Goslariam comminus veniret et si quid de innocentia sua praesumeret, conserta cum adversario suo manu, aequissimo iudici Deo rem committeret; ni id faceret, se, omissa legum dissidentium simultate, relegato sententiarum certamine, pro convicto confessoque eum in tanti sceleris immanitate habiturum. Relato ad ducem hoc responso, nec tutum nec satis honestum eius rationibus visum est his qui recte ei consultum cupiebant, ut sic inflammatae adversum se regis iracundiae illudendum se vexandumque obiceret, cum sibi, integris adhuc rebus et crimine necdum

---

1) *causari aliquid*, etwas vorschützen, bestreiten, vorwenden, Liv.
2) *attaminare*, antasten, rauben, beflecken, entehren, Justin.

comprobato, tuto coram venire non licuisset; quod tam iure coeli quam iure fori omnibus semper reis, omnibus in causis licuisset. Ita incisa spe veniae infectis rebus, in sua se recepit, satius putans, quoad posset armis salutem tueri quam ad exsaturanda hostium suorum odia turpiter more pecudum *iugulari*[1]). Postero die rex principes Saxoniae, quod ex his oriundus esset et hi propter privatas inimicitias maxime invisum eum haberent, sententiam de eo rogavit. Qui eum tamquam manifesti criminis deprehensum reum maiestatis iudicaverunt, et si caperetur, capitali in eum sententia animadvertendum fore, decreverunt. Deinde amici regis ferro et igni persequi eum, singuli pro virili portione aggrediuntur; plerique etiam nec fide erga regem, nec studio erga rempublicam nec ultione cuiusdam privatae iniuriae sed sola rapinarum cupiditate arma contra eum capiunt. Itaque undique laxatis, immo ruptis irarum habenis, omnes in eum irruunt, praedia eius et possessiones alias diripiunt, vastant, incendunt, ministros eius agrorumque cultores, si quos sors obtulisset, obtruncant, lacerant, iugulant. Sic postremo praeter modum modestiamque ira immoderatior *debachabatur*[2]), ut nec ab ecclesiis nec templis, quae ille propriis impensis Deo construxerat, hostilis saevitiae impetus temperaret. Deinde rex collecto exercitu egressus, extremam operi manum per se ipsum imposuit; principes, quos ei consanguinitate vel alia necessitudine obnoxios noverat, aut acceptis obsidibus aut iureiurando, ne ad eum deficerent, obligavit. Castellum eius *Hanstein*[3]), a quo ad primum statim belli terrorem praesidium abductum fuerat, funditus everti iussit. Alii castello, quod Desenberg[4]) dicitur, exercitum iam admoverat. Sed hi qui intus erant, et si loci situ inexpugnabiles essent, et copiis omnibus, quae administrando bello necessariae erant, affatim affluerent, ultro tamen se dedere quam ancipitem belli fortunam temptare maluerunt. Relicto illic praesidio rex in ulteriora loca ad demoliendas uxoris quoque eius possessiones exercitum abduxit, villas multas opibus et aedificiis ornatissimas incendit, bona diripuit, in mulieres et pueros — nam viri in montes et in saltus devios se abdiderant — foeda et hostilia multa commisit; tantaque in ea expeditione acerba et crudelia perpessi sunt a rege proprio homines innocentes et nulla saltem suspicione criminis cuiusquam

---

1) iugulare, (iugulum) erstechen, ermorden, suem, Cic.: hominem.
2) debachari, sich abrasen, cf. Ter. Ad. 2, 1, 31. Hor. Od. 3, 3, 55.
3) *Hanstein* in praediis Othonis patrimonialibus querendum ad Werram, non longe a Gottinga dissitum, unde gens illustrissima Hansteinia nomen traxit.
4) *Desenberg*. Procul dubio in episcopatu Paderbornensi, olim in patrimonio ducum Brunsvicensium.

infamati, ut nihil acerbius, nihil crudelius a barbaris perpeti potuissent. Tandem dux Otho perdoluit et calamitatum pondere superata est constantia patientiae. Itaque assumptis secum ad tria milia viris electis et omni militaris disciplinae studio exercitatis, impetum in Thuringiam fecit, villas regalis fisci, rebus cunctis affluentissimas, incendit, praedam multam abegit et milites suos, quorum plerosque ad societatem belli sola spes rapinarum allexerat, hac primum mercede *inescavit*[1]) fidosque ac firmos sibi effecit. Ita populabundus ultra Eschwege ad Werram pervenit. Interea Thuringi, qui se ante aliquot annos sacramento obstrinxissent, ne latrones aut raptores inultos sinerent, rerum suarum direptionibus exacerbati ad arma conclamant, conglobatis propere ingentibus copiis, hostes e vestigio insequuntur, inventisque haud procul ab Eschwege certamen inferunt 4. Nonas Septembris. Nec diu anceps pugna fuit. Nam his qui cum duce Othone erant impigre occursantibus vix primam proelii procellam sustinentes in fugam vertuntur et alii in proximos montes et silvas evadere alii per iter quo venerant citatis equis reverti, summo conamine nitebantur, haud satis auspicato temptatam fortunae aleam detestantes. — Ipse denique, qui primo ut res certamini committeretur vehementissimus auctor incentorque fuerat, Ruotgerus comes, is nunc primus fugiendi auctor ac signifer apparebat, omnique, ut vulgo dicitur, vento citatior montes et colles *modernus Idithun*[2]) transmittebat. Trecenti plus vel minus in ea congressione ex Thuringis corruerunt; ex parte altera unus occisus, duo sunt vulnerati. Dux Otho, signo receptui dato, cum a caede hostium vix et aegre militem suum revocasset, aliquamdiu in iisdem castris commoratus est, et, vergente iam in vesperam die, plerosque principes exercitus sui singulos in sua cum pace dimisit. Ipse adhibitis sibi quantas res poscere videbatur copiis, in ulteriorem Saxoniam contendit; ibique totam hiemem usque ad nativitatem Domini exegit, partim rapinis et depraedationibus victitans, partim ex possessionibus Magni comitis, quem belli periculorumque omnium socium et innocentiae suae devotissimum assertorem habebat. Is filius erat Othonis ducis Saxoniae, egregius adolescens, boni et aequi in pace supra annos suos servantissimus, et in bello audacia et virtute militari nulli secundus. Perlato ad regem nuntio acceptae ad Eschwegam cladis, omissis rebus aliis, Goslariam concitus remeavit, nec inde usquam ante nativitatem Domini abscessit, timens scilicet, ne tam caram tamque acceptam sibi

---

1) inescare, anködern. Ter. Liv.
2) *modernus Idithun*, ein biblischer Name, welcher als der Ueberspringende gedeutet wird.

villam, quam pro patria ac pro lare domestico Teutonici reges incolere soliti erant, hostes per absentiam eius, quod *minitari*[1]) et crebris usurpare sermonibus dicebantur, in favillas cineresque redigerent. — Interea dux Otho videns sibi nihil iam spei reliquum esse, cuius et bona omnia flamma hostilis absumpsisset, et ducatum alius in suam potissimum contumeliam invasisset, statuit, rem in extremum discrimen adducere et cum rege, ubi primum copia fieret, collatis signis dimicare. Itaque montem qui dicitur *Hasungen*[2]) occupavit, ut is scilicet militibus suis, quomodocumque res in proelio cecidissent, receptui foret. Eum, etsi natura et situ ipso satis munitum, munitiorem tamen manu atque opere fecit, ibique convecta ex circumiacentibus agris praeda, regem praestolabatur. 1071. Rex accepto nuntio nihil moratus, quantas in ea trepidatione potuit copias ex Saxonia, ex Thuringia atque ex Hassia celerrime contraxit. Ceteris principibus, qui longius aberant, mandavit, ut, si forte res sine mora et diuturnitate confici non posset, sibi quam citius possent armata manu concurrerent. Plurimum eo tempore rex consiliis utebatur Eberhardi comitis, sapientis admodum viri. Is videns, hostes sic ad bellum exercitatos, sic ipsa iam desperatione, quae plerumque timidis etiam virtutem addere solet, efferatos, sine magno detrimento reipublicae nec vinci nec vincere posse, abiit ad ducem Othonem, eumque per Deum obtestari coepit, ne se suosque in tantum discrimen praecipitaret; necdum ei omnem spem veniae, omnem respirandi facultatem ereptam esse; si de monte, quem occupaverat, exercitum abduceret seque regi iustis conditionibus dederet, sub iuramento se ei promittere, quod et veniam culpae, cuius *insimulatus*[3]) fuerat, et omnium quae iure belli amiserat restitutionem ei a rege impetraret. Annuente eo, rem ad regem detulit et eum haud difficulter in sententiam abduxit, quippe cum taedere eum iam belli coepisset, quod propter privatum hominis amorem a principibus per ingenium trahi ac segniter geri videbat. Pace per iusiurandum utrimque firmata, induciae datae sunt Othoni duci usque in pascha, ut Coloniam veniens, deditionem lege quam principes aequam iudicassent perficeret. Inter has inducias, cum dux Otho exercitum, singulos in sua dimisisset, Recheri comes, partium eius haud leve momentum, occisus est ab hostibus suis propter quasdam privatas simultates. —

---

1) minitari (minor) alicui mortem, drohen. Cic.: urbi ferro ignique, Sall.: auch aliquid ohne Dativ.
2) Hasungen am Habichtswalde in der Provinz Hessen-Nassau.
3) insimulare aliquem flagitii, peccati, Jemanden beschuldigen, Cic. Liv.

1071. Inter ducem Polonorum et ducem Boemorum infestissima dissensio erat[1]). Propterea eos rex in civitatem Misene (Meissen) autumnali tempore evocatos, durius corripuit et ut deinceps suis singuli terminis contenti essent nec se vicissim temerariis incursionibus lacesserent sub obtentu regiae maiestatis praecepit; alioquin se hostem et vindicem experturus foret, qui prior alteri arma intulisset.

IV. Die Machtstellung Adalbert's von Bremen und sein Ende.

1072. Primus tunc in palatio erat Adalbertus Bremensis archiepiscopus, qui, triumphatis aemulis suis, qui eum ante aliquot annos de palatio eiecerant, solus nunc rege fruebatur, receptus non modo in gratiam et familiaritatem sed pene in regni consortium et omnium quae publice vel privatim agenda erant societatem. Ita regem callidis subreptionibus suum fecerat. Sed is morbo et aetate exhaustus, cum diu per exquisitissimas medicorum operas morti obluctatus fuisset, quasi naturam arte eludere posset, mediante quadragesima, 16. Calendas Aprilis debitum conditioni persolvit et pertinacibus odiis hominum, quod numquam potuerat vivendo, tandem aliquando satisfecit moriendo. Erat plane vir admirandae *compunctionis*[2]), et potissimum dum salutarem Deo hostiam immolaret totus in lacrimas effluebat. Corpus eius ex Goslaria in sedem episcopatus sui delatum atque sepultum est[3]). Rex palmas Coloniae, pascha Traiecti (Utrecht) celebravit. Ubi dum ei populus vehementer obstreperet pro iniuriis et calamitatibus, quibus passim per totum regnum innocentes opprimebantur, pupilli et viduae diripiebantur, monasteria et ecclesiae vastabantur, et ruptis iniquitas habenis in omne quod voluisset facinus impune bachabatur: permotus tandem vel ipsa rei acerbitate vel proclamantium importunitate, annitentibus in hoc ipsum cunctis regni principibus, exoravit Coloniensem archiepiscopum, ut post se rerum publicarum administrationem susciperet. Diu ille restitit petenti, partim memoria veterum iniuriarum, partim

---

1) Boleslaw II., Sohn Casimir's I., Herzog, dann König von Polen von 1058 — 1083. Wratislaw II., der erste König von Böhmen, von 1061—1092.

2) compunctio, Reue, Sulp. Sev. Dial. 3, 13.

3) Nach Adalbert's Tode war Heinrich wieder den Machinationen Anno's von Cöln anheimgegeben, welcher bewirkte, dass Otto seiner Haft entlassen wurde. Dem Könige wurde jetzt die Allianz seines Schwagers Rudolf mit Berthold von Kärnthen und Welf von Schwaben hinterbracht, worauf er Berthold absetzte und sein Herzogthum an Markwart, seinen Verwandten gab.

quia homo totus in Deum suspensus divinis quam secularibus negociis *implicari*[1]) maluisset. Tum primum respublica in pristinum statum dignitatemque reformari coepit frenaque iniecta sunt vaganti usque ad id tempus licentiae. Nam cum rex omnem causarum cognitionem a se ad archiepiscopum tamquam ad patrem ac salutis suae tutorem reicere soleret, ille nec gratia cuiusquam nec odio ab iure ad iniuriam umquam abduci poterat, sed iudicabat omnia, sicut scriptum est, sine personarum acceptione nec considerans personam pauperis in iudicio nec honorans vultum potentis. Divites, si qui per potentiam pauperes oppressisse delati fuissent, severissima animadversione castigavit; castella eorum, quae male agentibus perfugium erant, funditus everti iussit; plerosque ex ipsis et genere et opibus clarissimos in vincula coniecit. Inter quos illum nostra aetate nominatissimum Egenem, qui duci Boioariorum Othoni calamitatis tantae causa extiterat, cum plurimi adversus eum pro privatis iniuriis et depraedationibus faciem regis interpellassent, teneri fecit eumque catenis oneratum plerumque ad spectaculum vulgi deduci iussit, ad gratificandam scilicet popularium animis regiam severitatem. Postremo eo *moderamine*[2]), ea industria atque auctoritate rem tractabat, ut profecto ambigeres, pontificali eum an regio nomine digniorem iudicares atque in rege ipso, qui in cultu atque *socordia*[3]) pene praeceps ierat, paternam virtutem et paternos mores brevi exsuscitaret.

V. Die Rückkehr der Kaiserin-Witwe Agnes.

Rex in nativitate sancti Jacobi Wormatiae occurrit matri suae Agneti imperatrici, de Transalpinis partibus redeunti; ubi sex aut eo amplius annos iam demorata fuerat, sub nimia austeritate vitam instituens adeo ut communem humanarum virium mensuram excederet ieiuniorum ac vigiliarum patientia. Reversionis autem eius in Galliam haec causa erat. Ruodolfus dux Sueviae ab his qui ei male consultum cupiebant accusatus apud regem fuerat, quod iniquum aliquid contra regem contraque rempublicam moliretur; propter quod assiduis legationibus ad curtim regiam, ut causam diceret, accessiebatur. Sed ille, licet ab culpa remotissimum se sciret, conterritus tamen ducis Boioariae Othonis recenti exemplo et aliorum quorumdam, quos rex praecipitata sententia absque discussione legi-

---

1) *implicari*, trop. sich verwickeln, implicari defensione sua, Liv., erroribus Cic.: familiaritate, negotiis, morbo, Caes. u. Liv.
2) *moderamen* (moderor) Lenkung, equorum, rerum, 2. ein Mässigungsmittel, Cod. Theod. 11, 30, 64.
3) *socordia* (secordia) Ter., Sall. Schläfrigkeit, Stupidität.

tima damnaverat, temere in periculum se dare nolebat. Cumque esset imperatrici ob vetus meritum suum acceptissimus, propinquitate etiam devinctus propter filiam eius, quae ei nupserat, sed intra paucos dies celebratae coniunctionis decesserat, misit eamque obnixis precibus in Galliam evocavit ad sedandam quae oriebatur intestini belli tempestatem. Nam firmiter apud se statuerat, si pax non convenisset, armata potius manu quoad posset salutem tueri, quam probris et contumeliis deformandum regiae se tradere potentiae. Imperatrix, quamquam cuncta seculi negotia religionis obtentu in perpetuum abiurasset, nec a proposito tamen suo nimium abhorrere nec ab ecclesiastica functione alienum fore iudicavit, si viro optime erga se merito in angustis rebus opem ferret et filio iuveniliter tumultuanti modum imponeret. Venit itaque Wormatiam amplissimo stipata numero abbatum et monachorum et praedictum ducem, cum interposita fide Coloniensis et Mogontini archiepiscoporum coram venisset, omni criminis suspicione absolvit statimque, compositis propter quae venerat, a filio abscessit, ut non tam *carnali*[1]) *affectione* quam communis commodi ratione ad hanc secularis negotii administrationem se adductam liquido cunctis patefaceret. Dux quoque a rege dimissus in pace, protinus se in sua recepit, certum tenens, non ex integro abolitas ab animo regis inimicitias, sed ademptam interim nocendi facultatem esse.

1073. Rex Babenbergiae Bertoldi duci Carantanorum ducatum sine legitima discussione absenti abstulit et Marcwardo cuidam propinquo suo tradidit. Ruodolfus quoque dux Suevorum tumultum aliquem reipublicae machinari formidabatur. Sed discurrentes utrimque frequentes legati, et illum ne praecipitanter in arma prorueret, et regem, ne cunctantem obstinata importunitate lacesseret, salubri moderamine retinebant. Ibi quoque Coloniensis archiepiscopus, offensus his quae plurima praeter aequum et bonum fiebant in palatio, petiit a rege, vacationem deinceps dari sibi ab rerum publicarum administratione, causatus in senium iam vergentem aetatem et laboriosis regni negotiis minus minusque in dies sufficientem. Quod rex haud difficulter annuit, quia pravis libidinibus suis et iuvenilibus ineptiis iam dudum animadverterat eum graviter offendi et plerumque, quantum salva regia dignitate poterat, pro virili portione obniti. Is ergo ubi se in sua recepit, rex tamquam severissimo *pedagogo*[2]) liberatus, statim in omnia genera flagitiorum ruptis omnibus modestiae et temperantiae

---

1) carnalis, körperlich, Tert.
2) So wurden im Mittelalter häufig die öffentlichen Lehrer genannt.

frenis praecipitem se dedit. Montes omnes colliculosque Saxoniae et Thuringiae castellis munitissimis exstruxit praesidiumque imposuit. Quibus cum victui necessaria minus sufficerent, permisit, ut ex proximis villis et agris hostili more praedas agerent et ad ipsa castella munienda circumquaque manentes cogerent et impensas affatim convectare et per se ipsos servili manu desiderare. Verum ne manifestae tyrannidis notaretur, si contra innocentes atque in regnum proprium tam barbara crudelitate grassaretur, ut impietatem suam quadam religionis specie palliaret, archiepiscopum Mogontinum modis omnibus instigavit, ut decimationes Thuringiae, sicut ante plures annos instituerat, exigeret; pollicens, se ei in exigendo summa ope affuturum et dicto obtemperare nolentes regia maiestate coacturum; ea tamen pactione, ut ipsarum decimationum partem sibi, quae et regiae magnificentiae et tanto labori suo digna foret, tribueret. Ita episcopus vanissima spe animatus, sinodum indixit Erfurdiae 6. Idus Martii.

V. Brunonis Bellum Saxonicum.
1072—1076. (cf. Karl's M. Sachsenkrieg 772—803.)

Postea Henricus rex legatos ad regem Danorum[1]) misit ultra mare eumque sibi ad Bardanevich[2]) rogavit occurrere, quo et ipse cum paucis perrexit, cum nulla fama testetur, quod ante eum ullus rex in illas partes pervenerit. Regem illum ibi obvium habuit, cum eo secretum colloquium fecit, cui colloquio praeter episcopum Adalbertum et unum de regiis consiliatoribus nullus interfuit[3]). Ipsum tamen colloquium non diu latuit, quia ille qui cum episcopo solus aderat, cum consilium quod ibi fecerunt prohibere non posset, illud quod poterat, effecit, quod principes Saxoniae, quorum intererat, ipsum consilium non lateret.

Rex enim Danorum regi Henrico iuravit, ut ei contra omnes hostes suos et nominatim contra Saxones, quantum posset, terra marique auxilium ferret; et rex Henricus illi promisit, ut ei cunctas regiones suo regno *contiguas*[4]) in proprium daret.

---

1) Der Dänenkönig war Suen Estridson.
2) Bardewick. Man gedachte demnach nicht mehr an Karl's des Grossen Lager bei Bardenwich im J. 795.
3) Es lebte in den Sachsen noch ein starkes Nationalitätsprincip, welches den Gegensatz zwischen ihnen und den Franken immer greller hervortreten liess, bis er die höchste Spitze durch den Sturz Otto's und des mit ihm verbundenen Magnus erreichte. Heinrich erstrebte in erster Linie eine Unterdrückung der uralten Billunger, in zweiter beschloss er eine Bändigung des trotzigen Sachsenvolkes.
4) contiguus benachbart, angrenzend, alicui Ovid u. Tacitus.

Igitur illo colloquio finito et Danorum rege reverso rex Henricus castellum Lueneburg, quod ibi prope erat, conspexit; cuius munitione perspecta, in eius cupiditatem suo more vehementer exarsit. quasi, si illud in sua potestate teneret, nullus in illis partibus sibi resistere potuisset. Illud autem castellum Magni ducis parentum semper fuerat et ad ipsum suumque patruum Herimannum tunc hereditario iure pervenerat. Ex paucis ergo, quos habebat secum, fidelissimos septuaginta fere dimisit in illo castello, qui etiam ipsum totamque regionem circa compellerent regio parere serviliter imperio. Sed his temere ingressis, Herimannus, dum rex e finibus suis fuisset egressus, expectat, et mox ipsum castellum cum multa virtute circumdat. Illi quid facerent? Castellum quidem forte et cunctis nisi soli fami insuperabile sed praeter paucos panes, quos discedentes monachi reliquerant, nihil quod manducari posset habebat, et fames eos castellum relinquere iubebat, sed obvia ferri virtus eos exire non sinebat.

Paucis autem non erat tutum cum exercitu venire in proelium. Deditionem ergo comiti Herimanni offerebant; sed ille, nisi Magnus dux, filius fratris sui, rediret, nullum istorum abiturum dicebat. Quo comperto rex multas *angustias*[1]) habuit nec, quid sibi fuisset utile, facile excogitare potuit. Illos obsessos per vim liberare non potuit, quia de Saxonibus, quos offensos habebat, exercitum congregare non credidit; de gentibus vero aliis suae ditioni subiectis eam multitudinem, cui illuc ire tutum esset, non habuit. 1073. Ducem reddere noluit, quia, dum illum in vinculis tenebat, securus a bello Saxoniae fuit. Solus enim timor, ne ille occideretur, fecit, ut tot iniuriis acceptis bellum non inciperetur. Tot autem fidelissimos suos, inter quos etiam erant, qui nobiles cognatos habebant et fortes, si perire dimitteret, nullum ultra fidelem sibi inveniret, et tutum tempus ab eorum propinquis nullum haberet. Reddidit ergo Magnum ducem et suorum fidelium recepit multitudinem. Inde natum proverbium per totam Saxoniam divulgatur: „quod unus Saxo septuaginta Suevis ematur, vel septuaginta Suevi uno Saxone redimantur."

De reditu ducis Magni quanta fuissent omni Saxoniae gaudia, Tulliana non posset explicare facundia: non magis de illo gauderent, si eum a morte redivivum accepissent. Quanto eum se umquam vivum visuros desperaverant, tanto eum videntes vivum maiore laetitia *tripudiabant*[2]); nec solum

---

1) angustiae, arum Mangel, Noth, Verlegenheit, Schwierigkeit, in angustias adduci Cic.: in angustiis esse Caes. Angustiae petitionis Schwierigkeit zur Consulwürde zu gelangen.

2) tripudiare stampfend tanzen, Sen. trop. in funeribus reip. exsultantem ac tripudiantem, Cic. Sext. 41, 88.

sui vel cognati vel clientes eius de salute plaudebant, sed omnis omnino populus omnipotenti Deo, qui eum mirabiliter liberavit, laudes unanimiter reddebat. Quem enim patruus suus inaestimabili praediorum sive pecuniarum pretio redimere non valuit, hunc divina pietas eo modo, quem humana prudentia numquam posset excogitare, liberavit. 1073. Itaque nihil fere iam sonabat ex ore totius Saxoniae nisi: „Deo gratias de Magni ducis admirabili liberatione!" Illi qui numquam eum viderant pro eius liberatione non immemores magis, quam si de eius genere vel familia fuissent, Deo gratias agebant.

Rex praecepit, ut universa principum Saxoniae multitudo Goslariam conveniret, ut, si quid de communibus regni negotiis agi dignum emergeret, hoc ipse communi principum consilio tractaret. Omnes illuc alacres festinabant, quia calamitatum, quas Saxonia iam diu tolerabat, aliquem terminum fore sperabant. Igitur festivitate celebriter celebrata, cum dies ad causas agendas statutus venisset, episcopi duces comites ceterique ad palatium *diluculo*[1]) *primo* congregantur; ibique sedentes, donec ad se rex egrediatur vel ad se iubeat eos intrare, nequicquam operiuntur. Nam ille cubilis sui foribus clausis, intus cum suis parasitis aleis vel ceteris rebus *nugatoriis*[2]) operam dabat, et tot magnos homines ad suam ianuam excubare, quasi mancipia vilissima, nihili pendebat! Totus dies transiit; nec ipse nec aliquis vera portans nuntius ad eos exivit. Cum iam nox facta fuisset, quidam de parasitis eius egressus, principibus irrisorie dixit, quamdiu ibi vellent expectare, cum rex, per aliam ianuam egressus, ad urbem suam veloci cursu properaret? Ibi sunt omnes adeo turbati, qui tanto fuerant habiti a regis superbia contemptui, ut, nisi Dedi marchio eorum furorem sua prudentia compesceret, eadem hora regi pariter omnes, omni proiecto timore, manifeste renuntiarent. Illo die haec causa belli incepit; ille dies principium omnium quae sequuntur malorum fuit. Eadem namque nocte principes omnes parum *pransi*[3]) cum singulis quibus optime credebant, in unam ecclesiam, cum omnes ceteri iam dormirent, ex condicto convenerunt, ibique non paucis prius lacrimis effusis, melius sibi fore mortem quamlibet pati, quam talem vitam in tantis calamitatibus et contumeliis vivere dixerunt. Constituto itaque die et loco quo

---

1) diluculum (diluceo opp. crepusculum) die Morgendämmerung. primo diluculo, Cic., cum diluculo, Plaut.
2) nugatorius, a. um (nugator) läppisch, nichtswürdig Varr.: res, Cic.
3) pransus, a, um (prandeo) Jemand, der einen Imbiss genommen hat vor der Hauptmahlzeit. Hor. Liv. 11, 32. curatus et pransus von Soldaten, fertig; ut ante lucem viri equique curati et pransi essent, Liv. 28, 14.

omnes cum omnibus Saxonibus convenirent, et de libertate communi, quam sibi videbant ereptum ire, communiter agerent, ita sunt singuli ad sua reversi, quasi numquam amplius ad regis servitium venturi. — Igitur non longo tempore transacto, magni parvique, sicut constitutum fuerat, ad villam, quae Holcinesleue (Haldensleben?) vocatur, omnes convenerunt; cur autem tam magnus conventus in parvo loco factus fuisset, non omnes agnoverunt. Tunc Otho, qui dux olim fuerat, sed adhuc ducis nomen habebat, omni congregata multitudine, collem, ex quo loquens ab omnibus audiri posset, ascendens, fieri silentium iussit; quo facto cum omnes arrectis starent auribus, huiusmodi sermonem incepit: „Quare vos, o milites optimi, principes vestri tam frequentes in hunc locum convenire rogassent, licet omnes fere singuli cognovistis, tamen ut nullus vestrum sit, qui se nescium possit asserere, visum est nobis, ut universi causam pariter cognoscatis. Calamitates et contumeliae, quas singillatim vobis omnibus rex noster iam per multa tempora fecit, magnae sunt et intolerabiles; sed quas adhuc, si Deus omnipotens permittet, facere disponit, multo maiores sunt et graviores. Castella fortia, sicut vos scitis, in locis natura munitis plurima construxit, ibique suorum fidelium multitudinem non modicam universis armorum generibus instructam collocavit. Quae castella[1]), cum non contra paganos, qui nostram terram quae sibi confinis est totam vastaverunt, sint fabricata, sed in medio terrae nostrae, ubi nemo ei umquam bella cogitabat inferre, tanto *molimine*[2]) sint munita, quid portendant, et ex parte plurimi estis experti, et nisi misericordia Dei vestraque virtus prohibuerit, cito omnes experiemini[3]).

Bona vestra, qui iuxta manetis, vobis invitis in ipsa castella deportantur; filiabus vestris et uxoribus pro sua libidine, quando volunt, abutuntur; vestros servos et iumenta,

---

1) Zu den stärksten Befestigungen Sachsens zählte die Harzburg bei Goslar, welche der König herrlich ausschmückte und sich zum Lieblingssitz erkor. Es war hier eine stattliche Pfalz und ein prachtvolles Münster, in welchem sein erster Sohn und die Gebeine seines jüngeren Bruders begraben wurden. Auch liess er hierin einen kostbaren Reliquienschatz aus Aachen bringen. Ausser dieser Burg erhoben sich noch andere in Thüringen und Sachsen, so der Spatenberg bei Sondershausen, die Hasenburg bei Nordhausen, Volkerode im Eichsfeld, die Haimburg bei Blankenburg, der Sachsenstein bei Sachsa.

2) *molimen* (molior) eine grosse Unternehmung, Bemühung, Lucr., Ovid. u. Liv.

3) Italien hatte diese inneren Zwistigkeiten in Deutschland dazu benutzt, um sich selbstständiger und freier zu entwickeln. Schon 1059 war das Papstthum an die Spitze einer allgemeinen grossen politischen Bewegung gegen die kaiserliche Macht getreten. Trotzdem hegte man in Deutschland immer noch die Hoffnung, dass sich die römische Curie

quicquid volunt, sibi servire praecipiunt; immo et vos ipsos in liberis humeris vestris quaelibet onera, licet foeda, portare compellunt. Sed quando ea quae futura sunt mente concipio, ista, quae nunc toleratis, tolerabilia puto. Postquam enim sua castella per totam terram nostram pro sua voluntate construxerit, et ea militibus armatis et rebus ceteris ad hoc negotium pertinentibus impleverit, tunc non amplius iam bona vestra particulatim diripiet; sed universa, quae possidetis, vobis simul eripiet, et hominibus advenis vestra bona largiens, vos ipsos, liberos et ingenuos, ignotorum hominum servos praecipiet esse. Quae omnia numquid in vos fieri patiemini, fortissimi viri? Nonne emori per virtutem praestat, quam vitam miseram et inhonestam, ubi illorum superbiae ludibrio fueritis, per dedecus amittere?[1])

Servi aere parati iniusta imperia dominorum non perferunt, et vos, in libertate nati, aequo animo servitutem tolerabitis? Fortasse quia christiani estis, sacramenta regi facta violare timetis[2]). Optime, sed regi. Dum mihi rex erat, et ea quae sunt regis faciebat, fidelitatem quam ei iuravi, integram et impollutam servavi; postquam vero rex esse desivit, cui fidem servare deberem, non fuit. Itaque non contra regem sed contra iniustum meae libertatis ereptorem; non contra patriam, sed pro patria et pro libertate mea, quam nemo

---

zu einer Allianz mit dem Kaiserthum herbeilassen würde. Doch war Hildebrand dazu keineswegs gewillt, sondern er war vielmehr bestrebt, das Bündniss mit Beatrix und Mathilde und mit den Normannen Unteritaliens fester und fester zu schliessen. Rom hatte sich auch zu einem politischen Centrum jetzt emporgeschwungen, wo die Interessen der Nationen sich begegneten und ihre Ausgleichung suchten. Es benutzte nach Heinrich's III. Tode die Schwäche des deutschen Reiches, um sich in die Mitte der Weltverhältnisse zu stellen und mit Frankreich und Burgund innigere Beziehungen anzuknüpfen. Dabei kamen ihm vornehmlich die Verbindungen mit den Cluniacensern sehr zu Statten. Aber auch nach Osten hin dehnte die römische Curie ihren Einfluss aus und suchte überall das germanische Element zu beseitigen.

1) cf. Sallust. Jug. 31.
2) Aber auf welche Verbindungen hatte die römische Kirche in Deutschland zu rechnen? Man verpflanzte italienische Mönche nach Deutschland, um durch sie die Klöster zu reformiren und sie Rom dienstbar zu machen. Rudolf von Schwaben war ferner ein dienstfertiges Werkzeug für Rom. Bei Gregor's VII. Succession auf Petri Stuhl begab sich König Heinrich des ihm gebührenden Rechtes der Einsprache. Der feierlichen Weihe Gregors am Peter-Paulstage (29. Juni 1073) wohnten die Kaiserin Agnes und die Markgräfin Beatrix bei. Seine erste Sorge bestand darin, das Patrimonium Petri in seinem alten Glanze und Umfange wiederherzustellen. Darauf erstrebte er eine Verständigung mit dem abendländischen und morgenländischen Kaiserthum an. Es kam jetzt überall zu jenen gewaltigen von Gregor hervorgerufenen Kämpfen gegen Simonie und Cölibat und Investitur. Gregor forderte die Oppositionspartei unter Rudolf, Berthold und Welf in Deutschland auf, sich seinen Bestrebungen und Schritten gegen Heinrich anzuschliessen.

bonus nisi cum anima simul amittit, arma capio, et ut vos ea mecum capiatis expostulo. Igitur expergiscimini, et hereditatem, vobis a parentibus vestris relictam, liberis vestris relinquite; nec vestra socordia vel *desidia*[1]) vos et liberos vestros exulum hominum servos fieri permittite. Sed ne cuiquam vestrum causa non satis vehemens videatur, qua adversus regem arma capiamus, praecipue nos, qui ab infantia eum in terra nostra maxime nutrivimus et ei prae ceteris gentibus suae ditioni subiectis fideles magis extitimus, unusquisque suas, quas ab eo passus est iniurias, coram omnibus vobis exponat; et tunc, utrum satis magna necessitas nos ad iniurias expellendas cogat, iudicium commune decernat." — Ergo Werinherus Magedaburgensis archiepiscopus civitatem suam bis a rege caedibus et praedationibus invasam dicebat; et praeterea communes iniurias se non minus dolere quam suas asserebat, et eis, quasi solus omnes fuisset passus, obviaturum se promittebat. Burchardus praesul Halberstadiensis querebatur, quia praedia cuiusdam nobilis viri cui nomen Bodo, quae iure suae deberent esse ecclesiae, rex sibi abstulisset iniuste. Otho dux quaerulam fecit, quia ducatum Bavariae, quem diu iuste possederat, rex sibi in nullo crimine convicto, fraude quadam excogitata, iniuste rapuerit. Dedi marchio de praediis ad se iure pertinentibus, sibi per inuriam ablatis, fecit querulam. Herimannus comes, quod nuper erat factum, narravit, quia urbem suam Lueneburg, hereditate relictam, callide rex occupavit; et si eam retinere potuisset, totam illam regionem, quam sibi parentes iure dimiserant, non regia potestate sed iniusta possidere voluit. Fridericus comes palatii conquestus est, quia beneficium quod de *abbatia Herolfesfelde*[2]) magnum habuerit, iniusto sibi iussu regis ablatum, centum mansis agrorum a rege redimere volebat nec valebat. Fridericus de Monte et Guillemus rex agnomine, quorum priori libertatem, alteri rex eripere voluit hereditatem, uterque pro se querulam faciebat, quae cunctos plus aliis quaerimoniis ad misericordiam commovebat, quia in illis duobus, quid universis facere cogitabat, aestimabant; quia scilicet omnibus, si posset, libertatem simul et possessionem auferre disponebat.

Deinde ceteri suas quisque proferebant, quas erat passus, iniurias; ad quas commemorandas nec pagina sufficit nec memoria. Omnes ergo qui ibi convenerant — convenerat autem maximus exercitus — singillatim iuraverunt, episcopi quidem, ut, quantum salvo ordine suo possent, totis viribus ecclesiarum suarum necnon et totius Saxoniae libertatem

---

1) *desidia* Müssiggang, Unthätigkeit Cic.: Plur., Lucr. und Vergil.
2) Hersfeld. abbatia est monasterium cui praeest abbas vel abbatissa.

contra omnes homines defenderent; laici vero, ut quamdiu viverent libertatem suam non amitterent terramque suam nullum deinceps violenter praedari permitterent. — Nec multo post recta via ad Harzeburg, ubi rex erat, cum magno exercitu perrexerunt et contra urbem ita, ut inde possent videri, castra posuerunt. Quos cum rex vidisset subito quidem stupore perculsus *expavit*[1]); sed, ut erat dissimulator, quasi nihil timens, nuntios misit qui dicerent, se non parum mirari, quid vellet tanta congregatio populi; se non putare, quod quicquam contra eos tantum meruisset, quare merito civile bellum incipere debuissent. Discedere eos ab armis[2]). Si quid quaerendum habeant, se paratum animo pacato cognoscere, et, si quid sit corrigendum, consilio principum et amicorum suorum corrigere. Nuntii erant Fridericus episcopus, Bertholdus dux, Sigfridus regis cappellanus. Quibus omnium Saxonum dedit dux Otho responsum: „se non hostili animo, nec ut civile bellum vellent incipere, ibi esse congregatos; se regi, si rex esse vellet, omni fidelitate servituros; se petere, ut castella, quae non ad munitionem regni sed ad destructionem muniverat, velle destruere: si vero nollet, tunc se intelligere, quare constructa fuissent: se libertatem suam sive bona sua contra omnium hominum violentiam cum divinae pietatis auxilio velle defendere. Cumque nuntii reversi regi talia retulissent ipsique, quamvis multum temptarent, ei, quo rogata faceret, persuadere non potuissent: ipse iam nec amicis familiaribus, quia non ut volebat sibi consilium dederant, fidem habuit, sed omnibus semotis solus secum quid ageret deliberans, cum nec honestum putaret, ut quasi vi coactus subito castella sua per multos annos constructa destrueret, nec tutum crederet, ut cum paucis, quibus etiam iam minus credere coeperat, cum tanto exercitu ad omnia parato *placitum*[3]) aliquod adiret: paucis quibus ipsum castellum commendabat scientibus, noctu Saxoniam deseruit

---

1) *expavescere* sich erschrecken, ad aliquid, Liv.: aliquid vor etwas, Hor., Plin.

2) Die Verschwörung der Sachsen gegen Heinrich hatte ihre Hauptorgane in dem Billunger Hermann, den Bischöfen von Halberstadt, Hildesheim und in Otto von Northeim. Ihr traten noch bei die Bischöfe von Minden, Paderborn, Merseburg, Meissen und der Erzbischof Wetzel von Magdeburg. Alle erschienen auf der anberaumten Tagfahrt zu Wormsleben 1073 am süssen See bei Eisleben und brachten dort ihre begründeten Klagen vor. Darauf brach man nach Goslar und der Harzburg auf, um dort den König zu bezwingen. Allein Heinrich konnte es nicht über sich gewinnen, in die Forderungen der Sachsen zu willigen. Er floh in der Nacht vom 8. bis 9. August 1073 begleitet nur von den Bischöfen Eppo von Zeitz und Benno von Osnabrück und dem Herzoge Berthold von der Harzburg nach Hessen.

3) placitum, conventio, pactum. Isid. lib. 4. Orig. c. 24. Placitum ab eo, quod placet, dicitur. Gregorius Turonensis lib. 6. c. 34. Nithardus lib. III. c. 2.

et per *confraga*[1]) silvarum, quae saepe dum locos castellis quaereret peragraverat, fugiens, ad Franciam orientalem paucis comitantibus venit. Cuius fugam ut principes qui cum eo fuerant agnoverunt, male se desertos dicentes, ad sua quisque simili fuga festinaverunt. —

Postquam vero regis fugam, quae diu celari non poterat, Saxones agnoverunt, nil morantes, eos qui hoc castellum, quod facile destrui non poterat, obsiderent, ibi reliquerunt; ceteri vero ad cetera destruenda, quae non adeo erant fortia, perrexerunt. a. 1073. Quidam autem ex ipsis ad Thuringos[2]) transierunt et, eis totam rei seriem innotescentes, ipsos in suam societatem sacramentis datis et acceptis adiunxerunt. Quicumque etiam prius, dum rex erat in provincia, secum iurare non ausi fuerant, eos iam rege fugato aut e terra sua fugiendo regem sequi aut secum pro terra sua contra regem iurare compellebant. —

1073. His omnibus rite peractis, brevi tempore cum Harzeburg castellum capere fuisset difficillimum — nam si in loco competenti staret, regali palatio locus idoneus esset — et illud dimittere fuisset omni Saxoniae periculosum, quia si illic *escae*[3]) tantum comportatae essent, quamlibet ingenti exercitui insuperabile maneret, aliud castellum aeque firmum construxerunt, in quo positis per vices praesidiis, hostibus auxilia vel alimenta venire prohibuerunt. Sed illi nonnumquam, dum Saxonibus ad novum castellum deferrentur alimenta, subito eruperunt et intra suos muros ea deportari jusserunt. Verum haec faciendo, damnum quidem aliquod sive contumeliam suis hostibus intulerunt, sed exinde magis cautos eos et industrios esse docuerunt. Ergo ex utraque parte pene singulis diebus fortiter pugnatur; sed Saxones inde fortiores erant, quia et castellum suum in altiori monte positum erat, ita ut in illo inferius constituto nullus nisi sub tectis tutus esset a iactibus lapidum, et fatigatis novi milites succedebant, et iis alimenta copiose veniebant; quae omnia hostibus erant adversa. Nam neque facile lapides in altiora mittebant, neque fessos ipsos alii sublevabant, et fames, acerrimus hostis, eos non parum affligebat; quae eos dudum devictos ad deditionem coegisset, nisi iis cibos quidam ex Saxonibus furtim *ministrarent*[4]), qui prius iis familiares fuerant.

---

1) *confragum* ein holpriger, unebener Weg. Lucan.
2) Auch die Thüringer schlossen sich der jetzt allgemein organisirten Erhebung zu Treseburg gegen Heinrich an und begannen die Heimeburg und Asseburg zu belagern.
3) *esca* die schon zubereitete Speise, das Essen, Futter, Cic. die Lockspeise, das Aas, Plaut.: Cic.
4) *ministrare* aufwarten alicui, aliquem Cic.: bes. bei Tische, die Speisen und Getränke herumreichen. ministrare cibos, pocula, Tac.: coenam, Hor.: nectar, Ovid.

VI. Verhandlungen mit den Fürsten.

Interea rex singulos Teutonici regni principes supplex adivit, se de regno Saxoniae, quod cum paterna hereditate, tum eorum omnium electione suscepisset, iniuste depulsum, flebiliter indicavit, in qua re non tam sibi dedecus factum, quam illis omnibus qui in se fuissent despecti, narravit; ab omnibus auxilium, quo et suam et illorum vindicaret iniuriam, suppliciter postulavit. Sed non multos ipsorum sermones eius movebant, quia, quantas calamitates Saxonibus intulisset, pene omnes noverant: praesertim quia eadem mala etiam Suevis et orientalibus Francis inferre voluerat. Tamen suo magis quam illius honori prospiciunt eique se venturos in auxilium hac ratione promittunt, ut, Saxonibus ad placitum convocatis, utriusque partis causas diligenter agnoscerent; et si quidem eum sine culpa violenter eiecissent, totis eum viribus in regnum suum restituere laborarent; si vero culpa sua terram omnibus *opulentiis*[1]) plenam stultorum consiliis credulus amisisset, ei, si se vellet audire, suaderent, quatenus furore deposito, subiectis sibi nationibus iustus et pius, quod esset proprium regis, existeret, nec eos quorum male consilio deceptus erat amplius audiret. Se contra homines christianos, innocentes, sibique cognatione propinquos, gratis omnino pugnare denegant. Quos sermones rex ideo quasi gratos accepit, quia quod intendebat fieri non posse cognovit, scilicet ut sine placito Saxoniam cum exercitu violenter intraret et eos invitos suae ditioni subiectos ex liberis omnes servos faceret. Misit itaque nuntios ad principes Saxoniae, omnia bona promittens, si se permitterent in regnum suum cum pace redire; Othoni duci, de quo sciebat omnium consilia pendere, honorem iniuste ablatum polliceretur cum magno *augmento*[2]) restituere, si (se) vellet in honorem pristinum reducere. —

1074. Igitur exercitu quidem magno, sed non ad praeliandum parato nisi magna necessitas cogeret, congregato, Kal. Februar. cum dominicae incarnationis annus 1074. nuper inceptus ageretur, Saxoniam ingredi disposuit. At Saxones, adventu praecognito, terram suam defensuri cum maximo exercitu ad oppidum quod *Hacham*[3]) appellatur, occurrunt et a rege non longius, quam ut uterque exercitus alterum videre potuisset, castra constituunt. Tamen invicem missi speculatores exercitus utriusque virtutem diligenter explorant et utrique suis

---

1) *opulentia, Plur. opulentiae,* Plaut. der Reichthum, Sall.: metallorum, Plin.
2) *augmentum* (augeo) Zuwachs, Zunahme, Plin.
3) Hacha prope Werram.

quod viderant certissime renuntiant. Erat autem Saxonum tam magnus exercitus, ut duplo crederetur esse maior quam regis exercitus. Ergo qui erant ex parte regis, audita Saxonum multitudine simul et armorum instructione — nam rex suis dixerat, illos nec equos habere nec usum militiae, sed rusticanos homines bellicarum rerum imperitos — cum prius ad praeliandum fuissent incerti quia dignam non videbant causam pugnandi, nunc ad non pugnandum facti sunt certi quia cum causa deerant eis copiae, quibus tantae multitudini tuto possent obviare[1]). —

Missis itaque rex, ut principes sui iubebant, ad Saxones legationibus promisit, se facturum omnia quae vellent ipsi praescribere, dummodo paternam dignitatem, quam pueritiae suae malorumque consiliariorum culpa se fatebatur amisisse, nollent sibi *denegare*[2]). Tunc Otho dux et ceteri, quibus magna fuerant promissa, persuadent aliis, quatenus hac eum conditione reciperent: Castella sua destrueret, nec ulterius ea restauraret; depraedationes amplius in sua terra nullas exerceret; in Saxonia Saxonum consilio cuncta disponenda disponeret, nullumque extraneae gentis hominem suis rebus agendis *consiliatorem*[3]) admitteret; et hanc sui expulsionem numquam in aliquo eorum vindicaret. Cumque rex omnia haec et his maiora se facturum fidelissime promitteret, exercitu suo dimisso, cum paucis ad Saxones transivit, et, cum laudibus et gaudio triumphali deductus, Goslariam usque pervenit. Huius foederis inconsulta compositio Saxonibus maximorum malorum fuit origo. Nam Suevorum, qui foederis iam pridem cum Saxonibus facti non immemores, cum rege contra Saxones venire noluerant, ipsi Saxones, dum foedus cum rege facerent, fuerunt obliti, et ob hoc illis Suevi facti sunt ex amicis fidelibus hostes atrocissimi. Quod si aut illud non fecissent, aut in illo faciendo Suevos sibi *associassent*[4]), et perfidiae nota carerent et non tam multos hostes saevissimos haberent.

VII. Der König auf der Harzburg.

Igitur cum rex exercitu Saxonum comitante Goslariam venisset, sui non oblitus coepit occasiones quaerere, ne, sicut promiserat, deberet in praesenti castella sua destruere. Quem

---

1) In Oppenheim warf sich Heinrich den dorthin beschiedenen Fürsten zu Füssen und beschwor sie bei ihrem Eid um ihre Treue, nachdem ihm die Bürger von Worms ihre Anhänglichkeit bezeugt hatten.
2) *denegare* gänzlich leugnen, aliquid, Plaut. Men. 4, 2, 62. Tac. Ann. 15, 57, 1. alicui aliquid durchaus verringern, Caes.: dare, Ter.: esse miser.
3) *consiliator*, der Rathgeber, (consiliari) Plin. Ep. u. A.
4) associare vereinigen, verbinden mit, Claud.: passus, Stat., mit Jemandem gehen.

cum moras nectere quidam principes nostri viderent, volentes ei placere, suaserunt, ut illud castellum maius, quod manere volebat, alicui de principibus Saxoniae quasi in deditionem traderet donec populi furor, qui tunc vehementer ardebat, aliquantum tepesceret, et tunc castellum, sicut volebat, integrum permaneret. Nam populus, ut dirueretur, vehementer instabat; quod nisi fieret, se statim ab integro rebellem fore clamabat. Rex vero, in multis angustiis positus, quid faceret nesciebat; quia nec castellum illud destruere volebat, nec alicui principum, qui illud, si sibi quasi traderetur, staturum promittebant, fidem habebat; et populum, ne recidiva bella resumeret, valde metuebat. Qua enim virtute pene solus in medio exercitu deprehensus se defenderet, vel qua fuga se, septus undique saevis hostibus, absconderet? Igitur ad ingenium suum reversus, excogitavit dolum; qui tamen non eum, quem sperabat, tenuit effectum. Nam quibusdam de suis antiquis familiaribus occulte praecepit, ut eius tantum propugnaculum summatim deponerent, et cum populus hoc viso totum sperans casurum discederet, illi a diruendo cessarent, et sic, paucis ruinis restauratis, integrum sicut volebat permaneret. Sed illi, suo labori parcentes, vicinos adduxere rusticos, quos, sicut erant iussi, iusserunt summos tantum muros demoliri. Rustici vero cum eius loci potestatem nunc accepissent, quo multa iam pridem mala passi fuissent, non quid iuberentur sed quid iam diu desiderassent intendebant, a diruendo non quiescentes, donec lapidem non remanere videbant. Ergo regalia aedificia, regali sumptu per multos annos constructa, brevi tempore destruunt, et in tantis moenibus nec fundamenta non eruta relinquunt. Legati regis non audent verbum facere, quia et ipsos, si quid contradicerent, minantur interficere. Itaque monasterium laborioso opere perfectum deiciunt usque ad fundamentum, totum thesaurum ibi congestum, sive regis esset sive ecclesiae, diripiunt, campanas dulcisonas confringunt, filium regis et fratrem, quos ibi posuerat, effodiunt, ossaque eorum velut quaslibet *immunditias*[1]) dispergunt et nihil penitus eius loci permanere permittunt.

Sed rex cum castellum suum sic agnovisset adnihilatum, magno quidem dolore cordis intrinsecus conturbatus, sed eum nullo forinsecus signo protestatur, quia superfluum putabat, his quos habebat odio dolorem suum monstrare, cum non posset in eorum suppliciis ad praesens odium suum pro velle suo saturare. Primates autem Saxoniae, cum regis animum scirent non immerito, quamvis ipse celaret, valde turbatum, omnibus modis eum mitigare quaerebant, se ipsos a consilii

---

1) immunditia (immundus) die Unreinigkeit, Plaut. u. Col.

sive voluntatis crimine, quocumque modo iuberet ipse, pugnando; et eos, qui crimine erant involuti, quacumque vellet poena cruciando; sed nil proficiebant. Nam rex non tantum illis qui scelus confessi fecerant, quantum istis qui se a se perpetrato scelere purgabant, irascitur; et *dedignans*[1]) irasci in rusticos, in maximos huius regionis homines furorem suum, si quando tempus haberet, accendere meditatur. Interea tamen non quantum volebat, sed quantum in praesenti valebat, suum castellum vindicat, et omnia castella vel quaslibet huius terrae munitiones, praeter antiquas urbes ad honorem regni constructas, dirui iubet. Quod imperium non ex tranquillo rigore iustitiae, sed ex iracundi pectoris commotione turbida processisse hinc praecipue cognosci potuit, quia castella quaedam de nullo malo infamata destrui, plurima vero de praedis et latrociniis convicta, si pecunia data fuisset, intacta manere praecepit. —

VIII. Der König sucht Hülfe bei den süddeutschen Fürsten.

His ita patratis, non quasi ullo dolore commotus vel quicquam mali Saxoniae cogitans, Martio mense nondum peracto Saxoniam reliquit, et ad *habitatores*[2]) Rheni ceterarumque Franciae partium male laeta mente transivit. Fertur vero, a finibus nostris discedens, cum iuramento dixisse, quod numquam vellet amplius in Saxoniam redire, nisi prius eam virtutem contraxisset, qua posset in Saxonia facere, quidquid sibi libuisset. —

IX. Herzog Rudolf wird gewonnen.

Congregatis itaque illarum partium principibus, nunc singulis nunc universis humiliter se prosternens, querimoniam fecit dicens, quod priores suae expulsionis iniuriae sibi nunc leves essent, istas sibi magnas et insanabiles videri; in prioribus se cum suis principibus fuisse despectum, in istis vero suo suorumque despectui coniunctum esse coelestis militiae, et quod esset his maius, maiestatis divinae contemptum. Nam narravit iis lacrimans, quia, dum ipsorum consiliis contra suam voluntatem cedens, Saxonibus suum castellum regali sumptu constructum traderet demoliendum, illi non solum, quod iis permissum erat, illud inhumano more destruerent, sed insuper monasterium Deo sanctisque consecratum, paganis omnibus crudeliores, funditus diruerent, campanas, calices et cetera ad honorem Dei collecta velut profana confringerent,

---

1) *dedignari*, verschmähen, verweigern, aliquem comitem, Ovid.; maritum, Vergil.; patrem, Curt.; venire, Tac.
2) habitator, (habito) der Bewohner, mundi, Cic.: Cariae, Mela.

vel hostili praedatione diriperent, fratrem filiumque suum, utrumque prolem regiam, miserabiliter a sepulcris eiectos in ventum membratim dispergerent, et quod his omnibus magis esset nefandum, sanctorum reliquias ab altaribus sacris execrandis manibus *erutas*[1]), velut immunditias quasdam per profana loca dissiparent. His omnibus non sine largo fletu peroratis, singulorum pedes osculans oravit, ut si non suam curarent vindicare iniuriam, saltem contumeliam Deo Deique sanctis illatam remanere non paterentur inultam. Saxones non dicendos esse christianos ait, qui, cum supradicta scelera in domo Christi facerent, se Christum nec amare nec timere monstrarent. Illos vero debere per hoc esse se Christi fideles ostendere, si zelo Christi ferventes, eius iniurias non dubitarent ipso adiuvante vindicare. Has querimonias et supplicationes dum, quoties fieret principum conventus, repeteret, annus integer evolvitur, antequam sua voluntas, ut in Saxoniam ducere posset exercitum, compleretur. Namque omnes qui miserias miserabiles, quas intulerat Saxoniae, sciebant, cum omne bellum res sit aspera nec huius belli satis pateret idonea causa, ad differendum hoc bellum quaslibet occasiones quaerebant. Quod nisi Rudolfum ducem Suevorum, quando cum rege foedus inibant, Saxones offendissent, adhuc forsitan rex copias contra Saxoniam non haberet. Ille enim a Saxonibus, quorum confidebat auxilio, deceptus, regi quomodo poterat reconciliatur, et ei primus se cum suis omnibus Saxones hostiliter invasurum pollicetur.

X. Heinrich entzweit die Sachsen.

Interea missis vero in omnes circumquaque gentes legatis, donando, maiora promittendo, cunctos si posset homines Saxonibus voluit hostes efficere, quia non tam eos suae potestati, quod leviter fieret sine bello, subicere, quam funditus ab hominum numero quaerebat adimere. Duci Boemorum Wratislao Misnam civitatem cum omnibus ad eam pertinentibus promisit, et sic eum, ut suis partibus adiutor esset, *ascivit*[2]). Liuticensibus[3]) paganis crudelitatis quam semper in Saxones habuerant frena laxavit, et quantum Saxoniae suis finibus possent adiungere concessit. Illi vero dixerunt, se Saxones multis bellorum tempestatibus expertos agnovisse, et se raro vel numquam de bellis eorum gavisos fuisse; sibi suam terram sufficere seque, si suos terminos defendere valeant,

---

1) *eruere*, herausscharren, Tac.: aurum terra, Ovid.: zerstören, urbem, Vergil.: memoriam, schwächen, Cic.

2) *ascire*, mit Wissen und Wollen annehmen, socios, Verg.: asciri inter comites Tac.

3) Gesammtname für die Wenden zwischen Elbe und Oder.

contentos esse. Regem Danorum promissionis iuramento confirmatae commemorat, seque illi daturum cuncta quae sit pollicitus affirmat. Philippum, Latinae Franciae rectorem, multis pollicitationibus sollicitat, ut, antiquae memor amicitiae, sibi quandocunque vocatus fuerit auxilio veniat. Sed ille similiter a suis accusatus, et pene paterno solio depositus, vix suum honorem, cui adhuc haerebat, se dixit retinere; nedum isti suum, a quo penitus ceciderat, temptaret reponere. Guillelmum gentis Anglicae regem hac conditione suum vocavit auxilio, ut ei *vicem*[1]) redderet aequam, si se umquam haberet necessarium. Ille vero respondit, se terram illam bellorum violentia pervasisse, et ideo, si reliquerit eam, ne posthac recipiatur in ea, formidare. Guillelmum ducem Pictavorum, matris suae germanum, sororis suae filio rogavit misereri sibique ferre auxilium, quo posset in regnum patris sui, quo careret iniuste, restitui. At ille tantas Francigenarum, Nortmannorum vel Aquitanorum virtutes inter se et illum esse respondit, ut nullo ingenio per tantam fortitudinem cum exercitu transire potuisset. —

His omnibus praeter Boemios fraudatus, cum de gentibus exteris vires satis magnas contra Saxones non haberet, pessimum, quod optime sciebat, consilium invenit, ut Saxoniam divideret et Saxonibus contra Saxones pugnaret, ut quaelibet pars victa iaceret, ipse victor exultans triumpharet. Principes igitur Saxoniae singillatim iubet ad se venire, causam fingens aliquam grandem, quam dicebat eorum consilio se velle terminare. Illi, nil dubitantes, quo sunt vocati venerunt, quo nec venire cessarent, si nullius causae interpositione simplici praecepto regem adire iussi fuissent. Sed venientes singulos primo blandus accipiebat, cumque iam secum aliquamdiu starent, animum suum iis aperuit, et eos, ut se ad opprimendam Saxoniam pro viribus suis adiuvarent, et hoc ipsum nulli proderent, iurare cogebat; quod nisi statim facerent, ab eo recedere non valebant. Inde factum est, ut in nostra parte pater, in adversa filius esset; hinc frater unus, illinc staret alius. Multi etiam de maioribus qui bona in utrisque regionibus habebant, ut utraque servarent, sponte sua hic relicto filio sive fratre ad regem transibant, vel ipsi hic remanentes, fratres vel filios ad regem transmittebant. Plerosque militaris ordinis ad se eodem modo vocabat, et prout uniusque animum cognoscebat, minis sive promissionibus ad bellum civile sollicitabat. Etiam famulos ad se vocatos non dedignatur orare, ut vel interficiendo vel deserendo dominos, mererentur libertate donari vel etiam domini dominorum suorum

---

1) *vicis* der Wechsel, vicem reddere, od. referre, od. exsolvere, Tac., Gleiches mit Gleichem vergelten.

qui poscebantur, est responsum, ut ipsi ei hac conditione praesentarentur, quatenus sub utrorumque principum iudicio starent, ut eos illorum sententia vel convictos damnaret, vel innoxios regis gratiae cum tota Saxonum gente reconciliaret. Sed Guillelmus rex agnomine et Friedericus de Monte, cum viderent aperte iam bellum coepisse, sacramenti quod cum ceteris Saxonibus fecerant obliti multarumque calamitatum quas ipsi fuerant passi, necnon quod ipsi causa principalis erant incipiendi belli, patriam infideles deseruerunt et infideliores ad hostem patriae regem noctu transfugerunt. Nam postea nec cives nec hostes eis fidem habebant et apud utrosque viles et infideles, despecti et miseri erant. —

XI. Schlacht bei Hohenburg an der Unstrut. (9. Juni 1075.)

Ergo rex cum toto quem poterat habere exercitu *Beringam*[1]) venit ibique positis castris consedit. At ex alia parte Saxones circa Naegelstedi sua castra locant, et dum rex eos ad consilium vocet, expectant. Cumque verba quibus suos accusatos volebant expurgare disponerent, aderat nuntius regis, qui regem a. 1075. Id. Junii. cum Saxonibus non verbis sed ferro disputare velle dicebat, et huic disceptationi diem crastinum determinabat. Nondum bene nuntius ille verba finierat, cum veniens alter, regem cum toto exercitu adventare dicebat. Quod primo non credentes, ubi nimis verum esse cognoscunt, quia nec consilii locus erat ineundi nec exercitus ad proelium ordinandi, quod ex improviso deprensi solent facere, pauci, quibus vel animus vel arma erant, vertuntur in fugam. Verum ipsi pauci, qui ad proelium perstiterunt, bene quantum poterant vel suam vel illorum qui fugerant vicem peregerunt. Nam nisi Deus ibi superbiam nostram *humilitare*[2]) decrevisset, paucissimi nostri totum exercitum illum in fugam vertissent. Postremi enim illorum nescientes, quod nostrorum pars maior fugae se dedisset, coeperunt et ipsi fugae praesidia quaerere, et nisi illi nostrorum fugam prius agnovissent, fugiendo nobis victoriam reliquissent. Quem cui belli casus daret occidere, nec ipsis qui occidebant dabatur agnoscere, quia tanta fuit pulveris facta commotio, ut cuiquam vix inter civem et hostem posset esse *discretio*[3]). Hoc tamen comperimus, quod *Udo noster marchio*[4]) consobrinum suum Rudolfum ducem gladio fortiter percussit in faciem, et nisi nasus galeae dependens fideliter

---

1) ohnweit Langensalza.
2) humilitare, erniedrigen, Ammian.
3) *discretio* (discernere) die Absonderung, Trennung, Lact. 7, 12, 4. der Unterschied, Pallad. 8, 4, 5.
4) Udo, Markgraf von Stade, Markgraf von der Nordmark, später von Brandenburg.

defenderet, partem capitis ei superiorem penitus abscidisset. Fratres in illo proelio fuere diversi, patres contra filios, necnon et alii affectus erant contra se divisi. Sed si quis scelus in suo propinquo faceret, a nemine poterat sciri. Saevissimum quidem fuit illud proelium, sed brevissimo tempore peractum. Nam nostri numero quam pauci sed virtute multi — ipsi enim hostes numquam tantos ictus gladiorum se fatebantur audisse — postquam se a suis desertos esse viderunt, et ipsi multos occidendo fatigati fuerunt, ex paucis pauciores, paulatim se e periculo subtraxerunt, regique victoriae quidem gloriam, sed cum multa suorum pernicie reliquerunt. Nam cum nostris ex partibus, ex summis principibus Gevehardus comes, ex mediis vero Folcmarus et Suidgerus cecidissent, ex illa parte iacuerunt octo primates, non minus ipso rege nobiles. —

Ergo rex, adepta cum multo suorum cruore victoria, aliquot dies intra sua castra manebat, donec eos quos de suis metus dispersarat recollegit, et mortuos suos vel sepeliri vel in patriam sepeliendos fecit deportari. Deinde Saxoniam nimis laetus intravit, quam sic prostratam, ut ulterius non resurgeret, aestimavit. Obvia quaeque praedando diripuit aut incendio consumpsit. Si pagani nos ita vicissent, non maiorem in victos crudelitatem exercerent. Feminis nil profuit in ecclesias fugisse vel illuc suas res comportasse. Nam viri per silvas diffugerunt, vel ubicumque spem salutis invenire latendo potuerant. Feminas in ipsis ecclesiis, etiam si fugissent ad altare, corrumpebant, suaque libidine barbaro more completa, feminas cum ecclesiis comburebant. Principes vero nostri diversas *munitiones*[1]) intraverunt, et inde legationes regis principibus obviam miserunt, obsecrantes,. ut vel nunc Deo de sua gloria gratias agerent, et fratribus suis in Christo pro Christi nomine vel victis parcerent.

XII. Der Gerstunger Friede und seine Folgen.[2])

Rex 11. Kal. Novembris iuxta condictum venit Gerstingun. 1074. 2. Febr. Venerunt omnes Germanici regni episcopi et comites; aderat *Diodericus*[3]) dux Mosellae regionis; aderat Gozelo dux Lotharingiae, tantas habens copias, ita militaribus armis instructas, ita de tota, cui praeerat, regione severissimo

---

1) *munitio*, Befestigung, Verwahrung, munitione milites prohibere. Caes.; oppidi, Suet. etc.
2) Die dem Könige im Gerstunger Frieden gestellten Bedingungen sind: Schleifung der Zwingburgen, veränderter Aufenthalt, Wiederbelehnung Otto's mit Baiern etc. Dadurch wurde die Kraft des sächsischen Aufstandes gebrochen und Sachsen dem Reiche erhalten.
3) Dietrich, Herzog von Süd-Lothringen.

dilectu habito, exquisitas, ut solae ceterum regis exercitum et numero et belli apparatus gloria praecellere ac supergredi viderentur. Alii duces, Rudolfus scilicet dux Suevorum, Welf dux Boioariorum, Bertoldus dux Carentinorum, regi auxilium suum petenti denegaverant, poenitentes, ut pretendebant, superiori expeditione in irritum fusi tanti sanguinis; offensi etiam regis immiti atque implacabili ingenio, cuius iracundiae incendium nec lacrimae Saxonum nec inundantes campis Thuringiae rivi sanguinis restinguere potuissent. Ceteri tamen principes, qui frequentissimi convenerant, magnum satis ac validum exercitum fecerant, ei tamen longe ac longe imparem, quem prior illa expeditio contraxerat. Saxones et Thuringi, ultima iam necessitate exciti, amplissimo numero convenerant et, positis castris haud procul a curte regia Northusun, archiepiscopum Bremensem, episcopum Hildenesheimensem, Udonem marchionem regi obviam Gerstingun miserunt; obnixe postulantes, ut a latere suo principes quos vellet ad eos transmitteret; paratos se, collato cum eis consilio, omnibus quae iusta sint promptissime assensum praebere. Abnuit rex, nec principes suos de tam remotis regni partibus ad sententias dicendas confluxisse, sed ut manu militari ab hostibus communes reipublicae iniurias expostularent. Sed cum ei hoc vix et aegre supplicatio legatorum extorsisset, nullus erat ex principibus, qui eo munere fungi consentiret; singulis videlicet timentibus, ne vel apud regem perfidiae notarentur, si quid in Saxones clementius agerent, vel apud Saxones mendacii crimine *infamarentur*[1]), si veniam eis admissi pollicerentur, quam incunctanter scirent nullam eos a rege consecuturos. Triduo in hac cunctatione cessatum est, legatis assiduo euntibus ac redeuntibus atque in eadem verba regis et omnium principum aures obtundentibus. Nec propterea rex profectionem distulit, sed instructo exercitu, praelatis militaribus signis, lento quotidie gradu, in ulteriora populabundus contendebat. Tandem placuit mitti ad eos Moguntinum archiepiscopum, Salzburgensem archiepiscopum (Gebehardum), Augustensem episcopum, Wirziburgensem episcopum et cum his ducem Gozelonem, cuius potissimum in ea expeditione auctoritas valebat, et in eo omnium quae agenda erant summa et cardo vertebatur, pro eo quod, licet statura pusillus et *gibbo*[2]) deformis esset, tamen opum gloria et militum lectissimorum copia, tum sapientiae et eloquii maturitate, ceteris principibus quam plurimum eminebat. Hos quinque nominatim ad colloquium suum Saxones expetierant, quod hos constantissimae

---

1) infamare, übel berüchtigen, aliquem, Nep.: aliquid, Cic. u. Liv.: dah. beschuldigen, tadeln, aliquem apud aliquem temeritatis, Sen.
2) gibbus, der Buckel, Höcker, Juven.

fidei et veritatis esse compererant, et, quicquid hi spopondissent, ratum fore haud dubio credebant. Cumque in castra Saxonum venissent, provoluti pedibus eorum principes Saxoniae, obtestabantur per Deum, ut calamitatis eorum misererentur, quos regis inclementia et primo ad audendum hoc immane facinus coegisset et nunc victos et pene usque ad interitum deletos ad exitiales cruciatus insatiabili odio deposceret. Quod si legibus, si iudiciis, si more maiorum innocentiam suam asserere permittantur, facile crimen refellant, et se acceptas in Gerstingun pacis conditiones nullo deinceps ausu temerario violasse probent, vel si probare nequeant, poenas, quas leges et scita maiorum in similium criminum reos sanxerint, persolvere non abnuant. Nunc vero novo crudelitatis genere innocentibus refellendi criminis copiam non dari, placationem non recipi, satisfactionem non admitti, sed semel conceptae indignationis *virus*[1]) ita penitus imis insedisse visceribus, ut non alio medicamine quam totius Saxonicae gentis exterminio sedari valeat. Proinde videant ipsi, memores humanarum rerum, ne forte pestilentis huius exempli contagium, sumpto ab Saxonibus exordio, ceteros etiam quandoque regni principes inficiat; et ita nunc infelicibus eventis Saxonum moderentur, ita calicem hunc fellis et absinthii miscerent[2]) et propinent Saxonibus, ut sibi quoque paulo post eundem meminerint esse bibendum. Se iam, incisa spe, omissa deinceps salutis propriae cura, hoc firmiter animo statuisse, ut, quicquid illi agendum censeant, suadeant, iubeant, incunctanter agant, nec suarum partium studio patiantur ulterius totius reipublicae statum periclitari. Ad haec illi responderunt, se causam, qua primum adversus regem arma sumpserint, non admodum improbare, nec placere sibi obstinatum ad perniciem eorum regis animum et pertinax odium; consensisse tamen in hoc omnes regni principes, de usurpato in republica novo hoc et multis retro seculis inaudito facinore non aliter regi vel reipublicae posse satisfieri, quam ut se absque ulla exceptione dedant; sibi autem, quorum hoc consilio agant, curae futurum, ut nihil ex hac deditione, quod honori, quod rei familiari *officiat*[3]), experiantur. Adversus hanc vocem vehementer infremuit vulgus Saxonicum; durumque omnibus visum est et intolerabile, ei sanguinis sui ius potestatemque facere, cuius crudelitatis tam clara cepissent experimenta; qui post depopulationes Thuringiae et Saxoniae,

---

1) *virus*, die natürl. zähe Feuchtigkeit, das Gift, Verg.: trop., acerbitatis suae, Cic.
2) cf. Ierem. thren. 3, 19.
3) officere hindern, verhindern nomini alicuius, i. e. famae, Liv.: schaden, officiant frugibus herbae, Verg.: libertati, Liv.: claritati occulorum, Plin.

post multa hominum milia caesa, adhuc spirans minarum et caedis, omnia adversus eum mundi regna concitasset; cuius iracundiae in secundis rebus non pietas, non miseratio, non Dei, non hominum respectus umquam modum fecissent; satius sibi fore, ut aequo certamine congressi, more virorum fortium moriantur in bello, quam ut in exiliis et carceribus ritu pecudum iugulati, ridiculum hostibus suis spectaculum praebeant. Econtra illi sedulo instabant deprecantes, ut salutaribus monitis *acquiescerent*[1]), neque exiguum Saxonici nominis, quod caedi ac depopulationi superfuisset, vana desperatione perditum irent; se, si minus salutis eorum, at propriae existimationis curam permaximam habere, qui profecto maculam sibi et crimen, nulla deinceps aetate, nulla virtute abolendum, contraherent, si fidei suae creditos adversitatis cuiusquam vel levis aura perstringeret; proinde ituros se ad regem, et si tuto fidem dicere, tuto veniam polliceri possent, comperturos, et quae comperta fuissent, die postero renunciaturos. Rex gratissime amplexus pacis conventionem, promisit, et sicut vulgata in plurimos fama loquebatur, etiam iusiurandum dedit, nihil se in eos, si dediti fuissent, praeter voluntatem et sententiam acturum eorum, quorum opera et beneficio incruenta sibi haec victoria obtigisset. Saepe itum ac reditum est.[2]) Saepe Saxones, refutato deditionis consilio, arma expediri atque in aciem signa efferri conclamaverant, dum omnia fide regis tutiora sibi arbitrarentur. Sed Gozelo dux et qui cum eo erant satis impigros se exhibuerunt negotio, et ferocis multitudinis tumultum nunc minis nunc blandimentis comprimebant; pollicentes, et quia verbis parum fidei erat, etiam sub iureiurando confirmantes, non salutis, non libertatis, non praediorum, non beneficiorum, non ceterae supellectilis suae ullam eos iacturam sensuros, sed postquam faciem regis et regni maiestatem momentanea satisfactione *magnificassent*[3]), statim deditione absolvendos et patriae libertatique, in nullis imminuto sibi conditionis suae statu, restituendos esse. Non verba, non iuramenta, non promissiones ullae principibus

---

1) *acquiescere* sich ergötzen, bei Cic. mit in und dem Ablat., später auch mit dem Dativ. einer Sache oder Person. in adolescentium caritate, Cic.: Clodii morte, id.: spei., Sen.: honori, Suet.

2) Allein Heinrich hatte bald wieder eine Allianz mit seinem Schwager Rudolf, mit Welf, Gozelo v. Lothringen, ja sogar mit dem Herzog Wratislav von Böhmen und mit Dänemark gegen die Sachsen zu Stande gebracht. Das Heer des Königs wurde bei Breitenbach an der Fulda versammelt. Otto und Pfalzgraf Friedrich hatten ihr Lager in der Nähe aufgeschlagen. Nach der blutigen Schlacht bei Kloster Hohenburg und Nägelstedt an der Unstrut am 9. Juni 1075, gieng der Zug nach Sachsen, wo noch viele sich ergaben.

3) magnificare, hoch schätzen, erheben, Plaut.: erheben Plin.

Saxoniae metum ademerant; sed quia nec utiliter hostibus
congredi, numero ac virtute impares, valebant, nec bellum
diutius trahi, plebe iam olim taedio affecta et pacis recuperandae
cupidissima, poterat: post longas deliberationes, post multas
tergiversationes, lacrimantes atque alta suspiria ab imis
trahentes visceribus, tandem deditioni consenserunt, et fidem
principum regisque clementiam propriae salutis periculo experiri statuerunt. Quod ubi protinus per exercitum regis
celebris rumor vulgaverat, ingens gaudium, vehemens erat
gratulatio, omnique triumpho illustriorem, omnibus spoliis
opimiorem aestimabant victoriam quod adempta sibi fuisset
necessitas cum his manum denuo conferendi, qui prima congressione, exstinctis pene omnibus Sueviae ac Boioariae lumini-
bus, luctuosam victoribus victi cladem intulissent. —

Postero die rex[1]) ad suscipiendos eos in media late patentis
campi planitie, in loco qui dicitur *Spiraha*[2]) assedit, toto
exercitu ad hoc spectaculum solemniter evocato, latissimo inter
constipatam multitudinem vacante spatio; ubi dum procederent,
totius exercitus oculis conspicui forent. Igitur introducuntur
per ordinem Saxoniae ac Thuringiae primo principes, Wezil
archiepiscopus Magadaburgensis, Bucco episcopus Halber-
stadensis, Otto dux quondam Boioariae, Magnus dux Saxoniae,
Herimannus comes, patruus eius, Friedericus palatinus comes,
Diedericus comes de Cadalenburg, Adalbertus comes de Thuringia, Ruodeger, *Sizzo*[3]), *Berenger*[4]), Bern, comites, deinde ingenui
omnes, qui generis vel opum claritate aliquantulum eminebant
in populo; et sicut convenerat, absque ulla exceptione regi se
dediderunt. Rex eos principibus suis, singulis singulos, donec
de eis communi consilio deliberaretur, servandos commisit, et
paulo post, rupto foedere, contemptis omnibus quibus se obli-
gaverat iurisiurandi vinculis, eos per Galliam, Sueviam et
Boioariam, per Italiam et Burgundiam deportari iussit. Beneficia quoque eorum militibus suis, quorum praecipue opera in
bello Saxonico usus fuerat, distribuit. Commoratus etiam
paucis diebus in Thuringia, castellum in Asenberg instauravit
praesidiumque imposuit praecavens, ne quid post disgressum
suum instabilis vulgi levitate novaretur. Praeterea ingenuis

---

1) Zwischen Sondershausen und Spiera ergaben sich Otto, Magnus, Hermann, Friedrich und mehrere geistliche Fürsten dem Könige und wurden bis auf Weiteres in verschiedene Gegenden als Gefangene vertheilt.

2) *Spiraha,* vicus est ditionis Sondershusanae, prope Helbam fluvium inter oppida Greussen et Kindelbrück. cf. Stenzel I., p. 341. Bruno nennt das nahe dabei liegende Ebra.

3) *Sizzo* von Käfernburg.

4) *Berenger* von Sangerhausen, 2. Sohn des Grafen Ludwig des Bärtigen, des Ahnherrn der Landgrafen v. Thüringen.

ımnibus, qui vel casu abfuerant vel metu se subtraxerant, diem
tatuit, ante quem si in deditionem non venissent, tamquam
ıostes publici ab omnibus, quibus respublica curae esset, ferro
ıt igni infestarentur. —

XIII. Der König Heinrich IV. feiert das Weihnachtsfest in Goslar.[1]

1076. Rex nativitatem Domini Goslariae celebravit. Cumque eo omnes regni principes evocasset, ut de principibus Saxoniae, qui in deditionem venerant, communi consilio deliberaretur, praeter ducem Boemicum pauci admodum venerunt. Ab ipsis tamen qui venerant iusiurandum exegit et accepit, ut non alium post eum quam filium eius, tenerum adhuc infantulum, regem sibi eligerent. Ibi Otto, dux quondam Boioariae, datis pro se duobus filiis suis obsidibus, deditione absolutus est; nec solum in gratiam, sed in tantam quoque familiaritatem receptus est a rege, ut omnia deinceps consilia, tam de privata quam de re publica ceteris *auriculariis*[2] familiarius cum eo communicaret. Ceterorum qui se dediderant nec mentio habita est. Aderant praeterea Hildebrandi papae legati, denunciantes regi, ut *secunda feria secundae hebdomadae*[3] in quadragesima ad sinodum Romae occurreret, de criminibus quae obicerentur causam dicturus; alioquin sciret, se absque omni procrastinatione eodem die de corpore sanctae ecclesiae apostolico anathemate abscidendum esse. Quae legatio regem vehementer permovit; statimque abiectis cum gravi contumelia legatis, omnes qui in regno suo essent episcopos et abbates, Wormatiae *dominica*[4] *septuagesimae* convenire praecepit, tractare cum iis volens, ad deponendum Romanum pontificem si qua sibi via, si qua ratio pateret; in hoc cardine totam verti ratus salutem suam et regni stabilitatem, si is non esset episcopus.[5] Deinde rex statuto die venit Wormatiam, venerunt etiam episcopi et abbates amplissimo numero. Commode quo-

---

1) Es fanden sich hier nur ausser dem Herzoge von Böhmen wenige deutsche Fürsten ein.
2) *auricularius*, Hofrath.
3) Den 22. Februar. Heinrich hatte die von Gregor getroffenen Bestimmungen über die Investitur und Cölibat gänzlich ignoriert, weshalb ihn der Papst, welcher sich in grosser Bedrängniss befand, unter Androhung des Kirchenfluches zur Verantwortung nach Rom laden liess. 8. Januar 1076. Allein Heinrich berief alle Bischöfe und Aebte des Reiches nach Worms, wo Gregor's Feind, Cardinal Hugo, sich einfand, um den Papst der grösseren Verbrechen zu bezüchtigen und seine Absetzung zu verlangen.
4) Den 24. Januar 1076.
5) So war der schreckliche Kampf zwischen Papst und König entbrannt, die beiden grossen, weltbewegenden Mächte im Occident waren im Verlaufe der Ereignisse in die schroffsten Gegensätze getreten.

que conficiendis tantis rebus intervenit quidam ex cardinalibus Romanis Hugo cognomento Blancus, quem ante paucos dies propter ineptiam eius et mores inconditos papa de statione sua amoverat, deferens secum de vita et institutione papae *scenicis figmentis consimilem tragediam*[1]) scilicet unde oriundus, qualiter ab ineunte aetate conversatus, quam perverso ordine sedem apostolicam occupaverit, quae ante episcopatum, quae post acceptum episcopatum memoratu quoque incredibilia flagitia commiserit. Huius auctoritatem, tamquam divinitus sibi destinatam, gratissime amplexati et promptissime secuti, sententiam promulgarunt, quod papa esse non possit, nec ullam iuxta privilegium Romanae sedis ligandi aut solvendi potestatem habeat vel aliquando habuerit, qui tantis vitam probris ac criminibus commaculaverit. Cumque ceteri omnes damnationi eius nihil haesitantes subscriberent, Adalbero Wirciburgensis episcopus et Herimannus Mettensis episcopus aliquamdiu restiterunt; dicentes, incongruum valde et contra canonum scita esse, ut episcopus aliquis absens, absque generali concilio sine legitimis et idoneis accusatoribus et testibus, necdum probatis criminibus quae obicerentur, condemnaretur; nedum Romanus pontifex, adversus quem nec episcopi nec archiepiscopi cuiusquam recipienda sit accusatio. Sed Guillelmus Traiectensis episcopus, qui causam regis pertinacius tuebatur, vehementer imminebat, ut aut cum ceteris in damnationem papae subscriberent, aut regi, cui sub iureiurando fidem spopondissent, protinus renunciarent. Is eo tempore regi admodum carus acceptusque erat, eique rex omnium quae privatim vel publice agenda erant post se ordinationem delegaverat, vir secularibus litteris adprime eruditus, sed fastu nimio inflatus, vix se ipse ferebat. Igitur ex nomine omnium qui convenerant episcoporum et abbatum plenae contumeliarum literae Romam destinantur, quibus denuncietur Romano pontifici, ut pontificatu, quem contra ecclesiasticas leges usurpasset, sese abdicet, sciatque post eum diem quidquid agat, iubeat, decernat, irritum haberi. —

Deinde Henricus finito Wormatiae colloquio, concitus Goslariam rediit ibique iram suam, qua multo iam tempore in Saxones anxie aestuaverat, omni crudelitate explebat. Principes Saxoniae, qui in deditionem venerant, in ultimas regni partes relegabat; bona eorum suis fautoribus pro libito suo diripienda permittebat; eos qui necdum dediti fuerant acerrimis in dies edictis ad deditionem urgebat, et nisi quantocius dederen-

---

1) Eine traurige Mähr für die Schaubühne geeignet. Oft hat Otto von Freising die Geschichtschreibung mit einem Trauerspiel verglichen.
2) Ex hoc fonte permanasse videtur figmentum, Hildebrandum fabri ferrarii filium fuisse.

tur, ferro et igni infestari et longius natali solo effugari, comminabatur. Tum omnia castella, *quae superiori anno dirui iusserat*[1]), summo nisu, summo provincialium labore et aerumna instaurabat. Nova quoque in omnibus per Saxoniam montibus et collibus, qui modo ad arcendam vim paululum quid commoditatis habere videbantur, extruebat; illis etiam, quae deditis Saxonibus in ius eius venerant, praesidium imponebat; et multiplicata sunt mala, calamitas et vastitas per universam Saxoniam et Thuringiam supra omnem retro maiorum memoriam. — Pascha Traiecti celebravit ibique ducatum Lotharingiae filio Counrado, marcham vero quae dicitur Antwerpha Gotefrido, consobrino Gozelonis ducis, filio Eustachii comitis, impigro et ad rem militarem acerrimo adolescenti tradidit. Ipso tempore Rudolfus dux Suevorum, Welf dux Boioariorum, Bertoldus dux Carentinorum, Adalbero episcopus Wirciburgensis, Herimannus episcopus Mettensis et alii plerique principes convenientes in unum, consilia conferebant, in tantis calamitatibus, quibus respublica vexabatur, quid facto opus esset; regem post bellum Saxonicum eundem permanere qui fuerat;[2]) nihil eum de levitate, de crudelitate, de pessimorum hominum convictu ac familiaritate mutasse; ad hoc tantum tam insignem suam adversus Saxones victoriam profecisse, ut ille sui omnium sanguinis ius potestatemque acciperet, et ad perniciem bonorum omnium et ad omne quod animo concepisset flagitium impunita libertate *grassaretur*[3]), nihil sibi deinceps spei, nihil praesidii reliquum fore, si forte, ut sunt humana, eum offendissent, cum in *dediticios*[4]) contra iusiurandum, contra fidem principum, tam foeda, tam crudelia exercuisset. Haec causa non solum ipsos sed et cunctos regni principes vehementer permoverat, et eos potissimum, quorum consilio principes Saxoniae se in periculum dederant. Facta est igitur conspiratio non modica, et magis ac magis in dies roboratur, ea re maxime omnibus ausum et fiduciam praebente, quod excommunicatum esse regem a Romano pontifice frequentes ex Italia nuncii quotidie deferebant. Inter haec rediens Herimannus[5]), patruus Magni ducis, et

---

1) Sed hoc potius iam ante duos annos fieri iusserat.
2) Während der Bau von neuen Zwingburgen in Sachsen und Thüringen rüstig fortschritt, setzte Heinrich nach Gottfried's von Niederlothringen Tode seinen eigenen dreijährigen Sohn Conrad unter der Leitung des Gottfried von Bouillon als Herzog ein und erhielt die Nachricht von seiner Bannung zuerst in Utrecht zu Ostern 1076.
3) *grassari*, verfahren gegen Jemanden, handeln, jure, non vi, Liv., Tac.
4) *dediticius*, Jemand, der capituliert hat, Cic. u. Caes. dediticii, die Unterthanen der Römer in Italien im Gegensatz zu den Verbündeten (socii), Liv.
5) Die aus ihrer Gefangenschaft heimkehrenden Grafen Hermann der Billunger und Dietrich von Katlenburg wurden im ganzen Sachsen-

alii plerique ex principibus dediticiis, quos inconsulto rege indulgentia eorum a quibus tenebantur deditione absolverat, inopinatum cunctis gaudium praestiterunt, atque omnem, si quis adhuc mentibus resederat, *scrupulum*[1]) ademerunt. Tanta siquidem tamque inopinata rerum prosperitas evidens cunctis erat documentum respicientis eos misericordiae Dei. Igitur armata iuventute Saxoniam peragrantes, castella, quibus rex praesidium imposuerat, alia deditione, alia militari manu brevi omnia receperunt; eos qui intus erant, direptis spoliis, incolumes dimiserunt, accepto ab eis sacramento, quod ulterius in Saxoniam hostiliter non venirent. Amicos regis omnes, praeterea quicumque communibus negociis operam suam spondere noluissent, dissipatis omnibus quae habebant, procul Saxonia effugarunt; et directa est salus in manibus eorum ad recuperationem libertatis pristinae. Solus adhuc Otto, dux quondam Boioariae, in castello *Hartesburg*[2]) residebat. Huic rex per totam Saxoniam vices suas et publicarum rerum procurationem delegaverat; dato insuper negotio, ut castellum Hartesburg et aliud in monte qui dicitur *Lapideus*[3]) qui proximus Goslariae imminet, summa ope extrueret. Ad hunc legatos mittunt, mandantes, ut omisso opere quod ad eversionem gentis suae immemor libertatis extruere aggressus sit, consilium potius perquirat ad ereptionem principum, quibus ipse ut se dederent vehementissimus auctor fuerit; iam dudum opinionem indubiam multorum mentibus insedisse, quod idcirco deditionem ceteris tantopere suaserit, ut eorum sanguine regis sibi animum deplacaret et communi exitio suam ipse salutem mercaretur; hoc nunc evidentibus indiciis elucere, cum illis in ultimas partes terrarum deportatis, ipse proditionis suae mercedem a rege totius Saxoniae principatum acceperit, et regiae crudelitatis carnifex atque omnium quae ferociter rex meditetur ferocior administer existat; bene igitur famae et honori suo consulat, si tantae infamiae maculam claro aliquo erga patriam suam beneficio purgare conetur, et genti suae, patriam libertatemque armis recuperare cupienti, auxilio concurrat; postremo, si monitis ultro non assentiatur, se procul dubio vim adhibituros, et patriae proditorem, communium castrorum desertorem, ut dignus sit, eversis omnibus

---

lande mit grossem Jubel aufgenommen. Seufzend leisteten die Sachsen zur Herstellung der neuen Burgen ihre Spann- und Handdienste, wodurch sich der König immer verhasster machte.

1) *scrupulus* (Demin. v. scrupus) die Bedenklichkeit, die Unruhe, mihi unus scrupulus etiam restat, Ter.: scrupulus tenuissimus residet, Cic., scrupulum alicui eximere, evellere, benehmen, Plin.

2) *Harzeburg*. Ueber Otto's Ruhe und Theilnahmlosigkeit staunte man. Er spielte aber die Rolle eines schlauen Vermittlers.

3) sive Steinberg, de quo Io. Mich. Heineccius Ant. Goslar. lib. I. p. 93; cf. Delius I. c. p. 90. annot. 124.

quae eius sint, procul Saxonia expulsuros. Ad haec ille *obnixe*¹) eos per Deum obtestabatur, ut mitius pacatiusque agerent; quae pro communi commodo moliantur, ratione quam temeritate melius procedere; se protinus missurum et regi modis omnibus suasurum, ut principes deditione absolvat, castella, quae metu rebellionis pristinae obstruxerit, diruat, genti Saxonum libertatem, leges ac iura maiorum, quae per vim erepta toties armis repetiverint, restituat, si consilio acquiescat, gravis atque ancipitis belli necessitate sine sanguine liberatam esse Saxoniam; sin autem, se nec indulti honoris amore nec mortis metu nec iurisiurandi religione inhiberi posse, ne communem patriae parentumque suorum causam usque ad extremum spiritum quanta possit virtute defendat, iuvet, tueatur. In haec verba legatos Saxonum dimisit, statimque suos ad regem, sicut pollicitus fuerat, destinavit, praesidio quoque ab utroque monte quem occupaverat abducto, communem deinceps cum Saxonibus ac socialem vitam agebat. Rex sic *communitus*²) ab Ottone duce quondam Boioariae, ut turbatis rebus in Saxonia mature consuleret, mandaverat ei, ut sibi certo die in Salefeld occurreret, quatenus communiter habita discussione, quid facto opus esset, deliberarent. Postmodum vero fretus his quos deditione absolverat, quod eorum auxilio in Saxones, qui se laeserant, iram suam aeque ulcisci posset, consilium mutavit, et statuto die nuncios pro se in Salefeld duci Ottoni misit, qui ei dicerent, ut contractis quantiscunque posset copiis, sibi in marcha Misinensi concurreret; se per Boemiam ducto exercitu adventurum et filiis Geronis comitis, qui imperitam multitudinem male auspicato ad arma concitassent, si Deus vota prosperaret, redditurum quod mererentur. Principibus quoque Saxoniae et Thuringiae, quos patriae nuper remiserat, eadem mandat, obsecrans, ut praestitae sibi indulgentiae gratiam referentes, cunctos quos valeant ab hominum perditorum societate dehortentur, et ipsi ad ferenda publicis negotiis auxilia designato die et loco armati instructique praesto adsint. Ipse, ut instituerat, paucissimos secum assumens Teutonici exercitus milites, ceteris omnino quod moliretur ignorantibus, in Boemiam contendit; ibique iuncto sibi duce ac milite Boemico, repente plus quam tanto operi expediret, fidens nescio an negligens, in marcham Misinensem se infudit; videlicet vana spe elusus, quod ducis Ottonis industria et ceterorum, quos beneficio suo devinctos (*sibi*) *gloriabatur*¹) omnem rebus moram, omnem con-

---

1) *obnixe*, adv., sich dagegen stemmend, omnia facere, Ter. Andr. 1, 1, 134; sehr, heftig, appetere, rogare, obtestari, Sen.

2) *communire* von allen Seiten fest verschanzen, castra, Caes.: locum, Liv.: trop. auctoritatem, Cic.

3) *gloriari*, rühmen, bes. von sich rühmen, aliquid, Cic., oder sich wegen etwas rühmen, de re u. re. Cic.: seq. Acc. et Infin., id.

ficiendo negotio difficultatem ademptura foret.¹) Sed dux Otto, sciens genti Saxonum iustas esse causas rebellionis, id multo iam tempore apud regem crebris legationibus egerat, ut belli seminarium irarumque causas amoveret, leges ac iura sua Saxonibus rata manere sineret, aequitate potius quam armis tumultuantes compesceret, et tantos labores, tantum, qui proelio fundendus esset, sanguinem lucratus, sine difficultate in perpetuum opulentissimae gentis servitio frueretur; hanc regis ac tiranni esse distantiam, quod hic vi atque crudelitate obedientiam extorqueat ab invitis, ille legibus ac more maiorum moderetur subiectis praecipiatque facienda. Verum ille homo in imperio natus et nutritus, ut tantos natales, tantos prosapiae fasces et titulos decebat, regium in omnibus semper adversis animum gerebat, mori quam vinci malebat. Inexpiabilis ignominiae maculam putabat, impune iniuriam accepisse, et econtra summum decus et vitae pretio comparandum aestimabat, nihil quod secus accidisset inultum praeterisse. Ad hoc homines sibi asciverat, talium rerum artifices, mediocri quidem loco natos sed consilio ac manu promptissimos, qui, secundum quod propheta dicit, loquebantur ei placentia et divinabant ei errores, et aegrotum animum et per se affinem iracundiae ac temeritati adulationibus suis, tamquam supposita face, in omne quod libuerat inflammabant; ideoque, ut opera sua magis illi foret necessaria, perpetuis rempublicam tempestatibus vexari quam maxime *satagebant*²). His pessimis usus consultoribus, principes regni recta suadentes plurimum aversabatur, nec eos ad consilium suum, nisi forte inexplicabilis necessitas incidisset, admittebat, quin immo auctoritatem eorum, si copia fieret, opprimi ac penitus oblitterari cupiebat, ut in omne quod animus suggessisset effrenata libertate grassanti nullus obsisteret, nemo obloqueretur. Igitur dux Otto vehementer efferatus, quod contra consilium suum rex Saxoniam bello rursus impeteret, Epponi Citicensi (Zeitz) episcopo dicit, qui ei, ut dictum est, in Salefeld functus legatione regis occurrerat, se regi, quod honori eius, quod commodo reipublicae competeret, suggessisse; sed quoniam plus apud eum fidei sit ineptis assentatoribus quam sibi, plus spei ac fiduciae ponatur in milite Boemico quam in Teutonici exercitus robore, ad eum pertinere, quem coepta exitum *sortiantur*³); se nec rebus bene gestis gloriam, nec, si

---

1) Da der Aufstand unter den Sachsen immer grössere Dimensionen annahm, so rieth Otto dem Könige zu gütlichen Verhandlungen mit ihnen seine Zuflucht zu nehmen.
2) *satagere*, Genüge thun, nunc satagit, Plaut.; seine Noth haben, suarum rerum, Ter.: satagentibus, Hirt. B. Afric.: Cic., agitur tamen satis, doch hat man seine Noth.
3) *sortiri*, loosen, inter se, Cic.: durch das Loos bestimmen, pro-

aliter cesserint, ignominiam habiturum; praeterea nulla iam sacramenti, quo ei fidem dixerit, religione teneri, cum recta et utilia suadens non audiatur, insuper contra leges Dei, contra decus imperii, contra salutem animae suae, ad effundendum sanguinem innocentem gentili ritu arma sumere iubeatur; proinde omni periurio absolutum, libere deinceps causam gentis suae, quae iusta sit, quantum valeat armis et opibus asserturum. Eadem protestabantur ceteri quoque principes tam Saxoniae quam Thuringiae. Qui etiamsi cupidissime vellent, nullum petenti praestare possent auxilium, unanimiter scilicet detrectantibus militibus eorum infaustam contra patriam parentesque suos militiam.[1] —

Oct. 16. 1076. Statuto die[2] iuxta condictum principes Sueviae et Saxoniae Triburiam convenerunt amplissimo numero, obstinatis mentibus ad summovendum a negotiis regni regem Henricum, et alium in quem communis electio consensisset creandum. Aderant una legati apostolicae sedis, Sigehardus patriarcha Aquileiensis et Altmannus Pataviensis episcopus, vir apostolicae conversationis et magnarum in Christo virtutum, cui papa vices suas in dispositione ecclesiasticarum causarum delegaverat, et laici nonnulli, qui magnis opibus relictis ultro se ad privatam tenuemque vitam propter Deum contulerant, missi a Romano pontifice, ut palam omnibus per Galliam contestarentur, iustis de causis excommunicatum esse regem Henricum, et ad eligendum alium apostolici consensus et auctoritatis suffragium pollicerentur. Hi nec principi nec privato cuiquam, qui regi Henrico dicto vel facto aliquatenus post excommunicationem communicasset, communicare volebant, donec publice professus poenitentiam, per Altmannum, vicarium Romani pontificis, anathemate[3] absolveretur.

---

vinciam, Cic.: tribus, durch das Loos erhalten, regna vini, Hor.: provinciam, Liv.

[1] Der von Heinrich gegen die Sachsen in Scene gesetzte kurze Feldzug, auf welchem er wirklich bis an die Mulde gegen Gero's Söhne vorgedrungen, bestätigte in ihm die Ansicht, dass Sachsen für ihn verloren war. Otto und Burchard von Halberstadt standen von Neuem gegen ihn in den Waffen. Auch die ultramontane Partei hatte schon lange in Unterhandlungen mit den Sachsen gegen Heinrich gestanden.

[2] Vor allen Dingen rechnete Gregor VII. auf die in Oppenheim und Tribur von den versammelten Reichsfürsten gegen Heinrich gefassten Beschlüsse. Es war dieses Tribur derselbe Ort, wo man einst den letzten Karolinger entsetzt hatte, und wo dasselbe Schauspiel noch einmal der deutschen Nation geboten werden sollte. Hier verstummte jeder Nationalitätenzwist; denn Sachsen, Schwaben und Baiern reichten sich brüderlich die Hände und begrüssten sich als Freunde, da man in dem wichtigsten Punkte einig geworden, in dem, mit Rom gegen Heinrich weiter vorzugehen.

[3] anathema ($\dot{\alpha}\nu\dot{\alpha}\vartheta\varepsilon\mu\alpha$) der Bann, Augustin, und der mit dem Bann Belegte. Tert.

Rex Henricus, contractis in unum suae partis *assertoribus*[1]) in villa quae dicitur Oppenheim se continebat, Rheno fluvio utraque castra dirimente, frequentesque ad eos in dies legatos mittebat, pollicens omnium quae eos offenderant in reliquum emendationem; se veterum iniuriarum memoriam sequentibus beneficiis, si vita comes foret, aboliturum, nihilque deinceps circa rerum publicarum administrationem absque communi consulto acturum; postremo ultro se iure suo cedere eisque gubernandi disponendique pro suo arbitratu totius regni ius potestatemque facere, dummodo aequo animo paterentur, sola regii nominis regiique cultus rata sibi manere insignia, quae semel legitime accepta, sine summa omnium eorum ignominia amittere non posset, nec sinerent regni Teutonici splendorem, omnibus retro seculis intactum incontaminatumque, sua aetate tam turpis exempli macula sordescere; quod si verba sua difficilius admitterent, magnificis promissionibus toties elusi, paratum se, quibus sacramentis, quibus vellent obsidibus, fidem facere, quod nullus umquam dies, nulla rerum vel casuum mutabilitas hanc suam in eos benevolentiam corruptura foret. —

XIV. Die Agitationen Gregor's VII.[2])

Iterum alios atque alios misit, nullum supplicationis genus, quod impediendae tantae rei *proficuum*[3]) (utile) putaretur, praetermittens. Sed illi in eadem sententia fixi obstinantesque manebant. Iamque utraque ex parte ad magnum discrimen res spectare videbatur. Denique et hi regem alium sibi protinus constituere, et transmisso Rheno fluvio — navigium enim omne episcopus Moguntinus in eam ripam coegerat — proxima luce regi Henrico arma inferre parabant; et ille, incisa spe dilationis impetrandae, suos, qui per proximas villas dispersi

---

1) *assertor*, advocatus, causidicus. Vetus Judicarum sub Carolo Magno apud Catellum lib. 5.

2) Heinrich verhandelte von dem nahen Oppenheim aus mit den Fürsten in Tribur und versprach Besserung, Reue und Busse. Doch wusste man allzu gut, dass der König in den Stunden der Noth ein anderes Gesicht als in den Tagen des Glückes zeigte. Man sah sich endlich veranlasst durch die Kaiserin Agnes und die Gräfin Mathilde auf eine Verständigung mit Heinrich einzugehen. Auch der Abt Hugo von Clugny soll hierbei seine Hand im Spiele gehabt haben. Daher nahm man allgemein vorerst von einer Neuwahl Abstand. Der König wurde genöthigt, in allen Dingen dem Papste sich zu unterwerfen und seine Fehler gegen den apostolischen Stuhl zu bekennen und zu büssen. Er sollte auch des Throns verlustig gehen, wenn er sich innerhalb eines Jahres nicht vom Banne löste. Man wies ihm und seiner Gemahlin die Stadt Speier zum Aufenthaltsorte an, untersagte ihm jede Verwaltung der Reichsgeschäfte und das Tragen der Reichsinsignien.

3) *proficuus* = utilis, profitable, Lupus Ferrariensis Ep. 4 ad Einhardum. Nemo postulet nisi qui suae saluti proficua postularit.

erant, in unum coire atque arma expedire iubebat, ut in ulteriorem ripam progressos confestim proelio adoriretur. In hac tantarum expectatione rerum intentis sollicitisque omnibus, ecce primo diluculo sequentis diei, qui ultimam cladem rei publicae allaturus timebatur, Suevi et Saxones legatos ad regem miserunt, qui ei dicerent: tametsi nec bello nec pace ulla umquam ei iustitiae vel legum cura fuerit, se tamen legibus cum eo agere velle, et cum crimina, quae ei obiciantur, omnibus constent luce clariora, se tamen rem integram Romani pontificis cognitioni reservare; acturos se cum eo, ut in purificatione sanctae Mariae Augustam occurrat, ibique celeberrimo conventu habito principum totius regni, discussis utrarumque partium allegationibus, ipse suo iudicio vel addicat vel absolvat accusatum; quod si ante diem anniversarium excommunicationis suae, suo praesertim vicio, excommunicatione non absolvatur, absque *retractione*[1]) in perpetuum causa ceciderit, nec legibus deinceps regnum repetere possit, quod legibus ultra administrare, annuam passus excommunicationem, non possit; si oblatam conditionem gratanter amplexetur et Romano pontifici per omnia subditum se dictoque obtemperantem fore polliceatur, hinc se experimentum capturos: omnes, quos ille excommunicavit, extemplo a convictu contubernioque suo amoveat, ipse in urbem Spirensium dimisso exercitu secedat, ibique solo Verdunensi episcopo paucisque ministris, quos tamen sententia principum ab hac excommunicatione integros incorruptosque probaverit, contentus, privatam interim vitam agat, ecclesiam non ingrediens, nihil circa publica negotia suo jure disponens, nullam regii apparatus pompam, nulla regiae dignitatis insignia sibi iuxta solitum adhibens usque ad sinodicam causae suae examinationem; praeterea civitatem Wormaciensem, quam expulso episcopo, dissipato coelestis militiae sanctuario, arcem belli speluncamque latronum fecerat, abducto praesidio, episcopo Wormaciensi restituat, datis insuper sacramentis et obsidibus, ne quid deinceps rebellionis vel insidiarum ab civibus timere debeat; porro si quid horum *praevaricetur*[2]), tum se omni culpa, omni iurisiurandi religione, omni perfidiae infamia liberatos, non exspectato, ulterius Romani pontificis iudicio, quid reipublicae expediat, communi consilio visuros. —

Nov. Suevi et Saxones, postquam, deditis Wormaciensibus, statum civitatis episcopo pacatissimum reddiderunt, laeti

---

1) *retractio*, redemptio praedii ab agnato distracti, pretio emptori reddito, vulgo retrait lignager, Practicis nostris. Charta Phil. Regis Franc. anno 1310. ex. 47.

2) *praevaricari* (varico) nicht gerade gehen, nicht recht handeln, seine Pflicht überschreiten, Cic.: seq. Dat., accusationi, id.

ovantesque patriam repetebant confestimque legatos Romam destinarunt, qui papam rei gestae ordinem edocerent enixeque flagitarent, ut sedandis per Galliam tantis bellorum civilium tempestatibus ipse statuto die suam non dedignaretur praestare praesentiam. Rex etiam certo sciens, omnem suam in eo verti salutem, si ante anniversarium diem excommunicatione absolveretur, nec satis tutum suis rationibus existimans, ut expectato intra Galliam Romani pontificis adventu, sic infesto iudici, sic obstinatis accusatoribus causam addiceret ventilandam, optimum factu sibi iudicavit pro eo tum statu rerum suarum, ut in Galliam proficiscenti pontifici intra Italiam occurreret et anathematis absolutionem quoquo posset modo impetrare conaretur; hac impetrata, ceteram rebus difficultatem facile adimendam, cum colloqui principibus et conferre consilia et fidem amicorum in adversis implorare nulla deinceps vetaret religio.

XI. Heinrich's Demüthigung in Canossa.[1])

Paucis igitur ante natalem Domini diebus Spirensi urbe discedens, cum uxore et filio parvulo iter aggressus est, nec quisquam ex omnibus Teutonicis vir ingenuus comitatus est regno excedentem praeter unum, et ipsum nec genere nec opibus conspicuum.[2]) Cumque impensis tam longi itineris egeret multisque supplicaret quibus incolumi republica saepenumero profuerat, pauci admodum erant, qui, vel veterum beneficiorum memoria vel praesenti humanarum rerum spectaculo permoti, necessitatem eius aliquatenus pernoverant.[3]) Eo miseriarum et calamitatis ex summa gloria summisque opibus repente pervenerat. Similiter quoque ceteri excommunicati obtinendae citius absolutionis studio ardentissime iter accelerabant in Italiam, nec tamen in societatem itineris regem admittere, principum vel potius Romani pontificis metu absterriti, patiebantur. Vis atque inclementia hiemis hoc anno adeo magis solitoque asperior inhorruerat, ut a festivitate sancti Martini Rhenus

---

1) Gregor war soeben im Begriff, zu der zu Augsburg anberaumten Versammlung sich nach Deutschland zu begeben, als er die Nachricht erhielt, dass Heinrich heimlich Speier verlassen habe. Auch erhielt er durch Bischof Gregor sichere Kunde, dass der König schon über die Alpen gekommen und in Vercelli eingetroffen sei. Bischof Dietrich von Verdun mag wohl von der Absicht Heinrichs unterrichtet gewesen sein.

2) Wenige Tage vor Weihnachten entfloh Heinrich mit seiner Gemahlin, mit dem kleinen Conrad und einem treuen Diener seinem Gewahrsam, schlug seinen Weg nach Hochburgund zu dem Oheim seiner Mutter, dem Grafen Wilhelm ein und feierte ganz ohne Gefahr zu Besançon das Weihnachtsfest.

3) Des Königs Absicht war seinen Freunden bekannt geworden, und so schlugen alle gebannten Bischöfe und früheren Räthe Heinrichs denselben Weg ein, fanden jedoch die Alpenpässe von den Alliirten Rudolf, Welf und Berchthold sorglich gehütet.

glaciali frigore constrictus, pene usque ad Calendas Aprilis pedestri itineri transmeabilis maneret, et plerisque in locis vineta, exsiccatis frigore radicibus, omnino arescerent. Exacta solemnitate natalis Domini Henricus ex *Bisenzun*[1]) profectus, cum in locum qui *Cinis*[2]) (a. 1077) dicitur venisset, obviam habuit *socrum suam*[3]) (avunculam) filiamque eius *Amadeum*[4]) nomine, quorum in illis regionibus et auctoritas clarissima et possessiones amplissimae et nomen celeberrimum erat. Hi venientem honorifice susceperunt; transitum tamen per terminos suos alias ei concedere nolebant, nisi quinque Italiae episcopatus, possessionibus suis contiguos, eis redimendi itineris pretium traderet. Durum hoc nimis atque intolerabile omnibus regis consiliariis visum est. Sed cum ei inevitabilis incumberet necessitas quoquo posset pacto redimendi itineris, et illi nec iure propinquitatis nec tantae calamitatis miseratione quicquam moverentur, multo labore et tempore in hac deliberatione insumpto, vix et aegre tandem impetratum est, ut provinciam quandam *Burgundiae*[5]) bonis omnibus locupletissimam, concedendi transitus mercedem dignarentur accipere. Ita indignatio Domini non solum sacramentis et frequentibus beneficiis sibi obnoxios, sed etiam amicos et genere propinquos ab eo averterat. Difficulter assecuto transeundi licentiam protinus alia successit difficultas. Hiems erat asperrima et montes per quos transitus erat, in immensum porrecti et pene nubibus cacumen ingerentes, ita mole nivium et glaciali frigore obriguerant, ut per lubricum praecipitemque decessum nec equitis nec peditis gressum sine periculo admitterent.[6]) Sed dies anniversarius, quo rex in excommunicationem devenerat, e vicino imminens, nullas accelerandi itineris moras patiebatur; quia, nisi ante eum diem anathemate absolveretur, decretum noverat communi principum sententia, ut et causa in perpetuum cecidisset et regnum sine ullo deinceps restitutionis remedio amisisset. Igitur quosdam

---

1) Besançon.
2) Mont Cénis.
3) Adelheid, Mutter der Königin Bertha.
4) Amadeus, dem Geschlechte der Grafen von Sabaud angehörend. Heinrich war bei Genf über die Rhone gegangen und in das Gebiet seiner Schwiegermutter, der Markgräfin Adelheid von Susa, gelangt, welche ihn auf alle Weise unterstützte. Da der Winter schon sehr früh und mit unerhörter Strenge auftrat, so war der Weg über den Mont Cénis ein grosses Wagstück für Heinrich, aber noch vielmehr für die Kaiserin und den zarten erst 3jährigen Prinzen. Die ganz und gar verschneiten Alpenpässe mussten erst durch mühsam gedungene Arbeiter gangbar gemacht werden.
5) Burgey zwischen Rhône und Ain.
6) Auf Händen und Füssen kriechend oder die Schultern der Führer fest umklammernd, bald strauchelnd und bald weite Strecken hinabrollend, gelangten endlich die Männer unten an, während die Königin mit ihren Dienerinnen auf Rindshäuten hinabgezogen werden mussten.

ex indigenis, locorum peritos et praeruptis Alpium iugis assuetos, mercede conduxit, qui comitatum eius per abruptum montem et *moles nivium*[1]) praecederent, et subsequentibus, quaque possent arte itineris asperitatem levigarent.

His ductoribus cum in verticem montis magna cum difficultate evasissent, nulla ulterius progrediendi copia erat, eo quod praeceps montis latus et, ut dictum est, glaciali frigore lubricum omnem penitus decessum (descensum) negare videretur. Ibi viri periculum omne viribus evincere conantes, nunc manibus et pedibus reptando, nunc ductorum suorum humeris innitendo, interdum quoque *titubante*[2]) per lubricum gressu cadendo et longius volutando, vix tandem aliquando cum gravi salutis suae periculo ad campestria pervenerunt. Reginam et alias quae in obsequio eius erant mulieres, boum coriis impositas, duces itineris, conductu praeeuntes, deorsum trahebant.[3]) Equorum alios per machinas quasdam summittebant, alios colligatis pedibus trahebant, ex quibus multi dum traherentur mortui, plures debilitati, pauci admodum integri incolumesque periculum evadere potuerunt. Postquam per Italiam fama percrebuit, venisse regem, et superatis asperrimis rupibus iam intra Italiae fines consistere, certatim ad eum omnes Italiae episcopi et comites confluebant eumque, ut regia magnificentia dignum erat, summo cum honore suscipiebant atque intra paucos dies infinitae multitudinis ad eum congregatus est exercitus.[4]) —

Interea rex Mathildam comitissam ad colloquium evocavit eamque precibus ac promissionibus oneratam ad papam transmisit, et cum ea socrum suam filiumque eius, *Azzonem etiam marchionem*[5]) et Hugonem, abbatem Cluniacensem et alios nonnullos ex primis Italiae principibus, quorum auctoritatem magni apud eum momenti esse non ambigebat; obsecrans, ut excommunicatione absolveretur, nec principibus Teutonicis, qui ad accusandum eum stimulo invidiae magis quam zelo iustitiae exarsissent, temere fides haberetur. Quorum papa legatione audita, ait, incongruum valde esse et ab ecclesiasticis legibus omnino alienum, ut absentibus accusatoribus causa

---

1) cf. Iugurth. 3.

2) *titubare*, wanken, taumeln, Ovid: vestigia titubata, Verg. übertr. stammeln, stocken, cave ne titubes, Hor.: Cic.: Licinium titubantem.

3) Für alle ausgestandenen Strapazen fand Heinrich eine hinreichende Entschädigung in der überall ihm zu Theil gewordenen freundlichen und begeisterten Aufnahme.

4) Es strömten des Königs Freunde von allen Seiten herbei, um die alte Ordnung wiederherzustellen, des Papstes Feinde und der Mathilde und der Patarener Widersacher. Heinrich begab sich zu Gregor nach Canossa, wo sich Adelheid, Azzo und Amadeus für ihn beim Papste verwendeten.

5) Estensem.

accusati ventilaretur; quin immo, si innocentiae suae confideret, omni timoris scrupulo liberatus, statuto die Augustam, quo ceteri principes convenire statuissent, fiducia occurreret; se illic, discussis utrarumque partium allegationibus, nec odio nec gratia ab iure ad iniuriam devolvendam, sed iuxta leges ecclesiasticas quam rectissimam possit de singulis sententiam laturum esse.[1]) Ad haec illi responderunt, regem illius nusquam terrarum subterfugere iudicium, quem sciat aequitatis et innocentiae incorruptissimum vindicem et advocatum fore, sed e vicino iam urgere diem anniversarium, quo excommunicatus fuisset, et principes regni hac expectatione suspensos attentosque anxie rei eventum praestolari, ut, si ante hunc diem excommunicatione non absolvatur, deinceps iuxta palatinas leges indignus regio honore habeatur, nec ultra pro asserenda innocentia sua audientiam mereatur; proinde obnixius petere, et hoc omni quo papa iubeat satisfactionis genere paratum emereri, ut solo interim anathemate absolvatur et communionis ecclesiasticae gratiam recipiat, responsurus ex integro, quocumque die, quocumque loco papa praecipiat, tamquam nihil hac conventione actum sit, omnibus quae accusatores eius obiecissent criminibus, et iuxta sententiam eius regnum vel retenturus, si obiecta purgasset, vel aequo animo, si causa cecidisset, amissurus. Diu papa restitit, (longe) verens[2]) regis iuvenilis inconstantiam et proclive, quocumque assentatores impulissent, ingenium; sed superatus tandem importunitate perurgentium et gravitate sententiarum: Si veraciter, inquit, eum facti poenitet, coronam et cetera regni insignia in argumentum verae et ex animo actae poenitudinis nostrae potestati dedat, et se post tam contumax admissum regio nomine et honore deinceps indignum profiteatur. Durum nimis hoc visum est legatis.[3]) Cumque vehementer insisterent, ut sententiam temperaret, nec calamum conquassatum iudicii austeritate penitus contereret: vix et aegre tandem exoratus annuit, ut comminus veniret, et si veram pro admissis poenitudinem gereret, culpam, quam sedi apostolicae contumeliam irrogando contraxerat, sedis apostolicae decretis nunc obediendo expiaret. Venit ille, ut iussum fuerat, et cum castellum illud triplici muro septum esset, intra secundum murorum ambitum receptus,

---

1) Für Heinrich blieben die Pforten von Canossa vom 25.—28. Januar trotz der riesigen Kälte und der dringenden Bitten noch verschlossen, bis endlich der Papst der inständigsten Fürbitte des Abtes von Cluny und der Mathilde nachgab und zu einer Verständigung sich bereit finden liess.

2) *vereri* acc. bella, Cic. befürchten, besorgen; de Carthagine, Cic.

3) Der König hatte sich inzwischen zu den äussersten Demüthigungen und strengsten Büssungen verstanden um die Lossprechung vom Bann durch Gregor zu erlangen.

foris derelicto omni comitatu suo, deposito cultu regio, nihil praeferens regium, nihil ostentans pompaticum, nudis pedibus ieiunus a mane usque ad vesperum perstabat, Romani pontificis sententiam praestolando. Hoc secundo, hoc tertio die fecit. Quarto demum die in conspectum eius admissus, post multas hinc inde dictas sententias, his postremo conditionibus excommunicatione absolutus est: ut die et loco, quemcumque papa designasset, evocatis ad generale concilium Teutonicis principibus praesto esset, et accusationibus quae intenderentur responderet, ipso papa, si ita expedire videretur, *cognitore*[1]) causarum assidente, et ad eius sententiam vel retineret regnum, si obiecta purgasset, vel aequo animo amitteret, si probatis criminibus regio deinceps honore indignus iuxta ecclesiaticas leges decerneretur; nullam, sive retento sive amisso regno, huius iniuriae vindictam a quopiam hominum in perpetuum exacturus;[2]) usque ad eum autem diem, quo causa eius legitime discussa terminaretur, nulla regii cultus ornamenta, nulla regiae dignitatis insignia sibi adhiberet, nihil circa rerum publicarum administrationem iuxta consuetudinem suo iure ageret, nihil, quod ratum fore oporteat, decerneret; postremo praeter regalium servitiorum exactionem, quibus necessario ipse et sui sustentandi essent, nihil regium, nihil publicum usurparet; omnes etiam qui ei sub iureiurando fidem dixissent, ab huius sacramenti vinculo et conservandae erga eum fidei debito apud Deum et apud homines interim liberi expeditique manerent[3]); Ruotbertum Babenbergensem episcopum et Udalricum de Cosheim et ceteros, quorum consiliis se remque publicam prodidisset, a sua in perpetuum familiaritate amoveret; quod si, purgatis quae obicerentur, potens confortatusque in regno perstitisset, subditus Romano pontifici semper dictoque obtemperans foret, et ad corrigenda, quaecumque in regno eius contra ecclesiasticas leges prava consuetudine inolevisset, consentiens ei et pro virili portione cooperator existeret; ad ultimum, si quid horum praevaricaretur, irritam fore hanc, quae tunc tantopere expetita

---

1) *cognitor*, iudex, cognitores etiam dicuntur ii, quos Pontifex retractandis et recognoscendis Episcoporum et conciliorum sententiis pro data occasione committebat.

2) Die von dem Könige durch seine eigene Unterschrift und die der Markgräfin Mathilde und Adelheid verbürgten Sicherheiten beziehen sich darauf, dass Heinrich gelobt, den von ihm abgefallenen Fürsten nach dem Urtheil des Papstes in einer bestimmten Frist Satisfaction zu geben und dem Nachfolger Petri Sicherheit des Leibes und Lebens bei einer Reise nach Deutschland zu gewähren.

3) Der Bericht des Lambert von Hersfeld, welcher hier erzählt, dass der Papst ausdrücklich dem Könige alle Regierungshandlungen bis auf Weiteres untersagt und alle Eide der Unterthanen bis zur endgültigen Entscheidung des zwischen dem Könige und den Fürsten entstandenen Streites für gelöst erklärt habe, ist ein irriger.

sit, anathematis absolutionem, quin immo iam pro convicto confessoque habendum esse, nec ultra pro asserenda innocentia sua audientiam impetraturum, principesque regni, omni deinceps quaestione, cuncta iurisiurandi religione liberatos, regem alium, in quem communis electio consensisset, creaturos esse. Multo gaudio rex accepit conditiones, et servaturum se omnia, quam sanctissimis poterat, assertionibus promittebat. Nec tamen promittenti temere fides habita est; sed abbas Cluniacensis, quoniam iurare monasticae religionis obtentu detrectabat, fidem suam coram oculis omnia cernentis Dei interposuit; episcopus quoque Citicensis et· episcopus Vercellensis et Azzo marchio et alii conventionis eius principes, allatis sanctorum reliquiis, sub iureiurando confirmaverunt, facturum eum esse quae pollicebatur, nec aliqua rerum asperitate vel casuum varie succedentium mutabilitate ab sententia deducendum.[1]) —

XI. Die Wahl Rudolf's zum Gegenkönig.[2])

Ita eo absoluto excommunicatione papa missarum solemnia celebravit. Interea Moguntinus, Wirceburgensis et Mettensis episcopi, Rudolfus, Welf, Bertoldus duces et alii plerique ex principibus Teutonicis convenientes, tractare de utilitatibus reipublicae statuerunt, ut principes Saxoniae et omnes quibuscumque respublica curae foret, 3. Idus Martii *Forechhemii*[3]) (an der Regnitz in Oberfranken) occurrerent, et communi consilio, quid factu opus esset, decernerent, praesertim cum, per absentiam regis tranquillis rebus, tempus opportunum deliberationibus ac consultationibus nacti fuissent. Romano quoque pontifici scripserunt, ut, quoniam in purificatione sanctae Mariae Augustam iuxta condictum, dolo regis praeventus, occurrere non potuerat, saltem Forchhemii statuto die

---

1) Der Tag von Canossa ist ein Wendepunkt in der Weltgeschichte geworden, da sich daraus ein blutiger Kampf für viele Jahrhunderte entsponnen hat. Der Conflict zwischen Kaiserthum und Papstthum, zwischen Kirche und Staat hat die meisten Staaten Europas erschüttert.
2) Gregor hatte für die Forchheimer Versammlung schon seine Anordnung getroffen und in seinem Schreiben an die deutschen Fürsten hervorgehoben, dass nur durch ihre Saumseligkeit der Augsburger Tag vereitelt sei. Er wollte hier über das Deutsche Reich eine endgültige Entscheidung treffen. So wurden die in Canossa gegebenen Versprechungen von beiden Seiten schlecht beobachtet.
3) Am 13. März 1077 schritt man hier, wo einst Ludwig das Kind und Conrad I. erwählt waren, zur Wahl des Gegenkönigs Rudolf von Schwaben, nachdem man festgesetzt, dass die Krone keinem Hause erblich sein, sondern der Sohn nur durch Wahl übergehen sollte. Der König erhielt von dieser Gegenwahl zu Pavia Kunde und bat den Papst, nun auch Rudolf zu bannen. Zu ihm schaarten sich, als er wieder in Regensburg erschien, Luitbold von Kärnthen, Wratislaw von Boehmen, die Pfalzgrafen Conrad und Hermann und viele Bischöfe. Er liess in Ulm Rudolf, Berthold und Welf durch ein Fürstengericht absetzen.

praesto esse satageret, et sedandis bellorum civilium tempestatibus, quibus iam diu periclitaretur respublica, apostolici moderaminis gubernaculum adhiberet. Adhuc ille in *Canusio* (*Canossa*)[1]) et aliis circa firmissimis munitionibus se continebat, dispositum habens, non prius Romam egredi, quam confecto itinere quod instituerat, si Deo propicio conatum sequeretur effectus, pacem ecclesiae Dei reddidisset. —

XII. Heinrich's Vorgehen gegen seinen Gegenkönig Rudolf.

Interea Henricus exrex, exercitu nec magno nec forti congregato — nam maxima pars eius ex mercatoribus erat — obviam nostris ire paravit; pigroque progrediens incessu, Bavarios et Boemios, quos sibi auxilio venire sperabat, frustra expectavit. Quo rex Rudolfus audito, laetus obsidionem dimisit hostique saevo saevior occurrere festinavit. Ad fluvium itaque qui vocatur Nicer exercitus ambo convenerunt, et in diversa ripa animo pugnandi diverso castra posuerunt: Nam nostri dederunt illis *optionem*[2]), ut vel ipsi longius a litore recedentes sibi facultatem transeundi concederent, vel ipsi nostrae ripae spatio securi accepto, cum nostris pugnaturi transirent. Illi vero, quamvis multis, ut utrumlibet facerent, conviciis essent exagitati, neutrum facere voluerunt.[3]) Cum autem multos ibi dies sedissent, et illis nostri locum ad se veniendi saepe frustra dedissent, tandem illi nec se nostris pares, nec auxilium quod sperabant venire videntes, cum militari non possent virtute, astutia temptabant a se bellum istud amovere. Fecerunt enim cum nostris pacem *sequestram*[4]), qua, si posset fieri, per mutua colloquia pervenirent ad pacem perpetuam. Ad se invicem igitur veniendi securitate concessa, dixerunt illi, quid opus esset nostris secum ferro decernere, cum ipsi parati essent rem verbis agere; et si quidem nostram causam iustitia commendaret, se relicto domino suo nostris associari, ea conditione, ut si sua causa melior esse probaretur, *nostrates*[5]) illis eadem

---

1) Canossa, dem Schlosse der Markgräfin Mathilde von Tuscien.
2) *optio*, die Wahl, das Belieben, alicui optionem dare od. facere, Jem. freien Willen, d. Wahl lassen, optio sit tua, Cic.: si optio esset, Cic.:
3) Nachdem Gregor von beiden Königen ein sicheres Geleit nach Deutschland sich ausbedungen, wollte er den Kron- und Thronstreit persönlich entscheiden. Allein er wurde wegen der in der Lombardei ausgebrochenen Unruhen in Rom zurückgehalten und man beschloss, mit Hülfe des päpstlichen Legaten die Sache friedlich beizulegen. Heinrich, durch den Zuzug der Baiern und Böhmen unterstützt, begann trotz des Vertrages die Feindseligkeiten von Neuem und wurde wiederum gebannt.
4) cf. pace sequestra, durch Vermittelung des Friedens, Verg. Aen. 11, 133. Stat. Theb. 2, 425.
5) *nostras*, atis, m., f. u. n. inländisch, verba nostratia, Cic.: pro peregrina voce nostratem requirendam, Suet. nostrates, die Unsrigen, unsere Landsleute, Plin.

lege coniungi non dedignarentur. Quod cum nostri laudassent, et ipse rex noster se, ut pax inter eos fidelis fieret, libenter a regno descensurum promisisset, constituto die, quo ad hanc causam terminandam, neutro rege praesente, venirent, ab invicem ambo exercitus discesserunt; et ecce illi magnam turbam ex Bavariis et Boemiis, quos iam diu expectaverant, advenire viderunt. Quo cognito, Henricus nimis ut laetus; factaeque pacis oblitus, iam nostros a tergo minus cautos invaderet, si principes illi, qui pacis faciendae mediatores vel auctores fuerant, fidem suam contaminare non timerent. Itaque nostrates domum cum pace reversi, annum fuerunt integrum nec laedentes aliquem nec ab aliquo laesi. —

Sequenti vero anno 1078 iterum Saxonicus congregatur exercitus, et missa legatione Suevos obviam sibi venire rogaverunt, ut utriusque populi virtute coniuncta, omnes sibi adversantes vel ad se transire compellerent vel sibi foederari nolentes dira bellorum tribulatione fatigarent. Quod cognoscens Henricus, robore congregato intervenit medius; nec est passus, ut uterque in unum conveniret exercitus. Exercitus ergo Saxonicus ad *Methelrikestad*[1]) venit ibique Henricum cum non parvo robore virtutis invenit. Proelium incipitur fortiter, immo crudeliter; ex utraque parte pugnatur, et hinc et inde fuit diversus eventus pugnae; fugiunt isti, fugiunt illi; nostri capiuntur sed eripiuntur, hostes interficiuntur. Ex nostris itaque primi fecerunt fugam, qui numquam venire debuissent ad pugnam, episcopi scilicet unius nominis, sed ut ita dicam non unius ominis; uterque enim Werinherus vocatur. Sed Magadaburgensis ab incolis illius patriae interceptus, miserabiliter occiditur; Marsburgensis vero despoliatus, in patriam nudus revertitur. In eadem fuga sunt capti Bernhardus Romanae sedis archidiaconus, Sigfridus archipraesul Moguntinus, Adalbertus Wormatiensis episcopus. Sed duos illos non longe post eripuit Dei clementia, tertius iste perductus est in Henrici crudelis tyranni praesentiam; qui tamen longe post, invito tyranno, divina liberatur misericordia. Quos omnes, quia melius sciebant spalmos cantare eo quod nutriti sub religione essent, quam legiones armatas ad bella disponere, solo visu proeliantium versos in fugam, tanta multitudo sequitur, ut rex totum exercitum penitus fugae se dedisse arbitraretur. Quos cum rex nec victoriam certam promittendo, nec servitutem perpetuam nisi fuissent reversi minando, potuisset revocare, solum se relictum cum paucis existimans, coepit ipse etiam paulatim revertendo Saxoniae finibus appropinquare. —

---

1) **Melrichsstadt** (1078. 2. Aug.) an der Streue in Franken.

Interea nostri, qui fortes hostibus se primo miscuerant, nihil de post terga relictis scientes adversariis fortibus fortes resistebant, minus vero fortibus fortius insistentes, eos fugae praesidium petere compellebant. Ibi quidam de nostris adversarium sibi videns obvium, velut suum salutavit socium, dicens: Sancte Petre! quod nomen Saxones pro symbolo tenebant omnes in ore. Ille vero nimium superbus et tantum deridere nomen exorsus, in eius vertice librato mucrone: Hoc, inquit, tibi tuus Petrus mittit pro munere! et nondum sermonem finiverat totum, cum gladium Saxonis alterius in cerebro habebat, dicentis: Et hoc habeas munus ex parte tui Henrici, tyranni insanientis! —

Interea dux Otto et Fridericus palatii praefectus de Sommerschenburg¹) diversis in partibus acriter pugnantes, non ante cessaverunt, quam Henricum cum omnibus suis ad fugam coegerunt, eosque fugientes tam diu sunt insecuti, donec eos muro Wirzburgensi videbant includi. Sed Fridericus nesciens, quid Otto dux egisset, ad locum proelii *tripudians*²) revertitur, quia ille, qui fugatis hostibus locum caedis obtinuerit, victor habetur. Otto vero dux non longe post eodem reversus, visa tanta multitudine, putabat eos hostes esse, et quia valde fessus erat, non credebat utile cum iis pugnam incipere. Misit tamen exploratorem, qui sibi perquireret veritatem. Qui cum ibi moram faceret, reputans ille, quod ab hoste captus vel occisus esset, quia nullum de sociis quem cognosceret invenit, victor quidem, sed non laetus, quia nesciebat, ad patriam revertitur.³) —

Fridericus autem, collectis ad se de diversis partibus a proelio revertentibus, noctem illam in laetitia et maxime in divina laude transegit. In crastino vero receptis omnibus quae vel socii vel hostes ibi reliquerant, meliora, quae poterant apportare, secum tulerunt; cetera vero, ne prodessent hostibus, igni dederunt. Inde vero cum magno gaudio cantuque redeuntes Schmalkalden et ceteros in circuitu vicos aut villas praedationibus et incendiis vastaverunt, quia incolae illi pridie nostros fugientes spoliaverant vel occiderant. Sigfridum quoque Moguntinum praesulem, quem captum cum multis aliis adhuc servabant, violenter eripiunt, secumque gaudentes et hymnos Deo canentes ad Saxoniam reducunt. Postquam vero diversis

---

1) Sommerschenburg der Stammsitz dieser Linie der sächsischen Pfalzgrafen lag zwischen Braunschweig und Magdeburg.
2) *tripudiare*, stampfend tanzen, Sen., Cic. Sext. 41, 88.
3) Die in Rom zum Behufe der zwiespältigen Königswahl stattgehabten Versammlungen hatten wenig Erfolg und Gregor, von den Normannen hart bedrängt, vertröstete beide Parteien. Rudolf hatte Schwaben an seinen Sohn Berthold verliehen und Heinrich belehnte seinen Schwiegersohn Friedrich damit im Jahre 1080. Dagegen lehnten sich Welf und Rudolf's Eidam, Berthold II. von Zähringen auf.

ex partibus omnes nostri convenerunt, et quid fortiter egissent vel quanta pericula qualiter evasissent, invicem singuli retulerunt, non sine multo fletu multas laudes Deo reddiderunt, cum pro victis et fugatis hostibus, tum etiam pro liberatis tantis sacerdotibus. —

Ex nostris itaque partibus praeter episcopum Magadaburgensem, qui cecidit in fuga, nemo qui dignus sit nomine periit in illa pugna; ex hostium vero parte iacuerunt ibi principum nobilium numero Everhardus Barbatus, qui huius belli erat incentor saevissimus, *Poppo*[1]) simul et *Thiebaldus*[2]), Henricus de Lechesmundi. —

Henricus vero Octobri proximo Ratisbonam veniens, principibus collectis narravit, quod iam longo (October) labori finem fecisset nihilque sibi faciendum restaret, nisi ut illos qui secum participes erant laboris, consortes etiam faceret dignae retributionis. Dixit enim, Saxones in proximi proelii conflictu sic esse prostratos, ut nisi de gentibus exteris agrorum cultores advenirent, Saxonia in solitudinem versa bestiis silvestribus habitanda remaneret. Igitur ut illam terram cunctis frugum generibus opulentam secum vellent intrare rogavit, ipsisque, quod nullum qui iis intrantibus obstaret invenirent, fideliter spopondit. Quod ut illis fieret credibile, simulatos nuntios fecit procedere cum verbis compositis, qui, cuncta audientibus, regi, sicut erant docti, dicebant ex persona ducis Ottonis et Herimanni comitis, se solos ex liberis hominibus, omnibus aliis in novissimo agmine interfectis, beneficio fugae in Saxonia relictos, nunc nimis sero poenitere, quod umquam multitudine suorum confisi, praesumsissent regiae potestati resistere; se regis adventum, quo terrae daret cultores, humiliter expectare, se sibi non honorem, non libertatem, sed solam vitam, quamvis vel hac essent indigni, postulare. Quibus verbis, sicut ipse callidus dictaverat, peroratis, illi qui haec credula nimis aure perceperant, inani spe iam totam Saxoniam possidebant, et quasi iam possidentes, inani spe decepti, animo *tumescebant*[3]). Tota igitur festinatione, quo spes eos trahebat, sequi properabant; nec exercitum valde magnum esse volebant, ne singuli eo minus illius regionis acciperent, quo plures illam divisuri fuissent; quia natura fert, ut tanto fiat partium minor quantitas, quanto fuerit earundem partium maior magnitudo. Venientes ergo ad silvam quae Thuringos separat a Francia, audiebant, quod et verum erat, quia Saxones ex altera parte silvae eum

---

1) Poppo, Graf v. Henneberg.
2) Thiebald, wird auch Markgraf v. Giengen genannt und soll der Ahnherr der Markgrafen von Vohburg sein.
3) *tumescere*, strotzen, zornig sein, gentes ira tumentes, Liv.: tumens animus, zornig, Cic.

tanta multitudine sederent, quantam prius numquam sint auditi collegisse. Nam de militibus armatis milia fere sexaginta habebant, qui vel fortiter mori vel terram suam tueri volebant. Quod auditum cum primo non crederent, postquam missis exploratoribus nimis verum esse (1079) cognoscebant, multo magis redire, timore cogente, quam venire, spe trahente, properabant. Sed Henricus exrex, ne tantum frustra congregasset exercitum, cum eodem agmine Suevos petiit; ubi nec ecclesiis nec atriis ecclesiarum pepercit, et inter sacras profanasque res nullam differentiam fecit, ut illorum avaritiam insaturabilem saturaret, quos Saxoniam pollicendo fefellerat. Ibi, quod anticipando iam narravi, Trevirensis archipraesul Udo subitanea morte miserabiliter obiit, dum, timore Dei postposito, manibus profanis in sacras res licenter iter permisit. —

1079. Interea papa Gregorius VII., apostolici vigoris oblitus, multum est a priori sententia mutatus. Nam qui prius Henricum cum omnibus suis adiutoribus apostolica severitate excommunicaverat, eique regnandi potestatem magna vi interdixerat, et omnes qui ei fidelitatem iurassent, a iuramenti nodis apostolica auctoritate absolverat, et electionem novi regis consensu suo confirmaverat, nunc per litteras mandavit, ut concilio facto rex uterque convocatus audiatur, et quem iustitia regnare permiserit, altero deposito tutus in regno confirmetur. —

Sic totus annus ille consumitur, ut fere nihil memorabile fieret in nostris partibus, nisi quod apostolici legati frequenter ad utrasque partes venerunt, et nunc nobis, nunc hostibus nostris apostolicum favorem promittentes, ab utrisque pecuniam, quantam poterant more Romano conquirere, secum detulerunt. —

XIII. Schlacht bei Flarchheim am 27. Jan. 1080, südlich von Mühlhausen in Thüringen gelegen.[1])

1080. Sequenti vero anno Henricus iterum congregato non parvae multitudinis exercitu, Saxoniam volebat invadere, reputans Saxones, utpote quietem dum pax erat amantes, non frequentes exire hiemis tempore. Saxones vero, multis iam laboribus exercitati et per multas calamitates a somno quietis expergefacti, tota virtute studebant ei obviam venire et eius impetum ab invasione regionis suae repellere. Sed ille solita calliditate Saxones ab invicem multa promittendo diviserat, ut non diu ante diem proelii Widekint, Wiprecht et Theodericus Geronis filius cum multis aliis a Saxonibus ad hostes transirent, et Eccibertus marchio, cum sua legione neutrae parti accedens, non longe a proeliantibus lentus sederet, eventum belli dubius

---

1) Die vom Papste in Deutschland mit Ernst und Nachdruck betriebene allgemeine Reichsversammlung wurde von Heinrich vereitelt.

expectans, ut cui parti victoria cederet, ei congratulando socius accederet. Igitur exercitus uterque convenerunt in loco qui Fladecheim (Flarcheim)[1]) vocatur, et sic consederunt, ut inter eos rivus, non latus quidem sed profundus, haberetur. Itaque nostrates ad defendendum partis suae litus missi, illos ad se venturos in declivi montis expectant, ut ipsius opportunitate loci descendentes, hostes supinos facilius retrorsum impellant. Et Ottoni duci, quo primus pugnam conserat, imperant. Ergo dum sic ordinati nostrates, adversum se venturos hostes attendunt, illi, sicut semper solebant, calliditate pugnaturi, nostros improvisi circumveniunt, et dum a fronte venire putantur, subito post tergum respicientibus adesse videntur. Tunc rex Rudolfus velocem misit Ottoni duci nuntium, per Deum obtestans, ut antiquae memor virtutis, sicut dispositum fuerat, ipse bellum primus incipere non refugiat. Cui dux Otto respondit, si sibi, sicut putabatur, primo venissent, se nullatenus eorum violentiam formidare; nunc vero se non posse suae legionis ordinem convertere; et rogavit, ut illi quibus primo venissent, eos tota virtute susciperent, promittens se, cum primum posset, iis auxilio venturum. Denique multo aliter incipitur quam dispositum fuisset. Nam novissimi fiunt primi, et primi novissimi. Acriter itaque utrimque pugnatur, sed momento brevi finitur. Nam Saxones citissime conversi, hostibus, qui sibi venerant a tergo, vultus horribiles ostendunt, et non ante quiescunt, quam eos in fugam versos, sibi terga monstrare compellunt. Victores itaque Saxones reversi, multas, sicut decebat, laudes referebant omnium bonorum largitori. Ex nostris autem iacuit illo proelio Meginfridus Magadaburgensis praefectus, ex illis vero Folcmarus, et Pragensis praefectus, et cum iis Boemiorum ceterorumque non parvus numerus. Henricum autem, qui mox incepto proelio fugae se commendavit, Lothowigus per silvam semitis latentibus abduxit. Exercitus vero eius non longe post ad eiusdem fugae praesidium coactus, iuxta quoddam castellum quod dicitur Wartburg fatigatus consedit, et ibi, donec cibis et requie recrearentur corpora, repausavit[1]). Nostrates vero, qui castellum tenebant, impetu subito eos insiliunt, et iis fugatis, omnia pene quae habebant diripiunt, equos, arma, vasa aurea et argentea, piper et alia pigmenta, pallia et pretiosa vestimenta. Erat enim in eadem societate patriarcha et alii partium illarum principes, qui secum divitias portaverant ingentes. —

---

1) Auch in der Schlacht bei Flarchheim wurde zwischen den beiden Königen keine Einigung und Entscheidung erzielt. Dabei mehrte sich jedoch Heinrich's Anhang sichtlich, nachdem sich auch der Markgraf Ecbert von Meissen für ihn erklärt hatte.

2) *repausare* = cessare ab aliqua re. Glossae: repausat, ἀναπαύει. Saxo Gramm. I. Nec sinit repausare noctu mergus alte garrulus.

1080. Eodem anno, mense videlicet Octobri, Henricus militiae laboribus infatigabilis, iterum congregavit exercitum ut invaderet Saxoniae regnum. Saxones vero cum ingenti multitudine occurrerunt ei in loco qui *Cancul*[1]) vocatur, ibique castris positis sederunt, ut fines suos Deo adiuvante ab hostili invasione tuerentur. Cumque missis exploratoribus ille nostram virtutem cognosceret, et ei cum sua virtute congredi non auderet, ad artem malitiae convertit se, dolique calliditate nostrum agmen in duas partes dispergit, ut, quod integrum, suis viribus diffidens, adire non praesumebat, divisum per partes, si necessitas compelleret, aggredi non formidaret. Nam cum proelium devitans cum universo exercitu suo Erfurdium tenderet, velocissimos equites retro Goslariam misit, qui quibusdam villis incensis ad se velociter properarent. At Saxones per suos exploratores iter eius Erfurdium edocti, cum eum facile possent insequi vel etiam praevenire, viso post tergum fumo illuc omnes festinant, ut ei Goslariam et illas partes Saxoniae prohibeant. Ille vero coeptum iter ad Erfurdium peragens, oppidum iam succensum fuerat depraedatus, cum noster exercitus se deceptum intelligens, magna turba peditum simul et equitum derelicta illum est insecutus. Cumque iam illi nostrates appropinquarent eumque *Numburgensem episcopatum*[2]) incendere velle viderent, propero cursu eum per montana praevenientes, urbem ab incendio fortiter defenderunt. Quo illi cognito, obvia cuncta comburens et vastans, ad fluvium qui dicitur Elstera pervenit; cuius magna profunditate visa, nolens ibi castra locavit. Hic diversorum diversas opiniones mihi contigit agnoscere, sed cui earum veritas accedat, non licuit mihi scire. Alii namque dicebant, quia bis a proelio discedebat victus, amplius eum fortunam proelii nolle temptare, sed nostris arte sua deceptis, magnam partem regionis velle comburere, sicque sine proelio, quasi cum victoriae gloria, suas in partes declinare, sed inscium fluminis huius profunditatem incurrisse, sicque coactum, quia non facile transire poterat, proelio se commisisse.[3]) Alii vero putabant, quod ex industria malevolentiae hunc pugnae elegisset locum, ubi suis quibus non bene credebat aut fortiter esset pugnandum, aut

---

1) fortasse Keula prope Muehlhausen.
2) König Rudolf hatte hier nach Eppo's Tode den Bischof Günther, Sohn des Grafen Gero v. Camburg, eingesetzt.
3) Nach einer nochmaligen Bannung und Absetzung liess Heinrich die deutschen Fürsten zu einer Reichsversammlung nach Mainz entbieten. Hier erschienen 19 Erzbischöfe und Bischöfe, kündigten dem Papste den Gehorsam auf und thaten Heinrich's Gegner Rudolf und Welf in den Bann. Ihrem Beispiele folgten auch 30 italienische Bischöfe in Brixen am 25. Juni 1080 und wählten Guibert, Erzbischof von Ravenna, zum Gegenpapst.

turpis fugae praemium periculum fluvii subeundum. Alii vero credebant, quod ideo regiones illas peteret, quia Misnensium vel Boemiorum, pro quibus legatos miserat, auxilium speraret; qui si sibi, sicut expectabat, fuissent adunati, inde per Merseburg et Magadeburg et per universam potenter transiens Saxoniam, cuncta posset depopulari, suaeque in perpetuum subicere dominationi. —

XIV. Schlacht an der Elster (oder bei Mölsen) 15. Okt. 1080.

Igitur Henricus castris in Elstrae ripa locatis, crastino mane primo suas acies disposuit, quia nullam proelii moram per se fieri voluit: cum ecce nostri multa festinatione simul et itineris asperitate fatigati, multis in via lassitudine derelictis adveniunt, at audientes, quod hostes essent, e contra sine mora se ad defensionem patriae suae disponunt. Cum vero pedites admodum pauci essent, plurimis non valentibus sequi, conspicerentur, omnes qui non satis fortes equos habebant ex equitibus pedites fieri iubentur; et, tunc ordinati, hostibus obviam paulatim progrediuntur. Exercitus uterque ad paludem quae vocatur *Grona*[1]) convenerunt, et, quia sine vado palus erat, exercitus ambo dubitantes ibi substiterunt, et alteros alteri, ut priores ad se transeant, opprobriis increpantes, utrique suam ripam immoti tenueruut. Tandem nostri caput ipsius paludis non longe esse cognoscentes, ad illud tendebant; quo viso, contrarii aequo itinere ad eundem terminum paludis pergebant. Ibi cum in tuto convenissent, conseruere manus, et utrimque fecerunt miserabile facinus. Henricus autem, mox ut eos vicissim misceri conspexit, se sicut solitus erat in fugam dedit. Exercitus vero eius tanta virtute nostris instabat, ut, quibusdam terga dantibus, ad illorum castra fallax fama veniret, quae Saxones esse victos ore mendacii nuntiaret. Dumque praesules, qui Henricum adiuvabant, cum suis clericis *Te Deum laudamus* gaudentes cantarent, Rappodo, unus de summis principibus, portatur occisus. Quem qui ferebant, his qui in castris erant, de longe: Fugite, Fugite, clamabant; Otto namque dux, assumpta peditum turma, illis qui nostros in fugam verterant aequam vicem rependit, eosque terga sibi monstrantes insequi non ante desistit, quam eos per media castra festinantes, fluvium satis cum periculo transisse conspexit. Nam fere non minor pars hostium in fluvio quam habere, periit in proelio. Tunc pedites plenam se sperantes victoriam,

---

1) Der Rest jenes Sumpfes ist der kleine Grunaubach zwischen Pegau und Mölsen. Das Schlachtfeld liegt nur wenige Stunden südlich von Lützen und Gross-Görschen (cf. 1813. 5. Mai.)

castrorum volebant invadere rapinam. Sed dux Otto prudens bello, timens ne adhuc hostes aliqui post terga remansissent, monuit eos a praeda manus interim continere, donec certi quod nullus hostis a tergo latuisset, securi possent hostilia castra diripere. Itaque reversus cum peditibus, invenit in loco proelii Henricum de Laacha[1]) cum maxima parte exercitus, iam quasi de victoria triumphantem et Kyrieeleyson laeto clamore canentem. Quam multitudinem dux Otto cum vidisset, voluit eam devitare primo, quia non eam turbam se vidit habere, cum qua cum tanta legione putaret tutum pugnare; sed rursus recogitans, quia Deo non est difficile multos in paucis vincere, fortiter eos adivit, et Deo dante illis spiritum timoris, cito eos in fugam convertit. Omnibus ergo aut in fluvio mersis aut ultra fluvium fugatis: *Nunc,* ait dux Otto, *castra securi perquirite; nunc tuti quidquid inveneritis accipite; et quidquid hodie fuit hostium, vestra virtute vobis praestante, vestrum vocate!* His verbis nondum finitis, hostilia castra pervadunt, et omnia quae sunt inventa, festinanter invadunt. Sunt autem inventa multa pretiosa tentoria, multa episcoporum *scrinia*[2]) sacris indumentis et vasis plena, multa vasa aurea et argentea quotidianis usibus apta, multae quoque argenti vel auri laminae, multaque maxima pars numeratae pecuniae, equi quam plurimi simul et optimi, arma generis universi, mutatoria, ceteraque sine aestimatione vestimenta, vel ut breviter dicam, quidquid episcopi Coloniensis fuit, Trevirensis et alii fere quatuordecim secum attulerant, *quidquid dux Fridericus*[3]), comes Henricus ceterique ditissimi homines secum portaverant, quidquid Erfordii rapuerant, omnia illa nostri simul diripientes, ad castra sua venerunt triumphantes. —

Illi vero qui gladium effugerant, quantas calamitates in fluvio, silvis, paludibus sustinerent, nulli est credibile, nisi cui contigit haec omnia loca praecipue videre. Fluvius enim tales ex utraque parte ripas habet, ut hic nemo cadens possit intrare, illic nemo nisi *frutectis*[4]) vel herbis arreptis repens possit exire. Multi fugientes, cum illi hic proni fluvium velociter inciderent, et illic de dorsis equorum ripae insilirent, gladio ripam caedebant, ut equos post se e fluvio extraherent, tandemque caedendo fatigati, equis derelictis armisque proiectis fugam trepidi corripuerunt. Ergo quidquid Unstrut ubi victi

---

1) Später Pfalzgraf bei Rhein und Stifter des Klosters Laach.
2) *scrinium*, apud Papiam, quasi secretorium, vel scriptorum publicorum reconditio.
3) Friedrich von Staufen, zu Ostern 1080 an Rudolf's Stelle mit dem Herzogthum Schwaben belehnt.
4) *frutectum,* pro frutetum, vel fruticetum. Locus fruticibus consitus.

sumus in nos peccavit, Elstera pro nobis dupliciter vindicavit. Hic enim tantum nostras res fugientes amisimus, isthic et hostiles et nostras, quas nobis praedando tulerant fugientes hostes, fugientibus et interfectis abstulimus. In fuga vero quam plurimi fortes viri a rusticis securibus et fustibus occisi, multi nobiles et illustres sunt a personis vilibus capti, multi fame crudelissima cruciati, equos vel gladios pro frusto panis dare non dubitabant, nec, si panem venalem invenirent, ulli suae rei parcebant. Si qui vero capti ad aliquem de nostris hominem probum sunt adducti, sanati si vulnerati erant, gratis in patriam suam remittuntur, vestibus et armis decenter instructi. Tunc dictum est illis, quod Henricus dominus eorum ad Boemos misisset, et illis venientibus, cum eodem qui adhuc reliquus erat exercitu Saxoniam repetere voluisset. Sed illi responderunt, se potius, si fieri posset, totum mundum velle circumire, quam Saxoniam umquam magis transire. —

Interea Saxones, ad castra sua reversi, repererunt imminutam magnam partem sui gaudii, quia rex eorum Rudolfus duobus acceptis vulneribus, uno letali, altero deformi, magis quam suum dolebat casum populi. Sed cum cognovisset, quod suus haberet victoriam populus: *Nunc*, ait, *laetus patiar vivus et moriens, quidquid voluerit Dominus!* Quamvis autem dextera manus illi fuisset amputata, et grave vulnus haberet venter ubi descendit ad ilia, tamen ut illos quos de sua morte videbat dolentes consolaretur, se non in praesenti moriturum fidenter pollicetur; suique postponens curam, suis vulneratis ostendebat quam deceret adhiberi medicinam.[1] Qua fortitudine simul et pietate nostri principes valde commoti, concorditer omnes ei spoponderunt, ut, si Deus omnipotens illius vitam servare vellet, eo vivente, etiamsi utraque manu careret, Saxonia nullum alium rectorem eligeret. Qua fide multum ille laetatus, felici est morte resolutus.[2] —

Deinde mense Decembri, cum principes nostri congregati de statu regni sui tractarent, ecce nuntius aderat qui diceret, Henricum ad suos e proelio reversum iactasse, quod rege Saxonum occiso totam Saxoniam suae ditioni subiecisset, et nunc exercitu congregato adventare, ita ut Goslariae natalem Domini celebraret. Sed nostri magno exercitu per triduum

---

1) Rudolf verlor hier die rechte Hand, mit welcher er vormals seinem Schwager und Könige Treue geschworen hatte. Im Merseburger Dome wird noch heute sein Grabmal gezeigt.
2) (ubi hodie patet ab ipsis honorifice est tumulatus.)

collecto, ei perrexerunt obviam, virtute suam defensuri patriam. Quod ille cognoscens, a magna spe cecidit, quia Saxones, dum non haberent rectorem, facile vinci posse speravit. Igitur exercitu suo dimisso, consilioque mutato, misit ad Saxones legatos, ut quandoquidem nollent esse sine rege, filium suum sibi facerent regem, seque illis iurare, quod numquam intraret in Saxoniam. Cui legationi dux Otto, sicut erat solitus iocose magna serie nonnullo schemate ludendi velare, respondit: *Saepe*, dicens, *ex bove malo malum vitulum vidi genitum; ideoque nec filii nec patris habeo desiderium.* —

---

a. 1080.[1]) Henricus exrex in Italiam disponebat ingredi, ut imponeret aliquem finem rerum suarum longo labori, scilicet ut vel papa Gregorio VII. humiliatione ficta placato, sive vi tyrannica coacto, vincula *banni*[2]), quibus erat ligatus, exueret, vel quod magis volebat, Gregorio per vim de sede pontificatus eiecta, et in ipsa sede Wiperto Ravennate[3]) collocato, qui iam per triennium iuste fuerat excommunicatus libere faceret omnia quae suae tyrannidi placerent cum de sede apostolica omnis suae voluntatis favorem haberet. Sed familiares ipsius non tutum putabant fore, Saxonibus recenti proelio vehementer exacerbatis invadendos fines suos relinquere, cum de adventu illorum dubitationem nullam haberent, si pergentes in Italiam, suam patriam sine virtute militari dimitterent. Miserunt ergo principibus nostris nuntios, qui singulare colloquium rogantes, tempus et locum praefinirent, quo ex utraque parte principes electi, de communi bono tractaturi, convenirent. Convenerunt autem ultra fluvium qui Wisara dicitur, in silva quae inde Capuana[4]) vocatur, quia ad urbem quae *Capua*[5]) nominatur pertinere agnoscitur. Convenerunt autem episcopi ex illa parte Coloniensis (Sigewin), Trevirensis (Egilbert), Baben-

---

1) Heinrich suchte jetzt eine Aussöhnung mit Gregor VII. durch eine Romfahrt zu bewerkstelligen. Der Papst liess jedoch, um einer solchen aus dem Wege zu gehen, sich mit Robert Guiscard in eine Allianz gegen Heinrich ein, welche aber nicht lange andauerte.

2) *bannum*, poena et mulcta pecuniaria, qua quis banni seu legis infractor punitur, ut est in praef. ad capitulare Saxonum an. 797.

3) Er war vormals unter Erzbischof Anno Kanzler, dann Erzbischof von Ravenna und wurde am 25. Juni 1080 zu Brixen zum Papst gewählt.

4) Um Deutschland seinen Feinden während der beabsichtigten Romfahrt nicht schutzlos zu überlassen, bot der König den Sachsen einen Waffenstillstand an. So versammelten sich die Vertrauensmänner im Kaufunger Walde an der Weser im Anfange des Februar, als Erzbischof Gebhard nicht Waffenruhe, sondern einen vollständigen Frieden beantragte. Allein der Antrag wurde von der päpstlichen deutschen Partei verworfen und die Einstellung der Feindseligkeiten nur auf eine Woche festgesetzt.

5) Kaufungen.

bergensis (Rupert), Spirensis (Huzmann), Traiectensis (Conrad); ex nostra vero parte Mogontinus (Sigefried), Magdeburgensis (Gevehard), Salzburgensis (Poppo), Paderbrunnensis Hildesiensis (*Udo*[1]). Cumque, qui ex illa parte erant, secretum, quod soli principes audirent, habere colloquium voluissent, nostri nullum sermonem conferre volebant, nisi quem cunctis qui convenerant, magnis et parvis, audire liceret. Iam vero sedentes ex utraque parte diu tacebant; quia et nostri, qui rogati illis occurrerant, quid illi vellent expectabant; et illi non se rogasse nostros, sed nostris rogatos venisse videri volentes, quid a nostris peteretur, auscultabant.[2] —

Tunc illi responderunt, se nec ad causam tractandam convenisse, nec se tantae esse sapientiae, ut tam magnam rem ex improviso praesumant agendam accipere; praesertim cum non ad se solum, sed ad regem cunctosque regno eius subditos pertinere videatur. Rogabant autem, ut ab initio Februarii, quod tunc erat, usque ad medium Iunii pax ex utraque parte daretur, intra quod tempus conventu facto, eadem causa, quam nostri nunc agere volebant, communi totius regni partis utriusque consilio tractaretur. Nostri vero dolos illorum percipientes, quia propterea tam longum tempus pacis habere volebant, ut hi qui domi remanebant essent tuti, donec illi qui in Italiam pergebant contumeliam facerent apostolicae dignitati; responderunt, se nec decipere velle nec decipi, sed firmam et integram pacem dare et petere usque ad terminum temporis praedicti. Cumque illi Teutonicis omnibus, nostrae partis adiutoribus, pacem se dare promitterent: *Itane*, dixit Otto dux, *nos stolidos esse putatis, ut non intelligamus consilium vestrae calliditatis? Petitis vestris partibus a nobis pacis securitatem, donec apostolicam possitis inhonorare dignitatem; et nobis pacem vestram promittitis, donec illum, qui nostrum caput est, pro vestro libitu, si Deus permiserit, male tractetis. O quam bona pax corpori, dum crudeliter absciso crudelius illuditur capiti! Ergo nobis et nostris omnibus date, et vobis et vestris omnibus accipite, pacem aut integram aut nullam. Quod si plenam pacem nobis et nostris omnibus amicis, magnis et parvis, dare non vultis, pergite iter quod coepistis; hoc tamen ante praedicto, quod in finibus vestris hospites cito non gratos habebitis, nec res vestras, ut velletis, ab Italia reversi custoditas invenietis. Nam hoc nolumus vos celare, quod cum primo poterimus, unum rectorem volumus habere, qui*

---

1) Udo aus dem Geschlechte der Grafen v. Rheinhausen.
2) Bei seiner Romfahrt vermochte der König sicher auf seine Anhänger in Baiern, Franken, Lothringen und Schwaben zu rechnen. Doch waren seine Gegner ebenso thätig, das günstige Terrain ihm hier streitig zu machen. Auch in Sachsen suchten Ecbert und sein Schwager der junge Heinrich gegen die Rebellen die königliche Partei zu unterstützen.

et nos ab iniuriis fortiter adiuvante Deo defendat, et his qui nobis iniurias fecerunt aequitatis vicem rependat. Milites ergo plebei partis adversae conclamant, nostros aequam rem offerre, suos principes aequum nec praebere nec accipere; se posthac ad pugnandum minus fore paratos quam hactenus fuissent, quia causam iustitiae cum Saxonibus esse cognovissent, plusque nobis illum conventum quam in tribus proeliis victoriam prodesse; quia, quod numquam credere poterant, nostros verecunde iustitiam postulare simul et offerre, ipsi praesentes audissent. Sic ab invicem disceditur, tantum per septem dies altrinsecus pace data. —

XV. Heinrich's missglückte Romfahrt.[1])

Henricus igitur intrante Martio in Italiam properavit, seminaturus et ibi, sicut pridem in Germania, discordiam, quo nullam regni sui partem placatam dimitteret, atque civilium bellorum venenis pacis quietem non corrumperet. —

XVI. Hermann von Luxemburg wird zum Gegenkönig gewählt.[2])

Principes vero Saxoniae cunctis gentibus Teutonicae linguae, non minus inimicis quam amicis, legatos miserunt, rogantes, ut Henrico filioque eius excepto, quemlibet alium rectorem eligerent; se ei, quicumque esset, fideliter servituros pollicentes; quatenus omnia regni membra, sicut olim fuerant, in unum sub uno rege convenirent. Mense autem Iunio, exercitu collecto, perrexerunt in orientalem Franciam, et praediis vel incendiis eam vastando, multas quas sibi fecerant iniurias vindicaverunt. Nam flamma latum facientes iter, venerunt non longe a Babenberg, ibique Suevos veteres amicos habentes obvios, de communi negotio regis constituendi communi consilio tractaverunt, et post multos tractatus, ut *Herimannum*[3]) eligerent, aequo animo omnes consenserunt. —

Sed cum Saxones domum laeti gloriosique redissent, nullumque dubium de recipiendo rege retinerent, principes adversae partis, artis antiquae non obliti, quia electum regem

---

1) Unter ähnlichen politischen Constellationen wie Kaiser Heinrich II. trat Heinrich im März 1081 seine Romfahrt an. In Pavia erhielt er die lombardische Krone führte den von den Lombarden auch anerkannten Gegenpapst Clemens III. vergeblich vor Rom und schloss mit dem griechischen Kaiser ein Bündniss gegen Robert.

2) Dem Papste kam es jetzt darauf an, Hülfe aus Deutschland zu erhalten, weshalb er sich an seine Alliirten dort wendete und ihnen empfahl, nur einen der Kirche treu ergebenen Gegenkönig zu erwählen.

3) Die mächtigeren und angesehenern Fürsten gönnten einander die Krone nicht, deshalb wählte man diesen unbedeutenden Hermann, Ahnherrn der Grafen von Salm, Sohn des Grafen Gisilbert von Luxemburg.

valde timebant, electionem eius, ne perficeretur, modis omnibus disturbare quaerebant. Ottonem ergo ducem solum sibi loqui rogabant, multisque pollicitationibus ei, ut in electione[1]) *vacillaret*[2]), persuadebant; non tamen, ut certum quid iis promitteret, efficere poterant. Sic eo dubitante magnaque parte eius dubitationi consentiente, tota praeterit aestas, et pene totam Saxoniam commoverat eius instabilitas. Novembre vero mense iterum vocatus ab illis ad soliloquium, cum iam totus esset inclinatus ad nostrorum partes hostium, Dei misericordia faciente, ne tot suos labores, quos pro patria toleraverat, in ultimis temporibus perderet, equus cui (sedebat) insidebat in plano campo cecidit, ipsique sessori crus unum ita contrivit, ut fere integro mense nisi portatus ire non posset.[3]) Igitur ad se, gratia Dei movente, reversus, se peccasse et divina pietate correptum esse intellexit. Missis itaque legationibus diversis, et hostibus renuntiavit, et civibus suis se semper fore fidelem et concordem fideliter repromisit. Unde principes Saxoniae valde laetati, regem suum Herimannum cum magno tripudio Goslariae susceperunt, paucis diebus ante natalem Domini. Deinde a Sigefrido, Moguntinae sedis archiepiscopo, rex venerabili modo est unctus.[4]) —

Heinrich's missglückte Romfahrt influirte bald auch auf seine Anhänger in Tuscien, welche die zwischen ihm und Mathilde ausgebrochenen Zwistigkeiten benutzten, um sich von der allgemein verhassten Herrschaft der Markgräfin frei zu machen. Das neuerdings mit Heinrich geschlossene Bündniss brachte ihnen reiche Privilegien ein. So war auch aus der vielversprechenden Allianz Gregor's mit dem Gegenkönige Hermann nicht viel geworden und der Papst sah sich jetzt, wo Heinrich schon am 3. Juni 1083 mit seinen Schaaren vor St. Peter lagerte und die kaiserliche Pfalz bezogen, in der

---

1) *electio*, bezeichnet die mit der Huldigung verbundene feierliche Wahl und Zustimmung des ganzen Volkes, welche durch die Krönung erst ihren Abschluss fand.

2) vacillare, nicht fest stehen, wie Häuser, Bäume, Lucr.: wanken von Menschen, Cic.:

3) Die Markgräfin Mathilde von Tuscien hatte mit ihrem Freunde, dem Bischofe Anselm von Lucca die päpstliche Partei unterstützt und gegen Heinrich und die lombardischen Bischöfe und Vasallen wacker gekämpft. Doch brachte der König ein ansehnliches Heer bald zusammen, mit welchem er die Belagerung Roms zum 2. Male begann.

4) Der Gegenkönig, Graf Hermann von Salm, Sohn des Grafen Giselbert von Luxenburg, wurde zu Ochsenfurt gewählt und vom Mainzer Erzbischof zu Goslar gekrönt. Er besiegte seinen Gegner, den Herzog Friedrich von Hohenstaufen, verwüstete mit dem Oesterreicher Markgraf Leopold Augsburg, verlor jedoch bald sein Ansehen als Otto von Baiern 1083 starb.

äussersten Bedrängniss. Doch bald fand der Papst an Robert Guiscard einen mächtigen und gewaltigen Bundesgenossen und veranstaltete eine allgemeine Kirchenversammlung, deren Endresultat Heinrich abzuwarten hatte. Der König erschien jetzt zum 4. Male vor den Mauern der ewigen Stadt, um sich die Kaiserkrone zu holen. Man brachte Gregor durch viele inständige Bitten endlich dazu, dass er sich zu einer öffentlichen Krönung verstand, wenn der König Busse thäte und sich vom Banne lossprechen liesse. Bei Gelegenheit der Präliminarien über die Kaiserkrönung empfieng Heinrich vom Kaiser aus Byzanz eine Gesandtschaft, durch welche er zum Vorgehen gegen Robert aufgefordert wurde. So schlug König Heinrich im Anfange des Februar 1084 seinem gegebenen Versprechen gemäss durch das Marsische Land, die Mark Camerino seinen Weg bis an die Grenzen Apuliens ein. Doch kehrte er schnell zurück, da ihm die Botschaft unterwegs zugieng, dass Aussichten auf eine Unterwerfung Rom's vorhanden seien. Heinrich zog in Rom ein und liess Gregor auf einer zusammenberufenen Synode absetzen und bannen. Ihm folgte Clemens III., welcher am 31. März Heinrich IV. nebst seiner Gemahlin in St. Peter krönte. Jetzt kehrte der Kaiser nach dreijähriger Entfernung nach Deutschland zurück, während Robert's Heer vom Süden heranzog, um die Stadt zu nehmen und den Gegenpapst Wibert zu beseitigen. Allein auf Robert's Consequenz war wenig zu rechnen und Gregor machte die traurige Erfahrung, dass seine Hülfe eine zweifelhafte war, da des Normannen Pläne auf den Osten hinzielten. Aus seinen letzten Worten, welche Gregor's Lippen entströmten: „Ich habe die Gerechtigkeit geliebt und das Unrecht gehasst: deshalb sterbe ich in der Verbannung," geht hervor, dass er seine Sache auf Gott gebaut hatte und deshalb so fest auf ihren Sieg rechnete. Er starb am 25. Mai 1085 und seine Leiche wurde mit grossem Gepränge der Erde anvertraut und in der Krypta des Domes zu Salerno beigesetzt. Mit ihm schieden gleichzeitig noch viele andere hervorragende Männer aus dem Leben, welche an diesem grossen Kampfe der Kirche gegen den Staat theilgenommen hatten. Da auch Gregor's Nachfolger noch seine Politik in Ausführung zu bringen suchten, so war für Heinrich durch den Tod seines grössten Gegners noch nicht viel gewonnen. Die Conflicte wurden ärger und nahmen grössere Dimensionen an. So wurde der Kaiser bei Bleichfeld unweit Würzburg am 11. Aug. 1086 von Hermann und seinem Anhange besiegt und die in Oppenheim und Trier anberaumten Fürstenversammlungen lieferten keinen günstigen Erfolg. Da sich auch Hermann's Anhang verringerte und seine Rivalen Luitbold von Kärnthen und

Eckbert von Meissen grössere Macht entfalteten, so hielt er es für das Beste, sich mit Heinrich zu versöhnen und seine schwere, verhängnissvolle Krone niederzulegen. Heinrich ging, nachdem er seinen Sohn Conrad zum Könige und Nachfolger hatte wählen lassen, eine zweite Ehe mit einer russischen Fürstin Adelheid, des Markgrafen Udo von Stade Wittwe ein. — Zur Befestigung der Oppositionspartei sollte nach Urban's II. Plane eine Vermählung zwischen der 43jährigen Mathilde und Welf's 18 Jahre zählendem Sohne dienen (1089). Heinrich zog zwar gegen die Markgräfin nach Italien, erfreute sich jedoch keiner besonderen Errungenschaften aus dieser Expedition. Immer mehr aber nahm die Oppositionspartei in Deutschland zu und Welf liess nicht ab, zu diesem Zwecke zu agitiren und sogar den sanften und frommen Conrad von seines Vaters Herzen loszureissen. Die Allianz Welf's und Mathilden's gewann grösseren Spielraum durch die Städte Mailand, Cremona, Piacenza und Lodi. Dieser traurigen, kränkenden Erfahrung folgte noch die Scheidung von seiner zweiten Gemahlin, welche als Aebtissin in ein russisches Kloster ging. Aber auf der anderen Seite gewann Heinrich seinen alten Gefährten Welf, welcher sich von Mathilde getrennt hatte, wieder (1096). Es begannen in demselben Jahre die grossen Bewegungen der occidentalischen christlichen Culturvölker nach dem Orient, um das heilige Grab aus der Ungläubigen Händen zu befreien. Heinrich vermochte gegen seine Hauptfeindin Mathilde von Tuscien, die den Papst Urban II. mächtig unterstützte, kaum einige Vortheile zu erringen und kehrte deshalb 1097 nach Deutschland zurück. Hier schenkte er Welf das Herzogthum Baiern wieder, bestätigte den Hohenstaufen in dem Besitze von Schwaben und schenkte dem Zähringer Berthold die Landgrafschaft, das getheilte Schwaben; in Böhmen bestätigte er den Herzog Ulrich, den Bruder des Wratislaw und klagte seinen Sohn Conrad öffentlich als Verräther an, wodurch er die eigentliche Succession auf seinen zweiten Sohn Heinrich übertragen liess (1097). Durch die Agitationen des Papstes veranlasst, trennte sich auch Heinrich von seinem Vater und eröffnete ihm stets Aussichten auf Aussöhnung unter der Bedingung, dass er sich mit der Kirche wieder in ein gutes Einvernehmen setzen werde. Aber noch einmal kam es zu neuen, gewaltigen Kämpfen zwischen dem Kaiser und seinen unnatürlichen Söhnen in Süddeutschland, bis endlich durch eine Heirath die Sache gütlich beigelegt wurde. In Böckelnheim ohnweit Kreuznach wurde Heinrich von seinem gottvergessenen, verruchten Sohne gefangen genommen, gemisshandelt und der allergewöhnlichsten Lebensmittel und der Reichsinsignien beraubt. Nach Ingelheim in neue Gefangenschaft abgeführt, wurde der Bann in Mainz vor 52 Fürsten erneuert und der Kaiser ging einer Erklärung der Reichsversammlung zufolge der Krone verlustig, worauf der Erzbischof von Mainz die Reichsinsignien feierlich dem Sohne übergab am 6. Jan. 1106. Aber noch einmal erhob sich der unglückliche Vater, unterstützt von seinen treuen rheinischen Städten und von Heinrich von Niederlothringen gegen seinen pflichtvergessenen undankbaren Sohn. Doch nicht lange dauerte dieses letzte Auflodern der allzusehr geschwächten Kraft, da schon im folgenden Jahre der unerbittliche Tod den alternden Kaiser, welcher neben der Kaiserkrone auch eine Dornenkrone getragen, hinwegraffte. Sein Nachfolger Heinrich V. (1106—1125) war eifrig bestrebt, das gesunkene königliche Ansehen wieder zu heben und sich eine eigene Hausmacht zu verschaffen. Er verlieh das Herzogthum Sachsen nach Magnus Tode an den Grafen Lothar von Supplinburg und Querfurt und trat energisch dem Papste Paschalis II. in dem Investiturstreite entgegen. Darauf unternahm er mehrere Kriegszüge nach Böhmen, Ungarn und Polen von 1107—1110, um diese Reiche wieder in Unterwürfigkeit und Abhängigkeit zurückzubringen, während die Sachsen Gottschalk's Sohn Heinrich in seinem Obotritenreiche (von der Ostsee bis zur Havel) wieder einsetzten. Auf seinem im Jahre 1110 unternommenen Römerzuge, welchen der Geschichtschreiber David von Würzburg verherrlichen sollte, hielt Heinrich auf der ronkalischen Ebene in Oberitalien eine grosse Revue über sein Heer ab, nahm dann Novara und Arezzo, bestätigte jedoch der Markgräfin Mathilde ihre Besitzungen. Es kamen jetzt auch die wichtigen Bestimmungen über die Investiturrechte zur Sprache, wonach der König die Investitur feierlich in die Hände des Papstes zurückgeben, die Bischöfe jedoch auf Befehl des Papstes dem Könige und Reiche alle Kirchengüter überantworten und sich niemals mehr die Regalien anmassen sollten. Doch darüber kam es zu einem hartnäckigen Kampfe, dessen Resultat darin bestand, dass Paschalis seine Investiturforderungen fallen liess. Am 13. April 1111 wurde Heinrich zum römisch-deutschen Kaiser gekrönt, durch eine Synode aber, welcher der Erzbischof Guido von Vienne präsidirte, schon im folgenden Jahre wegen des neu wieder begonnenen Investiturstreites gebannt. In dem wegen der weimar'schen Succession begonnenem Kampfe besiegte der kaiserliche Feldherr, Graf Hoyer von Mansfeld, die Alliirten 1112 bei Warnstädt, in der Nähe von Quedlinburg. Auf der in Mainz mit grosser Pracht mit Heinrichs von England Tochter Mathilde gefeierten Vermählung im Jahre 1114 war auch neben vielen anderen angesehenen Reichsfürsten der Sachsenherzog Lothar zugegen. In der am Welfesholze bei Mansfeld gegen den Kaiser gelieferten Schlacht trug der jüngere Wiprecht von Groitsch einen entscheidenden Sieg über Hoyer von Mansfeld davon. Wegen der Belehnung mit den Mathildinischen Gütern und der Agitationen des griechischen Kaiser Alexius trat Heinrich seine zweite Romfahrt im Jahre 1116 an, zog im folgenden Jahre feierlich in Rom ein und installirte den Erzbischof von Braga als Papst Gregor VIII., während Adalbert von Mainz Alles gegen den Kaiser in Deutschland aufwiegelte und den Bann gegen ihn erneuerte. Auf der Kirchenversammlung zu Rheims wurden die alten Beschlüsse über Investitur, Simonie und Cölibat bestätigt und Heinrich und Papst Gregor in den Bann gethan. Doch söhnten sich jetzt wieder die alten Feinde mit Heinrich aus, wie Lothar, der Cölner Erzbischof und der Pfalzgraf Friedrich. Es folgte 1121 zu Würzburg ein allgemeiner Reichsfriede, wonach die königlichen Reichsrechte und Güter dem Könige, die kirchlichen jedoch der Kirche verbleiben, alles widerrechtlich Entrissene restituirt werden sollte. Das Calixtinische Concordat 1122 machte dem 50jährigen Investiturstreite ein Ende und wurde vom Papste bestätigt. Das königliche Ansehen war somit gerettet und eine freie Bischofs- und Abtswahl behauptet. Heinrich soll noch kurz vor seinem Tode an eine allgemeine Besteurung im deutschen Reiche gedacht haben, was sicherlich bei der schon bedeutend gewordenen Territorialhoheit der mächtigen deutschen Fürsten grossen Widerspruch erregt haben würde. Er starb als der letzte seines Kaiserstammes am Krebs zu Utrecht ohne Nachkommen am 23. Mai 1125 und wurde neben Urgrossvater, Grossvater und Vater im prächtigen Dome zu Speier begraben.

Die Zeit der Staufischen Kaiser von 1138—1268.

Otto von Freysingen und seine Fortsetzer.

I. Otto's von Freysingen Leben.

Otto entstammte einem der vornehmsten und erlauchtesten Geschlechte des Mittelalters, den Babenbergern, und wurde am 5. December 1109 geboren. Sein Vater, Markgraf Leopold IV. von Oesterreich, war wegen seiner Frömmigkeit und Leutseligkeit berühmt; seine Mutter Agnes, des Kaisers Heinrich IV. Tochter, war die Wittwe des Herzogs Friedrich von Schwaben. So war also Otto dem fränkischen und staufischen Kaiserhause gleich nah verwandt und wurde demnach recht vornehm erzogen. Sein Vater hatte ihn wegen seiner der Kirche zugethanenen frommen Richtung für den geistlichen Stand bestimmt und ihm die Propstei über das Collegiatstift Klosterneuburg zugedacht. Zu diesem Behufe ging er zur Erlangung der erforderlichen Bildung nach dem Centrum der damaligen Cultur und Civilisation, der Universität Paris und wurde hier ein eifriger Zuhörer des berühmten Abälard und des Gilbert von Porrée. Auch mag er wohl manche Berührungspunkte mit dem Orakel seines Jahrhunderts, Bernhard, dem Stifter des Cistercienserordens, in dieser Metropole der Wissenschaften gefunden haben. Auf seiner Rückkehr in seine Heimath trat er in das Kloster der Cistercienser Morimond als Novize ein im Jahre 1126 und wurde wegen seiner Tüchtigkeit später Abt, in welcher Stellung er bis zum Jahre 1137 verblieb. Da in demselben Jahre die Sedisvacanz des Bisthums Freysingen eintrat, so wurde Otto auf die Empfehlung König Konrad's III. dort zum Bischof gewählt. Jedoch erst im folgenden Jahre trat er sein recht schwieriges und dornenvolles Amt an. Er hatte hier viele unter dem Klerus eingerissene Schäden und Missbräuche zu beseitigen, welche durch die öftere Abwesenheit seines Vorgängers, des Bischof Heinrich, tief eingewurzelt waren. Durch ein reges wissenschaftliches Studium hob er auch den weltlichen Klerus seiner Diözese und machte Freysingen zum geistigen Centrum. So trug auch Otto zur Verbreitung der Aristotelischen Schriften in Deutschland viel bei und wurde in allen seinen Bestrebungen von seinem Halbbruder Conrad, welcher 1138 König von Deutschland geworden war, kräftig und nachhaltig unterstützt. Von ihm erlangte er auch das Privilegium, dass die Ministerialen seiner Kirche der Gerichtsbarkeit des Pfalzgrafen Otto von Wittelsbach enthoben und den Reichsministerialen gleichgestellt wurden. Diese Kränkung suchten die Wittelsbacher auf jede nur mögliche Weise zu rächen, indem sie den Bischof Otto durch mancherlei Chikanen quälten. Aber auch unter den zwischen den Welfen und Staufen ausgebrochenen weitgehenden Streitigkeiten hatte Freysingen viel zu erdulden und namentlich war es der neue Herzog Heinrich Jasomirgott, welcher das Stift 1134 lange drangsalte. Trotz der gewaltigen bevorstehenden Zwistigkeiten und Parteiungen trat Otto im Jahre 1145 eine Pilgerfahrt zu Papst Eugen III. an, welcher damals wegen der von Arnold von Brescia in Scene gesetzten revolutionären Bewegungen aus Rom nach Viterbo sich geflüchtet hatte. Bei seiner Rückkehr war der Conflict zwischen Welf VI. und dem Babenberger Heinrich Jasomirgott noch immer grösser geworden, wurde jedoch gegen die ganz Europa in Bewegung setzende und begeisternde, zündende Macht Bernhard's von Clairvaux, welcher einen zweiten Kreuzzug predigte, zurückgedrängt. Otto nahm 1147 auch das Kreuz, theilte das unglückliche Resultat dieses Zuges und entkam nach vielen Gefahren zuletzt mit einer kleinen Schaar nach Ptolemais, von wo aus er mit König Ludwig VII. von Frankreich am Palmsonntage 1147 in die heilige Stadt mit den zur See angekommenen zahlreichen Kreuzfahrern einzog. Durch die Eifersucht der beiden christlichen Könige und den Eigensinn und die Unerfahrenheit der Heerführer wurden die erträumten Früchte vernichtet und Otto langte schon mit König Conrad III. um Pfingsten 1149 in Salzburg wieder an. Obwohl er unablässig bemüht war, seiner Diöcese geistige und materielle Interessen zu fördern, so wurde er doch schon wieder als deutscher Reichsfürst seinem stillen Wirkungskreise 1151 von seinem königlichen Bruder entrückt und als Vermittler nach Utrecht gesandt. Doch musste er wegen neuer in seiner Diöcese durch die Pfalzgrafen aus dem Wittelsbachischen Hause genährter Unruhen zurückkehren. Nach dem Tode Conrad's III. 1152 greift Otto von Freysingen immer nachhaltiger durch seine hervorragende Stellung in die Angelegenheiten des deutschen Reiches ein. So finden wir ihn bei der Wahl (14. März 1152) und der Krönung Friedrich's I. in Frankfurt und Aachen. Die wichtigsten Dienste leistete er seinem kaiserlichen Neffen jedoch in der endlichen Beilegung des Streites wegen des Herzogthums Baiern. Auch erscheint er bald als Friedensstifter zwischen den beiden höchsten Gewalten des Mittelalters, dem Papstthum und dem Kaiserthum. Auf seiner zweiten Romfahrt begleitete Otto den Kaiser nur bis an die Alpen und erlangte von ihm die Zusage, dass er stets bemüht sein werde, die Rechte seiner Diöcese und Kirche zu wahren. Noch einmal ergriff ihn, da er schon schwach und ermattet war, die Sehnsucht nach seinem geliebten Morimond, um hier seine Ordensbrüder aufzusuchen. Durch die grossen Strapazen, denen er auf dieser Reise ausgesetzt war, noch mehr erschöpft, wurde er nun auf das Krankenlager geworfen, welches er auch nicht wieder verlassen sollte. Mit der Anordnung seiner irdischen Angelegenheiten und der Niederlegung seiner literarischen Schätze in die Hände frommer und bewährter Männer beschäftigt, ereilte ihn der unerbittliche Tod im 49. Lebensjahre am 22. September 1158. Sein Geheimschreiber und Kaplan Ragewin, der Fortsetzer seines Geschichtswerkes, verfasste ihm eine doppelte Grabschrift und liess ihn im Chor der Kirche von Morimond feierlich bestatten. —

Otto war während seines Pariser Aufenthaltes nicht nur in den Besitz einer gründlichen theologischen und philosophischen, sondern auch einer klassischen Bildung gelangt. Sein Latein ist ein leichtes und anmuthiges und in der römischen historischen Literatur ist er gut bewandert und belesen. Dieselbe Vertrautheit zeigt er aber auch in den römischen Dichtern, z. B. Juvenal, Lukan, Vergil, Horaz. Auch die Schriften des Plato und Aristoteles sind ihm bekannt und dabei besitzt er noch einen reichen Schatz von Lebenserfahrungen, welche er auf seinen wiederholten Reisen sich erworben hatte. Unter seinen schriftstellerischen Werken nehmen den ersten Rang ein: seine Chronik (de mutatione rerum oder auch de duabus civitatibus) und de gestis Friederici I. Imp. libri duo (d. h. eine Schilderung der fünf ersten Regierungsjahre Friedrich's I.). Die Chronik hat Otto zwischen den Jahren 1143 und 1146 verfasst und nach dem Muster von Augustin's civitas Dei und des Paulus Orosius libri septem historiarum eingerichtet. So ist dem Otto wie dem Augustin und Orosius die Weltgeschichte die Darstellung der beiden widereinanderstreitenden Reiche, des Gottesreiches und des Weltreiches, oder Jerusalems und Babylons. Die Weltgeschichte ist für ihn das Weltgericht. Es treten zwei Principien, Christus und Belial, Kirche und Welt mit einander in einen fortwährenden Kampf, dessen Ende und Resultat der Sieg des Christenthums über die Welt bildet. Die ersten cives dieses Doppelreiches sind schon Kain und Abel, deren Nachkommenschaft in dem Gegensatze des Weltstaates und Gottesstaates sich bis zur grossen Sündfluth, wo Gott das erste Weltgericht abhält, vernichten. Auch bei Noah's und Abraham's Nachkommen treten dieselben feindlichen Gegensätze und das Judenthum auf eine lange Zeit als Träger des Gottesreiches auf, bis mit Christi Erscheinung im Fleisch der Particularismus des Judenthums sistirt und auch das Heidenthum zum Christenthum berufen wird. Von Constantin und Theodosius an gehört die Weltgeschichte allein dem (Gottesreiche) Christenthum an und sein letzter Kampf gilt dem Antichrist, mit dessen vollständiger Besiegung und Vernichtung die Weltgeschichte ihren Abschluss findet. So betrachtet Otto nicht nur die Weltgeschichte von ihrer äusserlichen Seite, sondern er zeigt uns auch den Urquell des Doppelreiches, aus welchem das eigentliche Ferment der Geschichte resultirt. Er theilt ganz richtig die Weltgeschichte in Weltmonarchien ein und bemisst die Bedeutung der einzelnen nach ihrem Umfange und ihrer Ausdehnung. Dabei sucht er auch eine chronologische Ordnung festzuhalten und vertheilt den ganzen historischen Stoff auf drei grosse Zeiträume, 1) von dem Beginn des assyrischen Reiches bis auf seine Uebertragung an die Meder oder bis zur Gründung Roms 754 (753), 2) Geschichte des römischen Reiches bis auf Christi Geburt, 3) die christliche Geschichte, welche wieder in fünf Unterabtheilungen zerfällt, von Augustus bis auf die Gründung Neu-Roms durch Constantin, bis zur Vernichtung des weströmischen Reiches durch Odoaker, Geschichte des oströmischen Reiches und die der Franken bis zum Vertrage von Verdun 843, bis auf Kaiser Heinrich IV. oder die grosse Spaltung zwischen Kaiserthum und Papstthum, bis zum Anfange des zweiten Kreuzzuges 1147. An diese sieben Bücher reiht sich noch ein achtes, welches aber eine Eschatologie, d. h. eine Schilderung des Weltuntergangs und Weltgerichts enthält. Als das Centrum der ganzen Weltgeschichte sieht er Christum an, zu welchem das klassische Alterthum durch seine Philosophie, das Judenthum durch das Gesetz gekommen ist. So hat er die Geschichte zu einer wahren lux veritatis gestempelt. Die Darstellungsweise Otto's ist eine wahrheitsgetreue, ruhige, unparteiische; einen hohen Werth haben seine geographischen und ethnographischen Schilderungen, seine Charakterzeichnungen und Geschichtsreden (cf. de gest. II, 19. u. 21.) So ist die Schilderung von dem Klima, den Bewohnern und der politischeg Verfassung Ungarn's (de gest. I, 31.), sowie die von Oberitalien und seiner Bevölkerung (de gest. II, 13.) besonders hervorragend. —

Otto hatte seine Chronik nach dem unglücklichen Kreuzzuge neu überarbeitet und sie fand nun im südöstlichen Deutschland eine rasche Verbreitung. Er übersandte sie seinem Neffen, dem Kaiser, durch seinen Notar Ragewin mit der Notiz, dass er sie in der Bitterkeit seiner Seele verfasst habe, verleitet durch die unglückseligen Conflicte, welche Friedrich's Regierung vorangegangen seien. Nach der Rückkehr einer grösseren Ordnung und einer tieferen Ruhe wolle er jedoch auch des Kaiser's Regierung, sofern ihm dieser Materialien dazu schicke, beschreiben. Friedrich fand sich dazu bereit und schickte Otto eine gedrängte Lebensskizze, welche er zur Abfassung zu seinem zweiten Werke: „de gestis Friederici I. imp." benutzte. Das erste Buch enthält neben einer kurzen Entstehungsgeschichte der erlauchten Staufer eine kostbare ausführliche Darstellung von dem grossen Riesenkampfe zwischen Kaiser und Papst. Dann berichtet er im zweiten über die ersten Regierungsjahre des Kaiser Friedrich I., unter der genauesten Benutzung der einschläglichen Aktenstücke, über die Beilegung des Streites mit Heinrich dem Löwen durch die Errichtung des Herzogthums Oesterreich und führt das Werk nur bis zum Jahre 1156 fort. Sein Schüler und Notar Ragewin lieferte die Fortsetzung bis zum Jahre 1160, nachdem er vom Kaiser eigens dazu autorisirt worden war. Ein Appendix, welcher bis zum Jahre 1171 reicht, beschliesst das ganze Werk. Otto's Chronik wurde von Otto von St. Blasien bis 1209 weiter fortgeführt. Seine Sprache zeugt von gründlicher Beschäftigung mit den römischen Autoren, seine Darstellungsweise ist knapp, gedrängt und übersichtlich. Das Kaiserthum steht ihm überall in erster Linie, wogegen das Papstthum zurücktritt. Die Chronik endigt mit Otto's IV. Kaiserkrönung. Dazu kommt noch das aus Gottfried's von Viterbo Feder geflossene Gedicht über die Thaten des Kaiser Friedrich in Italien (Gotefridi Viterbiensis Carmen de Gestis Friederici I. in Italia, ed. Ficker. Innsbruck 1858. 8.), welches in 1221 Versen den Feldzug des Kaisers von 1167 in Italien, den Rückzug und die Verheerungen der Pest auf eine fesselnde Weise zur Anschauung bringt.

Mit den Kreuzzügen entwickelte sich die volle Eigenthümlichkeit des Mittelalters, die Herrschaft des Gemüths und der Phantasie und eine Opferwilligkeit, Begeisterung entfaltete ihre Thätigkeit, ohne welche man diese Zeitläufe und Verhältnisse nicht richtig aufzufasseu vermag.

Die Kreuzzüge.

Schon Kaiser Constantin hatte neben dem heiligen Grabe eine prachtvolle und schöne Kirche in Jerusalem erbauen lassen, nach welcher grosse Schaaren von frommen Pilgern wallfahrteten, um die heiligen Stätten, wo unser Heiland Jesus

Christus geboren, gelitten und für der Welt Sünde am Kreuzesstamme gestorben war, durch Jahre lang gehegte Sehnsucht selbst zu schauen. Die Araber, welche sich des Landes bemächtigt, hatten diese Pilgercaravanen ruhig und ungestört vorüberziehen lassen. Allein seit der Herrschaft der Fatimiden und Seldschuken über Palästina mussten sich diese oft den grausamsten und rücksichtslosesten Behandlungen aussetzen. Doch über alle diese Hindernisse siegte die Idee, die heilige Stadt wieder in der Christen Hand und Regierung zu sehen. Da vereinigte sich die ganze occidentalische Kirche in der allgemeinen Begeisterung und veranstaltete zur Befreiung des heiligen Landes aus den Händen der Ungläubigen die beiden grossen Kirchenversammlungen zu Clermont und Piacenza (1095), auf denen man die Wiedereroberung des gelobten Landes beschloss. So begannen die grossen, gewaltigen Bewegungen aus dem Occident nach dem Orient, welche fast zwei Jahrhunderte lang den Adel und das Volk, sowie die Geistlichkeit Europa's in Anspruch nahmen.

Erster Kreuzzug (1096—1100).

Er wurde von Peter von Amiens und Walther von Habenichts veranlasst, und unterstützt von dem französischen Adel (Gottfried von Bouillon, Robert von der Normandie, Raimund von Toulouse, die Fürsten Bohemund und Tancred von Tarent) gieng der Zug theils durch Italien und Dalmatien, theils durch Ungarn nach Constantinopel (cf. Alexiu's Versprechen.), von wo aus man über den Hellespont setzte, Nicaea eroberte, bei Dorylaeum siegte, das Emirat von Iconium passirte und nach neunmonatlicher Belagerung und Eroberung Antiochiens (Fürstenthum Antiochien und Edessa), die heilige Stadt am 15. Juli 1099 eroberte. Gottfried von Bouillon wurde zum Beschützer des heiligen Grabes gewählt und besiegte das Heer des fatimidischen Chalifen von Aegypten. Nach kurzer Regierung folgte ihm sein Bruder Balduin I., welcher den Königstitel annahm und das Königreich Jerusalem, unterstützt durch Genua, Pisa, Venedig, durch Eroberung von Accon, Tripolis und Berytus bedeutend erweiterte. Unter dem vierten Könige Fulko (1131—1142) erlangte dies Reich seine grösste Ausdehnung, indem sich seine Grenzen vom oberen Euphrat nach der syrischen Küste bis an die Nordspitze des rothen Meeres und an die syrische Wüste erstreckten.

Zweiter Kreuzzug (1147—1149).

Durch den Fall Edessa's veranlasst, liess König Ludwig VII. von Frankreich von Neuem das Kreuz predigen, nachdem die Seele des zweiten Kreuzzuges, der grösste Politiker seiner Zeit, Bernhard von Clairvaux zu gleichem Zwecke mit ihm in Verbindung getreten war. Neben einer grossen Menge von deutschen und französischen Adligen betheiligte sich dabei auch König Conrad III. Man begab sich durch Ungarn über Constantinopel nach Kleinasien, wo die deutschen Schaaren eine arge Einbusse erlitten. Der etwas später eingetroffene französische König vereinigte sich mit den Ueberresten der Deutschen, zog an der kleinasiatischen Küste entlang bis nach Pamphylien, wo er sich nach Antiochien einschiffte. Das Resultat war ein recht verhängnissvolles und unsicheres.

Dritter Kreuzzug, 1189—1193.

Nach dem Siege Saladins über die Christen bei Hittin war auch das Königreich Jerusalem der allgemeinen Vernichtung preisgegeben und für die heilige Stadt und Sache rüsteten sich der siebzigjährige Friedrich I. Barbarossa und die Könige Philipp II. August von Frankreich und Richard Löwenherz von England mit der Blüthe ihrer Ritterschaft. Kaiser Friedrich besiegte den Sultan von Iconium, eroberte diese Stadt, aber fand bald darauf im Saleph seinen tragischen Untergang (1190). Sein Sohn, Herzog Friedrich von Schwaben, führte das Heer noch bis vor Accon, wo er den Orden der Marianer 1191 stiftete. Bei der Belagerung und Eroberung dieser Stadt hatte sich Richard durch Beschimpfung der deutschen Fahne mit Herzog Leopold V. von Oesterreich entzweit. Der erkrankte Philipp war inzwischen nach Frankreich zurückgekehrt und auch Richard sah sich bald genöthigt, den Rückweg nach England anzutreten. Daher schloss er mit Saladin einen Waffenstillstand, nach welchem den Christen die Küste von Joppe bis Accon verblieb und der freie Besuch der heiligen Oerter gestattet war. Die Insel Cypern verkaufte er an den letzten König von Jerusalem, Guido, und das Königreich Cypern dauerte noch fort bis 1480. Richard wurde, als er verkleidet durch Oesterreich wanderte, von dem Herzog Leopold V. gefangen genommen, dem deutschen Kaiser Heinrich VI. überliefert und erst nach zwei Jahren gegen 150,000 Mark Silbers befreit.

Der vierte Kreuzzug, 1202—1204.

Jetzt wurde der schlaue, grosse Innocenz III. (1198—1216), der unerbittliche Todfeind der Staufen, die Seele des vierten Kreuzzuges; denn er forderte die mächtigsten Barone Frankreichs, sowie Balduin von Flandern und Simon von Montferrat zur Eroberung Aegyptens, des Schlüssels des heiligen Landes, auf. Allein aus den heiligen, frommen und edlen Zwecken wurden politische Motive, indem die Venetianer die Kreuzfahrer bei der Eroberung von Zara, welches der König von Ungarn der Republik entrissen hatte, verwendete, und diese sich von dem auf der Flotte anwesenden Sohne des vertriebenen byzantinischen Kaisers Isaak Angelus zur Belagerung und Eroberung Constantinopels benutzen liessen. Die Stadt wurde 1204 genommen, geplündert, die Hälfte der köstlichen griechischen Kunstschätze vernichtet und Balduin von Flandern zum Kaiser ernannt. So bestand das lateinische Kaiserthum vom Jahre 1204—1261. Ausserdem wurden noch das Kaiserthum Nicaea, Trapezunt und das Königreich Thessalonich aus diesem Reiche errichtet.

Der fünfte Kreuzzug 1228—1229.

Kaiser Friedrich II., welcher schon bei seiner Thronbesteigung und dann bei seiner Kaiserkrönung einen Kreuzzug zugesagt hatte, wurde jetzt von dem Papste Gregor IX. dringend an die Erfüllung seines gegebenen Versprechens gemahnt. Daher gieng er 1228 wirklich nach Palästina, wurde in Jerusalem zum Könige gekrönt und verheirathete sich mit Jolanthe. Nach Italien zurückgekehrt, hatte er seine ganze Kraft und Macht nöthig, um den Ansprüchen und Plänen des Papstes mit Nachdruck entgegen zu treten.

Der sechste Kreuzzug 1248.

Durch den zweimaligen Verlust Jerusalem's veranlasst, gelobte der französische König Ludwig IX. in einer schweren Krankheit einen Kreuzzug, dessen Ziel ebenfalls der Schlüssel des gelobten Landes, Aegypten war. Doch wurde er auf seiner Expedition gegen Cairo besiegt und auf dem Rückwege nach Damiette mit seinen Brüdern und dem grössten Theile des Heeres gefangen genommen. Er hielt sich noch bis 1253 im heiligen Lande auf und liess die Seeplätze dort befestigen. Der plötzliche Tod seiner Mutter Blanca machte in ihm den Gedanken rege, nach Frankreich zurückzukehren.

Der siebente Kreuzzug 1270.

Ebenso resultatlos erwies sich der siebente Kreuzzug, welchen Ludwig IX. gegen Tunis unternahm. Da er jedoch die lang verzögerte Ankunft seines Bruders Karl von Anjou erwartete, so wurde das Heer und der König selbst durch bösartige Krankheiten dahingerafft. Die letzte Besitzung der Christen im heiligen Lande, die Festung Accon, fiel 1291 in die Hände der Mameluken.

Resultate der Kreuzzüge.

Die Kirche, welche die ganze Angelegenheit geleitet, erfreute sich auch der meisten und grössten Vortheile, welche daraus resultirten. Der Höhepunkt der Hierarchie wurde durch diese Unternehmungen grösstentheils mit befördert, aber auch die Territorialmacht der Fürsten durch die Erledigung vieler Lehen begründet. So schaffte man auch die Leibeigenschaft der Bauern ab, gab dem Handel und Verkehr neue Bahnen und Richtungen, und brachte der Geographie und den Naturwissenschaften sowie dem Ritterthume und der Literatur neue Lebenskeime zu. Vor allem ist hierhin die Entstehung und weitere Ausbildung der drei geistlichen Ritterorden zu rechnen. Die Johanniter, deren Ordenstracht ein schwarzer Mantel mit weissem Kreuze war und deren drei Gelübde in der Armuth, der Keuschheit und dem Gehorsam bestanden, zerfielen in drei Klassen, in Priester, Ritter und dienende Brüder. Nach dem Verluste Palästina's begaben sich diese Ritter nach Cypern, eroberten Rhodus 1310, erhielten von dem Kaiser Karl V. die Inseln Malta, Gozzo, Comino, und nach dem Verluste dieser Inseln zogen sich die Ordensmitglieder nach Catanea und Rom 1831. Die Tempelherren hatten ausser dem dreifachen Gelübde noch die Vertheidigung der Pilger gegen Wegelagerer und Räuber zu geloben. Sie trugen einen weissen Mantel mit einem achteckigen, hochrothen Kreuze. König Philipp IV. zwang den Papst Clemens V. zu ihrer Aufhebung 1312. Er liess ihren Grossmeister, Jacob von Molay, welcher die früher eingestandenen Verbrechen widerrief, auf dem Scheiterhaufen 1314 sterben. Der deutsche Orden (Marianer), welcher einen weissen Mantel mit schwarzem Kreuze trug, hatte sich nach dem Verluste der heiligen Stadt in das Lager der Kreuzfahrer vor Accon begeben und war von dem Herzoge Friedrich von Schwaben für die Krankenpflege und den Kampf wider die Feinde des christlichen Glaubens bestimmt worden. Unter dem Grossmeister Hermann von Langensalza wurde dem Orden, da seine Aufgabe im Orient gelöst war, das Culmerland eingeräumt, wo seit 1233—1283 die unausgesetzten Kämpfe gegen die Preussen seine Hauptthätigkeit in Anspruch nahmen. Hier verfuhr der Orden mit der Christianisirung und Germanisirung systematisch, indem er Städte und Burgen (Culm, Thorn, Marienwerder) gründete und sie mit deutschen Einwohnern colonisirte. Im Jahre 1309 wurde sein Hauptsitz von Venedig nach Marienburg verlegt und ganz Preussen nach einem 53jährigen blutigen Kampfe ihm unterworfen.

Nach Heinrichs V. Tode versammelten sich die deutschen Fürsten und Grossen mit ihren Mannen am 24. August 1125 an den beiden Gestaden des deutschen Rheinstroms zu Mainz zu einer neuen Wahl, deren Seele der stolze Kirchenfürst Erzbischof Adalbert von Mainz, der alte Widersacher der Salier und Staufen war. Die grösste Hoffnung hatte der junge, kühne Schwabenherzog Friedrich als des verstorbenen Heinrich's V. Schwiegersohn, welcher durch seine hohe Verwandtschaft sich auszeichnete, sich gemacht. Allein die geistlichen Fürsten wünschten einen minder mächtigen Nachfolger und warfen ihre Blicke auf den wenig begüterten Grafen Lothar von Querfurt und Supplingenburg, welcher durch die Vermählung mit Otto's von Northeim Enkelin Richenza viele bedeutende Güter an der Weser und im Braunschweigischen besass. Nachdem er seine beiden Mitbewerber Friedrich und Leopold aus dem Felde geschlagen, wurde er auf den Schild erhoben und zum deutschen Könige proclamirt am 30. August 1125. Doch hat er als Creatur des Klerus und der Hierarchie dem Reiche viele Privilegien entzogen und verschleudert. Es sollten eröffnete Reichslehen an das Reich, nicht an den Kaiser fallen und nach Jahresfrist wieder vergeben, der Gewählte erst nach der Weihe mit dem Scepter belehnt werden. Auch refüsirte er die Huldigungen von Seiten der Geistlichkeit und schickte eine Obedienzgesandtschaft nach Rom. Gegen seine Gegner, hauptsächlich wider den Herzog Friedrich, ging er mit Heinrich dem Stolzen eine Allianz ein, welchem er die Hand seiner Erbtochter Gertrud und später das Herzogthum Sachsen schenkte. Den Einfluss des nach Italien entkommenen Staufen Conrad neutralisirte er vollständig. Desto nachgiebiger verfuhr er aber nach seiner am 4. Juni 1133 in Rom vollzogenen Kaiserkrönung gegen den mit ihm über die Belehnung mit den Mathildinischen Gütern hadernden Papst. Er erniedrigte sich hier zu einem Vasallen des Papstes (Rex homo fit papae). Mehr Consequenz und Autorität legte er gegen die obotritischen Fürsten, gegen den Polen Boleslaw und gegen den bewährten, tapferen und tüchtigen Albrecht den Bären von Anhalt, welchem er die Nordmark 1134 cedirte, an den Tag. Darauf trat er seine zweite Romfahrt gegen Roger von Sicilien mit einem grossen Heere 1136 an. Hier hatte er die grosse Satisfaction, Roger aus Italien nach Sicilien zurückzuwerfen. Auf seiner Rückkehr nach Deutschland erhielt er die traurige Kunde, dass Roger von Neuem sich erhoben. Doch mit seinem Wirken ging es auch zu Ende, denn er starb in einer elenden Bauernhütte des Dorfes Bredowan, 62 Jahre alt, und sein Leichnam wurde nach Königslutter gebracht und dort neben Heinrich dem Stolzen beigesetzt. —

Die staufischen Kaiser 1138—1268.

Es ist diese Zeit der Glanzpunkt der deutschen Geschichte und reicher an charaktervollen, hochbegabten und imposanten Persönlichkeiten als jede andere. Doch ist auch jetzt schon die deutsche Monarchie ein wesenloser Schatten, da dieser Kaiser Streben von Deutschland weg nach dem fernen Süden gerichtet und der Fortschritt der deutschen Nation von der Kaiserpolitik ganz unabhängig war. Ihre Stellung war nur noch auf einer hohen, persönlichen Ehre, dem Präsidium auf den Reichstagen, der Ausübung der höchsten Jurisdiction, dem Obercommando des Reichsheeres, der Ertheilung der Reichsprivilegien und der eröffneten Reichslehn basirt. Deshalb sahen sich auch wegen dieser Schwäche im Innern und der Lockerheit der einzelnen Territorien die beiden gewaltigsten Erscheinungen dieser Zeit, Friedrich I. und Friedrich II., um so mehr in ihren Bestrebungen nach Aussen hingewiesen und wähnten die Hülfe für die innere Ohnmacht in weitentlegenen auswärtigen Erfolgen suchen zu müssen. Bei der Wahl des neuen Königs regten sich beide Parteien, die der Welfen und der Ghibellinen, welche Deutschland fast zwei Jahrhunderte lang in zwei feindliche Heerlager getheilt, für ihre Sonderinteressen. Der Welfe Heinrich der Stolze, welcher sich rühmte, von einem Meere bis zum andern zu herrschen, war im Besitz der Reichsinsignien. Er hatte durch sein herrisches Benehmen viele Gegner, zu denen vornehmlich der Staufer Conrad zählte. Auf einer Vorversammlung zu Pfingsten 1138 zu Quedlinburg hatte die Kaiserin Richenza allen ihren Einfluss für ihren Schwiegersohn in die Wagschaale der Fürsten zu legen versucht, als Markgraf Albrecht der Bär die Versammelten auseinandersprengte. Die Klerikalen wählten jetzt am 22. Febr. Conrad zu Coblenz und der päpstliche Legat krönte ihn in Aachen. Den widerspenstigen und ungehorsamen Welfen liess Conrad in aller Eile in die Acht erklären und verlieh sein Herzogthum Sachsen an Albrecht den Bären, welcher es auch zu erobern begann. Bald darauf wurde ihm auch Baiern entrissen und an den Markgrafen Leopold V. von Oesterreich verliehen. Heinrich entwich in sein Stammland Sachsen und überliess seinem Bruder Welf VI. den Kampf im Süden. Allein plötzlich verschied Heinrich am 20. Oktober 1139 zu Quedlinburg, als Erben seiner Politik und Ansprüche seinen zehnjährigen Sohn Heinrich den Löwen hinterlassend. Inzwischen hatte sich Welf VI. in ein Bündniss mit dem Könige Geysa von Ungarn und Roger von Sicilien eingelassen, in Baiern sich festgesetzt, Leopold besiegt und war siegreich bis vor das von dem Hohenstaufen belagerte Städtchen Weinsberg gelangt.

Hier verliess ihn sein Kriegsglück, er wurde zur Flucht genöthigt und sein treues Weinsberg ergab sich Conrad III. Der König verlieh nach Leopold's Tode Baiern an Heinrich Jasomir-Gott, welcher sich mit Heinrich's des Stolzen Wittwe Gertrud vermählte. Dadurch war wenigstens der erste Act des blutigen Drama vollendet. Conrad benutzte die nun.folgende Zeit der Ruhe zur Ordnung und Herstellung der inneren Reichsverhältnisse. In Rom erhob sich des grossen Abälard Schüler Arnold von Brescia gegen das Streben der Päpste nach weltlichem Besitz und deducirte daraus das Verderbniss und die Sittenlosigkeit des römischen Clerus. Als sich Conrad anschickte, nach Rom zu eilen, traf ihn die Nachricht von dem Verluste der Stadt Edessa, und er liess sich durch Bernhard's von Clairvaux gewaltigen Eifer für den zweiten Kreuzzug begeistern 1147. Nach Deutschland zurückgekehrt empfahl er kurz vor seinem Tode seinen Neffen Friedrich III. zu seinem Nachfolger und so bestieg einer der tüchtigsten und grossartigsten deutschen Herrscher Friedrich I. Barbarossa am 10. März 1152 den deutschen Kaiserthron. Die salischen Kaiser waren in ihrer Politik an der Coalition des römischen Papstes und des deutschen Fürstenadels gescheitert. Friedrichs politischem Scharfblick wurde es aber klar, dass diese Allianz vernichtet werden musste, wenn sein Streben und Bemühen von Erfolg gekrönt sein sollte. Er schlug deshalb im vollen Gegensatze hiermit einen ganz anderen Weg ein und suchte die Freundschaft des Adels gegen die Kirche zur Erhöhung der kaiserlichen Weltmacht nach. So griff er stets in kirchlichen Angelegenheiten auf das Wormser Concordat zurück und erkannte auch die Machtstellung des deutschen Fürstenthums mit rückhaltloser Unumwundenheit an. Heinrich der Löwe wurde in seine beiden Herzogthümer restituirt, die Investitur der Bischöfe im eroberten Wendenlande ihm verliehen und eine wahrhaft königliche Macht ihm geschenkt. Auch nahm er die Fürsten gegen die Städte und den niederen Adel in Schutz und betrachtete diese Souveräne als seine dankbaren Alliirten. Dadurch hatte er auf seine gebietende Macht in Deutschland verzichtet, und sein Genius trieb ihn nun auf den Schauplatz der alten Kaiserglorie, nach dem fernen Süden. Hier wollte er das aus Justinian's Gesetzbüchern gewonnene Bild von der Allmacht der kaiserlichen Gewalt realisiren. Gegen die lombardischen und romagnischen Städte, um deren Beherrschung sich ein langwieriger Kampf entspann, gewährten ihm die deutschen Bischöfe und Fürsten den nothwendigen Succurs. Der Kaiser gieng mit dem Plane um, aus den italienischen Eroberungen Nutzen zu ziehen, sich dort eine stets schlagfertige Kriegsmannschaft zu bilden und eine bereite Finanzquelle zu eröffnen, um dem deutschen Reiche damit wieder zu Hülfe zu kommen. Allein an einem einzigen Tage wurde durch Heinrich's Abfall dieses so herrlieh erbaute System vernichtet und Friedrich brach mit dem lombardischen Plane auf immer. Nach dem Verluste der Lombardei sann er auf einen weiteren Stützpunkt im Süden Italiens und vermählte die Erbtochter des Normannenreiches seinem Sohne Heinrich.

Gesta Friderici imperatoris. Liber II. c. 2.

Duae in Romano orbe apud Galliae Germaniaeve fines famosae familiae hactenus fuere, una Henricorum de Gueibelinga, alia Guelforum de Altdorf, altera imperatores, altera magnos duces producere solita[1]). Istae, ut inter viros magnos gloriaeque avidos assolet fieri, frequenter sese invicem aemulantes, reipublicae quietem multoties perturbaverant. Nutu vero Dei, ut creditur, paci populi sui in posterum providentis, sub Henrico quinto factum sit, ut Fridericus dux pater huius, qui de altera, id est de regum familia, descenderat, de altera Henrici scilicet Noricorum ducis filiam uxorem acciperet, ex eaque Fridericum, qui nunc regnat, gigneret. Principes ergo non solum industriam ac virtutem iam saepe dicti iuvenis, sed etiam hoc quod utriusque sanguinis consors, tamquam *angularis lapis*[2]), utrorumque horum parietum dissidentiam unire posset, considerantes, caput regni eum constituere adiudicaverunt, plurimum reipublicae profuturum praecogitantes, si tam gravis et diutina inter maximos imperii viros ob privatum emolumentum simultas hac demum occasione, Deo cooperante, sopiretur. Ita non regis Conradi zelo sed universitatis, ut dictum est, boni intuitu hunc Fridericum eius filio item Friderico adhuc parvulo praeponere maluerunt. Hac consideratione et ordine electio Friderici celebrata est[3]).

---

[1] Das Staufengeschlecht wird gewöhnlich auf Friedrich's von Büren Sohn Friedrich I., Herzog von Schwaben, mit Heinrich's IV. Tochter Agnes 1080 vermählt, zurückgeführt. Es folgen Friedrich II., Conrad III., Friedrich III., als Kaiser Friedrich I. Die Welfen beginnen mit Graf Welf von Altdorf, dessen Tochter Judith mit Kaiser Ludwig dem Frommen vermählt wird. Darauf folgen Welf II. (Kaiser H. II.), Welf III. (Kaiser H. III.), Welf IV. als Herzog von Baiern 1070, Welf V., Heinrich der Stolze etc.

[2] angularis — colatorium, quod vulgo *chausse* vocant Galli, quia in angularem formam desinit. Apitius 1. 7. c. 4. Friedrich gehörte beiden mächtigen und einflussreichen Geschlechtern auf gleiche Weise an; denn von seinem Vater her war er ein Staufe, von Seiten seiner Mutter Judith ein Welf.

[3] Seine Wahl wurde nach kurzer Vorbereitung der vornehmsten Fürsten am 5. März 1152 einstimmig zu Frankfurt und nach 5 Tagen seine Krönung zu Aachen vollzogen.

I. Friedrich's Krönung zu Aachen 1152.

3. Astrictis igitur omnibus qui illo confluxerant fidelitate et hominio principibus, cum paucis, quos ad hoc idoneos iudicavit, caeteris in pace dimissis, rex multo gaudio quarta feria naves ingreditur, ac per Moenum et Rhenum navigans, in villa regali Sinzig applicuit, ibi equos ascendens, in proximo sabbato Aquisgranum venit. Sequenti die ab episcopis a palatio in ecclesiam deductus, omnium qui aderant applausu ab Arnoldo Coloniensi archiepiscopo, aliis cooperantibus, coronatus, in sede regni Francorum, quae in eadem ecclesia a Carolo Magno posita est, collocatur, non sine multorum stupore, quod in tam parvo temporis spatio non solum tanta principum seu de regno nobilium confluxerat multitudo, sed et quod ex occidentali Gallia, ad quam nondum huius facti rumor pervenisse putabatur, nonnulli advenerant. Nec praetereundum aestimo, quod dum, finito unctionis sacramento, diadema sibi imponeretur, quidam de ministris eius, qui pro quibusdam excessibus gravibus a gratia sua adhuc privati remotus fuerat, circa mediam ecclesiam ad pedes ipsius se proiecit, sperans ob praesentis diei alacritatem eius se animum a rigore iustitiae emollire posse. Ipse vero mentem in priori severitate retinens et tamquam fixus manens, constantiae suae omnibus nobis non parvum dedit indicium, dicens, non ex odio sed iustitiae intuitu illum a gratia sua exclusum fuisse. Nec hoc etiam sine admiratione plurium, quod virum iuvenem, tanquam senis indutum animo, tanta flectere a rigoris virtute ad remissionis vitium non potuit gloria. Quid multa? Non illi misero intercessio principum, non arridentis fortunae blandimentum, non tantae festivitatis instans gaudium suppeditare poterant, ab inexorabili inexauditus abiit.

4. Quibus rebus factis princeps in palatii secreta se recipit, vocatisque prudentioribus seu maioribus ex numero principum, de statu reipublicae consultans, legatos ad pontificem Romanum Eugenium, Urbem ac totam Italiam destinandos disponit, de promotione sua in regnum significaturos. Mittuntur itaque Hillinus Trevirensis electus et Eberhardus Babenbergensis episcopus, viri prudentes et litterati. Dehinc Traiectensium contumaciam, qua, ut supra dictum est, in patruum suum Conradum regem usi fuerant, ulturus, inferiores Rheni partes adiit, ipsisque pecuniaria poena multatis, ac Herimanno episcopo confirmato, ad superiora remeando sanctum pascha Coloniae Agrippinae celebravit. Inde per Guestfaliam transiens, Saxoniam intravit.

Erat illo tempore in regno Danorum inter duos consanguineos, Petrum scilicet qui et Suevus et Gbittonem de regno gravis controversia. Quos rex ad se venire praecipiens, curiam magnam in civitate Saxoniae Martinopoli[1]) (Merseburg) die 18. Mai. 1152. cum multa principum frequentia habuit. Eo praefati iuvenes veniunt, eius se mandato humiliter supponentes eorumque ad ultimum causa iudicio seu consilio primatum sic decisa fuisse dicitur, ut Gbito, relictis sibi quibusdam provinciis, regium nomen per porrectum gladium abdicaret, — est enim consuetudo curiae, ut regna per gladium, provinciae per vexillum a principe tradantur vel recipiantur, — Petrus vero, accepto a manu ipsius regno, fidelitate et hominio ei obligaretur. Ita corona regni sibi per manum principis imposita, die sancto pentecostes ipse coronatus, gladium regis sub corona incedentis portavit. Gualdemarus etiam, qui eiusdem sanguinis particeps fuit, ducatum quendam Daniae accepit.

Eodem tempore Magdeburgensis ecclesia, quae Saxoniae metropolis esse dinoscitur, pastore suo viduata, ad electionem faciendam resedit. Dumque alii eiusdem ecclesiae praepositum Gerhardum, alii decanum eligerent, divisis hinc inde personis, regem adhuc in Saxonia morantem adire disponunt. Quos dum multis modis ad unitatem et vinculum pacis princeps reducere satageret ac proficere non valeret, alteri parti, id est decano cum suis persuasit, ut Guichmannum Cicensem episcopum, virum adhuc iuvenem sed nobilem eligerent, eique arcessito regalia eiusdem ecclesiae concessit. Tradit enim curia et ab ecclesia eo tempore quo sub Henrico quinto de investitura episcoporum decisa fuit inter regnum et sacerdotium controversia, sibi concessum *autumat*[2]), quod obeuntibus episcopis, si forte in eligendo partes fiant, principis arbitrii esse, episcopum quem voluerit ex primatum suorum consilio ponere, nec electum aliquem ante consecrandum, quam ab ipsius manu regalia sceptro suscipiat. Rex omnibus in Saxonia bene compositis cunctisque principibus illius provinciae ad nutum suum inclinatis, Boioariam ingreditur, ac Ratisponae Norici ducatus metropoli festivitate apostolorum in monasterio sancti Emmerani, — nam maior ecclesia cum quibusdam civitatis vicis conflagraverat — coronatur. Ad eandem curiam legati ad Eugenium papam, Urbem ac caeteras civitates Italiae

---

1) Hier erschienen die beiden Vettern Suen und Canut von Dänemark und brachten ihre Streitsache vor. cf. Gunther, Ligurinus L. I., p. 293. Helm. L. I. c. 50.

2) *autumare* (aus aitumo) verlängerte Form von aio, bejahen (opp. negare) behaupten, aussprechen, Plaut., Ter.

— 153 —

directi, laeta reportantes redeunt. Ibi etiam princeps eo quod omnibus in proprii imperii finibus ad eius voluntatem compositis, virtutem animi, quam intus gerebat, extra ferri disponeret, Ungaris bellum indicere ipsosque ad monarchiae apicem reducere volebat. Sed cum assensum super hoc principum quibusdam de causis latentibus habere non posset, ad effectum tunc perducere ea, quae mente volvebat, non valens, ad opportuniora tempora distulit.

7. Erat vero multa serenissimi principis anxietas, cum omnia prospere in regno agerentur, qualiter controversia quae inter eius carnem et sanguinem, id est Henricum patruum suum et itidem Henricum avunculi sui filium, duces, de Norico ducatu agitabatur, sine sanguine finiri posset. Fuit namque Henricus iste Henrici quondam Norici ducis filius, quem, ut alibi dictum est, Conradus rex a Boioaria eiectum in Saxonia manere compulerat, ducatumque ipsius primum Leopoldo marchionis Leopoldi filio, ac deinde fratri ipsius huic Henrico concesserat. Rex ergo praedictam litem iudicio vel consilio decisurus, utrique autumnali tempore mense Octobre in civitate *Herbipoli*[1]) curiam praefigit, quo dum alter, id est Henrici ducis filius, veniret, alter se absentaret, iterum et iterum vocatur. In eadem curia exulibus Apuliae, quos Rogerius de solo natali propulerat, lacrimabili modo conquerentibus ac ad pedes principis miserabiliter se proicentibus, expeditio Italica tam pro afflictione horum quam pro corona imperii accipienda paulo minus quam ad duos annos iurata est.

8. Porro Gerhardus praepositus, Romam pergens, Eugenium papam adiit eique causam Magdeburgensis ecclesiae aperiens, Gwichmannum, ut supra dictum est, a principe per electionem alterius partis ibi locatum, multis modis *de intrusione*[2]) accusavit. Hanc rem quam gravissime Romanus pontifex exceperit, tam ex litteris, in quibus nonnullis episcopis, qui pro eo ob amorem Regis Romanae ecclesiae scripserant, quam ex cardinalibus, qui postmodum ad Transalpina directi sunt, percepimus.

11. Eodem fere tempore, mense Septembri, principes, maioresque Boioariae a rege Ratisbonae convocantur, sed nihil ibi de bono pacis in illa provincia propter duorum

---

1) Friederad, Graf von Dachau veranstaltete zu Würzburg eine Versammlung.

2) *intrusio — practicis* Anglis, ubi quis, cui nullum ius competit in re, nec scintilla iuris, possessionem vacuam ingreditur, quae nec corpore nec animo possidetur, sicut hereditatem iacentem, antequam adeatur ab herede etc. Bracton. lib. 4.

ducum litem terminari poterat. Rex tamen, quia non multo ante haec per apostolicae sedis legatos ab uxore sua[1]) ob vinculum consanguinitatis separatus fuerat, pro ducenda alia pertractans, ad Manuelem Graecorum imperatorem tam pro hoc negotio quam pro Guillelmo Siculo, qui patri suo Rogerio noviter defuncto successerat, utriusque imperii devasore debellando in Graeciam legatos destinandos ordinat, sicque primatum suorum consilio Anselmus Havelbergensis episcopus et Alexander Apuliae quondam comes, sed ab Rogerio cum caeteris eiusdam provinciae nobilibus ob suspicionem dominandi propulsus, eandem legationem suscipiunt.

Proximo dehinc mense Decembri utrique dux, Henricus itidem et Henricus, iudicio principis in urbe Spira adsistunt; sed iterum altero de legitima vocatione se excusante, res protelatur[2]). Itaque Fridericus, dum iam fere per biennium ad decidendam litem duorum principum, sibi ex propinquitate sanguinis tam affinium, laborasset, tandem alterius instantia, qui in paternam hereditatem, a qua diu propulsus fuerat, redire cupiebat, flexus, imminente etiam sibi expeditionis labore, in qua eundem iuvenem militem sociumque viae habere debuit, finem negotio imponere cogebatur. Proinde in oppido Saxoniae Goslaria curiam celebrans, utrumque ducem datis edictis evocavit. Ubi dum altero veniente, alter recederet, iudicio principum alteri, id est Henrico Saxoniae duci, Boioariae ducatus adiudicatur.

II. Friedrich's Aufbruch nach Italien. (1154.)

Postea princeps e Saxonia in Boioariam se recipiens, ac inde per Alemanniam, transiens, anno regni sui tertio in campo Lici fluminis[3]) termino Boioariae ad Augustam circa principium mensis Octobris militem in Italiam iturus collegit, finitis ex quo iurata fuerat prima expeditio pene duobus annis. Nec illustrem animum a tam illustri facto ex recenter prolata in tam magnum imperii principem sententia et ex hinc obortum non parvum aliorum principum murmur revocare poterat, quin

---

1) Adelheid von Vohburg.
2) Von der grössten Tragweite war der Streit zwischen den Vettern, den beiden Heinrichen von Oesterreich (Baiern) und Sachsen, zumal der erstere, vorgeladen, weder zu Würzburg, Worms, Speier (1154), noch zu Goslar erschien. Das Herzogthum wurde ihm zwar abgesprochen, aber der Spruch nicht vollzogen; denn Friedrich hatte beider Vettern guten Willen zu seinen Römerzügen recht nöthig.
3) Auf dem Lechfelde (955) in der Nähe der Stadt Augsburg im Anfange des Oktober 1154. Es waren Apulier erschienen und hatten sich über Roger's Tyrannei beklagt. Auch Lodenser kamen und klagten Mailand des Gewaltmissbrauches und des Stolzes an. So begann Friedrich seinen ersten Römerzug von 1154—1158.

mnia, *quae retro erant*[1]), tanquam *flocci pendens*[2]), Deo se ommittendo in anteriora extenderetur. Per Brixinoram itaque t vallem Tridentinam transiens, emensis Alpium angustiis, ı campestribus Veronensium iuxta lacum Gardae castra metatur. Ibi dum de processu ad ulteriora cum principibus consilium ıiret, primo coeli principem conciliandum decrevit. Denique ıiles per claustra montium transiens, ob difficultatem locorum ictui necessaria invenire nequiens, dum penuriam magnam, uod in exercitibus molestum esse solet, pateretur, nonnulla acra loca violaverat. Ad haec, quamvis praedictam necessiıdinis excusationem habere viderentur, expianda, rex a toto xercitu collectam fieri iubet; et. sic non modicam coadunatam ecuniam per quosdam religiosos viros duobus episcopis, 'ridentino scilicet et Brixinorensi, remittendam ac per singula anctorum loca, quae damnum passa fuerant, dividendam statuit, ulchre communi utilitati consulens, pulchre rectoris officium nplens, ut maxima adorsurus, negocia ante omnia rectorem et *lasmatorem*[3]) omnium, sine quo nihil boni inchoatur, nihil rospere consummatur, placandum eiusque offensam a populo ıo avertendam intenderet.

Inde castra movens in campo *Roncaliae*[4]) super Padum, non ınge a Placentia mense Novembri resedit. Est autem consuetuinis regum Francorum, qui et Teutonicorum, ut, quotiescumque ad umendam Romani imperii coronam militem ad transalpizandum oegerint, in praedicto campo mansionem faciant[5]). Ibi ligno in ltum porrecto scutum suspenditur, universorumque equitum agmen *nuda habentium*, ad excubias proxima nocte principi faciendas er curiae praeconem exposcitur, quod sectantes qui in eius omitatu fuerunt principes, singuli singulos beneficiatos suos er praecones exposcunt. At sequenti die quicunque nocturnis igiliis defuisse deprehensus fuerat, denuo ad praesentiam regis

---

1) retro esse, vivere, Sen. Ep. 122. verkehrt, auf verkehrte Art.
2) flocci pendere, aestimare, facere für nichts achten, nichts danach ·agen, Ter. u. Plaut.
3) plasmator, der Bildner.
4) campus Roncalis (Runcalis ein mit Dornen und Gesträuch be-·rachsenes Feld. cf. Otto Morena c. 1.) ager incultus, runcandus a noxiis t inutilibus herbis et sentibus. Roncalia locus et planities porrectior irca Padum, non procul ab urbe Placentia seu inter Placentiam et !remonam, ubi imperatores Occidentis curiam suam generalem cogere ɔlebant, cum transalpinarent seu in Italiam proficiscerentur.
5) Auf der ronkalischen Ebene wurde auf hoher Lanze der königche Heerschild alter Sitte gemäss aufgestellt, und Mannenschau und ,ehnswache gehalten. Die ohne Grund ausgebliebenen geistlichen und reltlichen Fürsten verloren ihre Lehen. Hier brachte man auch viele Jlagen vor gegen Mailand, welches sich, im Vertrauen auf seine streitfertige Folkszahl und seine festen Mauern, zu einer völligen Republik und lerrin vieler benachbarter Städte und Gebiete gemacht hatte. Dagegen rar Pavia treu und gab Friedrich die lombardische Krone.

aliorumque principum vel virorum illustrium evocatur, si[c] omnes omnium beneficiati, qui sine bona voluntate domino[s] suorum domi remanserunt, in feudis condemnantur. H[ic] morem principe secuto, non solum laicorum feuda sed et [quo]rundam episcoporum, id est Hartwici Bremensis et Ouda[lrici] Halberstadiensis, regalia personis tantum, quia nec pers[o]nae sed ecclesiis perpetualiter a principibus tradita sunt, abiudi[c]fuere. Sed quoniam huius terrae mentio habita est, de ip[sa] situ ac ritu, et a quibus prius inhabitata, quove nomine di[cta] a quibus postmodum possessa, quo censeatur vocabulo, pa[ucis] absolvam. —

III. Schilderung Italien's.

Haec Pyrenaeo seu Apennino altissimis et scopulosissi[mis] alpibus in oblongum ductis hinc inde septa, tanquam eorund[e] vel potius eiusdem montis umbilicus, utve deliciarum hort[us] a Tyrrheno mari usque ad Adriatici aequoris oram protendit[ur], habens ad septentrionem Pyrenaeos, ut dictum est, alpes, [ab] austro Apenninum, qui modo mutato nomine mons Bard[o] vulgo dicitur, ab occidente Tyrrhenum, ab oriente Adriatic[um] aequor. Padi vel Eridani fluminis, quem unum inter t[ria] Europae flumina famosissima topographi ponunt, caeteror[um]que amnium decursu irrigua, soli dulcedine coelique tempe[rie] frumenti, vini et olei ferax¹), in tantum ut arbores fructifer[as] praecipue castaneas, ficeta et oliveta nemorum instar educ[at]. Romanorum colonia ulterior Italia olim dicebatur, trib[us] distincta provinciis, Venetia, Aemilia, Liguria, quarum prim[ae] Aquileia, secundae Ravenna, tertiae Mediolanum metropol[es] fuere.²) At in ipso Apennino, ubi et urbs Roma sita noscit[ur], quae modo Tuscia vocatur, eo quod Apennino inclusa Urb[e] quoque ipsam in sinu suo contineat, interior Italia iure dic[ta] est. Mos enim antiquus, ex quo imperium Romanum [ad] Francos derivatum est, ad nostra usque deductus est tempor[a], ut, quotiescunque reges Italiam ingredi destinaverint, gnar[os] quoslibet de familiaribus suis praemittant, qui singulas civitat[es] seu oppida peragrando, ea quae ad fiscum regalem spectar[e] quae ab accolis *fodrum*³) dicuntur, exquirant. Ex quo fit, [ut]

---

1) cf. Göthe's Lied: An Mignon. „Kennst Du das Land, wo d[ie] Citronen blühen?" etc.

2) Die fremden Dynastien in Italien: 1) Odoacer 476—49[3] 2) Ostgothen (Theod. M.) 493—555. 3) Die Byzantiner 555—568. 4) D[ie] Langobarden 568—774. 5) Die Deutschen 800—962. 6) Die Normanne[n] in Unteritalien und Sicilien 1017—1194. 7) Die Häuser Anjou u[nd] Arragon.

3) *fodrum* (foderum, fodrium). Ita scriptores inferioris aeta[tis] appellarunt annonam militarem, quae praebebatur seu ad victum milit[um] seu equorum, ut stramentum et palea etc. Ex Germanico Futter, pabu[lum equorum, ut quidam volunt.

incipe adveniente plurimae civitates, oppida, castella, quae
uc iustitiae vel omnino contradicendo vel integraliter non
rsolvendo reniti conantur, ad solum usque prostrata, proterviae
ae documentum posteris ostendant. Alia itidem ex antiqua
nsuetudine. manasse traditur iustitia, ut principe Italiam
trante cunctae vacare debeant dignitates et magistratus, ac
ipsius nutum secundum scita legum iurisque peritorum
licium universa tractari. Tantam ei quoque iudices terrae
:ognoscere dicuntur iurisdictionem, ut ex omnibus quae
rra producere solet usui necessariis, exceptis vix bubus et
minibus ad excolendam terram idoneis, de caeteris quantum
cesse fuerit militi profuturis, ad regios usus suppeditare
quum arbitrentur.

IV. Revue auf den Ronkalischen Feldern.

Igitur rege apud Roncalias per quinque, ut aiunt, dies
dente, et ex principum ac de universis pene civitatibus
nsulum seu maiorum conventu curiam celebrante, diversa
nc inde diversis ex querimoniis emersere negotia. Inter quae
iillelmus marchio de Monte Ferrato, vir nobilis et magnus,
 qui pene solus ex Italiae baronibus civitatum effugere potuit
iperium, simul et Astensis episcopus, gravem uterque super
stensium, alter, id est marchio, super oppidanorum Karye
inquestionem facientes insolentia. Neque enim multum ad
'incipis triumphi titulum respectu aliorum ipsius gestorum
rtium facere arbitramur, si de castellis, rupibus, oppidis
llisque magnis, quae ab ingressu suo non solum militari
·dine, sed etiam armigerorum tumultuationis assultu subversa
nt, diceremus, ad maiora festinantes. Aderant etiam Cumanorum
:u Laudensium consules, de attritionis suae diutina miseria
crimabilem super Mediolanensium superbia facientes queri-
oniam, praesentibus duobus consulibus eiusdem civitatis,
berto de Orto et Girardo Nigro. Princeps igitur his de
msis superiores Italiae partes aditurus, per Mediolanensium
nes transire volens, praedictos consules tanquam viae duces
ituros et de idoneis tabernaculorum locis disposituros secum
:tinuit. Venerunt etiam ad eandem curiam legati Ianuensium[1]),
ii non longe ante haec tempora, captis in Hispania inclitis
vitatibus et in sericorum pannorum[2]) opificio praenobilissimis
lmaria et Ulyxibona, Saracenorum spoliis onusti redierant,
ones, struthiones, psitacos cum ceteris pretiosis muneribus
rincipi praebentes. —

---

1) cf. Cafari, Annales Ianuenses. Mon. G. SS. p. 39.
2) Welche in der Bereitung von Seidenstoffen und Tuchen schon
amals ausgezeichnet waren.

Fridericus ergo ad superiora, ut dictum est, ulterioris Italiae profecturus, a Roncaliis copias ducens, in territorio Mediolanensium castra posuit. Dumque a praenominatis consulibus per arida, ubi nec stipendia inveniri nec ex mercatu haberi necessaria possent, circumduceretur loca, indignatione motus iussis primo ut ad propria redirent consulibus, in Mediolanenses arma convertit. Accessit ad huius indignationis cumulum, quod ex maxima imbrium infusione totus exacerbatus fuisse dicitur exercitus, ut ex hac duplici inediae videlicet et coeli inclementiae molestia cuncti, prout poterant, principem adversus eum concitarent. Alia itidem huius commotionis non parva causa fuit, quod princeps temeritatis illorum in hoc tumorem praesenserat, quod non solum civitates quas destruxerant reaedificari pati nollent, quin etiam ad iniquitatis illorum assensum ipsius nobilem et incorruptum hactenus animum pecunia inclinare ac corrumpere satagebant. Rex castra de aridis locis movens, ad fertilia ipsius territorii habitacula non longe a civitate se transferens, militem lassatum refecit. —

Erat in vicinio oppidum quoddam satis populosum Rosatum[1]), ubi Mediolanenses circiter quingentorum equitum armatorum praesidia locaverant. Iubentur ergo equites ad civitatem redire, direptisque omnibus usui necessariis, ipsum oppidum flammae datur. Ibi quidam ex equitibus principis usque ad portas Mediolanensium progressi, quibusdam vulneratis quosdam cepere. Mediolanenses non solum damno praesentium sed et metu futurorum stupefacti, Girardi consulis, tanquam huius mali auctoris, domum principis iram mitigaturi diruunt. At princeps huius rei nihil pensi habens, ad Ticinum usque amnem maiores his clades irrogaturus procedit. Is amnis a Pyrenaeo surgens et Padum seu Eridanum iuxta Papiam, quae ex hinc Ticinum vocatur, influens, insulam Mediolanensium ab occidentali latere cingit. Ibi duos pontes ligneos, quos ipsi ob incursum in Papienses et Novarienses construxerant ac ob illorum impetum reprimendum propugnaculis munierant occupat, transmissoque per eos milite, ignibus tradit. Denique tria ipsorum castra munita et decora, id est Mummam[2]), Gailardam[3]), Tricam, quae ad expugnationem Novarensium in ipsorum territorio firmaverant, expugnata cremantur. Est autem Novaria civitas non magna, sed, ex quo ab imperatore Henrico olim eversa reaedificari coepit, muro novo et vallo non modico munita, comitem habens in sua dioecesi Gwidonem

---

1) Rosate in occidente Mediolani.
2) alius Turris de Momo dictum. Vide Murat. Ann. ad hunc annum.
3) Galiate et Trecate in oriente Novarae Ticinum versus. Charta Friderici I apud Boehmer 2343.

Blanderatensen, qui praeter morem Italicum totum ipsius civitatis territorium, vix ipsa civitate excepta, Mediolanensium possidet auctoritate, inhiantibus adhuc Mediolanensibus, ut et hanc simul et Papiam sicut alias absorbeant civitates. Facta est haec victoria mense Decembri, nataleque Domini circa praedictorum excidium castrorum a principe cum magna celebratur alacritate. —

Dec. 25. 1154. Post haec princeps per Vercellum et Taurinum transiens, transvadato ibi Pado, ad inferiora versus Papiam iter reflectit. Verum oppidani Kayrae simul et Astenses cives, eo quod praecepta principis de exhibenda marchionis suo Guillelmo de Monte Ferrato iustitia minime paruissent, tanquam rebellionis rei, hostes iudicati proscribuntur. Ad quorum puniendam contumaciam dum rex exercitum ducit, illi relictis munitionibus velut viribus suis diffidentes, ad vicina montana diffugiunt. Rex primo Kayram veniens, inventis sufficienter victualibus, per aliquot ibi dies mansit. Turres, quae non paucae ibidem fuere, destruxit, oppidumque succendit. Inde Astam procedens, vacuamque non opibus sed habitatore reperiens civitatem, non paucis ibi diebus manens, igni eam et direptioni dedit. —

Ante vero quam ab inde castra moverentur, consilio sapientium rex habito, propter crebras quae in exercitu ortae fuerant seditiones, aliqua militi in posterum profutura effici disponit[1]). Non solum enim edicto dato, sed et a singulis maioribus et minoribus sacramento praestito, legem dedit, ne quis infra castrorum ambitum gladium ad quodlibet commilitonis damnum portare auderet, adiciens poenam, ut, quicumque hanc treugam violando quempiam de sociis vulneraret, manu mutilaretur vel etiam capite obtruncaretur. Hacque tam sapienti quam necessaria lege data, de caetero iuvenilium irrationabilis impetus animorum conquievit.

Fuit non longe ab eo loco civitas Tortona, natura et arte munita, Mediolanensibus amica, ipsis quoque contra Papienses foedere iuncta. Igitur Papiensibus conquerentibus plus a Tortona se quam a Mediolano molestari, eo quod quamvis civitas Papia in sinu quidem Mediolanensium posita, robur tamen comitatus sui ultra Ticinum fluvium habeat, isti nullo montis seu fluminis obiectu expositum, iussa est a

---

1) Er verordnet ein strenges Militärgesetz.

principe a Mediolani contubernio recedere Papiaeque sociari. Quod dum facere recusaret, dumque magis seditiose et inimice quam pacifice et amice regibus civitati adhaerere delegisset, tanquam maiestatis rea et ipsa inter hostes imperii adnumerata proscribitur. Princeps Tortonensium sicut et Astensium vindicaturus insolentiam, ab Asta castra movens, in marchia quadam, quae Busca[1]) dicitur, tentoria fixit. Ibi per aliquot dies moram faciens, quosdam ex militibus cum fratre suo Conrado, Bertholdo Burgundionum duce, Othone vexillifero suo, ex Boioaria palatino comite, praemittendos situmque civitatis exploraturos decrevit. Qui transmisso amne, qui Tanarus vulgo dicitur, usque ad ipsam civitatem decurrentes ac omnia circumspicientes, non longe ab ea super praedictum amnem metantur castra. Tertia dehinc luce rex suos insecutus, altera fluminis ripa tabernacula fixit, suis ex praedicti amnis inundatione, qui ex subita imbrium multitudine plus solito excreverat, iungi non valens. Attamen non multo post fluviolo aliquantisper mitigato, transvadandi labore suis adiunctus, ad civitatem properavit. Primoque assultu[2]) suburbia muro, turribus suffulta cepit et expugnavit, civibus vix ad superiorem civitatis arcem se recipiendi ex noctis, quae iam incumbebat, et supervenientis tempestatis beneficio facultatem habentibus. Est autem Tortona pene in radice montis Apennini, ex ea, qua Apenninus et Pyrenaeus iunguntur, parte sita, campanicam Papiae seu Mediolani tanquam e specula prospiciens. In monte terete[3]), scopulosam faciem in praerupto laterum praetendente, posita, turribus et praecipue una lateritia, a Tarquinio Superbo olim facta, quae et Rubea nunc ab indigenis dicebatur superba, in declivo montis suburbio, ex murorum ambitu ac turrium celsarum populique multitudine cuiusdam amniculi per medium transeuntis nobili insignis. Princeps capto suburbio, arcem ipsam seu civitatem obsidione clausit. Erat autem praedicta arx non solum suis viribus sed etiam Mediolanensium fortitudine et vicinorum baronum, quorum unus marchio Opitius, cognomine Malaspina fuit, praesidiis munita, obque tantae opis confidentiam ad propellendam principis iram instrui ausa. Initiata est haec celebris Tortonae[4]) obsidio mense Februario incipiente post caput ieiunii proxima quadragesimae hebdomada. Receptis igitur ad angustias arcis Tortonensibus tantaque multitudine velut uno carcere inclusis, mons ipse circumquaque a principe, ne ullus effugiendi pateret miseris aditus,

---

1) Bosco in meridie Alexandrinae.
2) Urbs obsessa est a die 13. Febr. 1155.
3) teres (von τείρω, wie κυκλοτερής) länglichrund, hastile, Cic.: stipes, Caes.: mucro, Verg.:
4) Tortona, welches Pavia befeindete, wird erobert und zerstört.

obsidione vallatur, principe ipso ex occidentali parte, Henrico duce Saxoniae in suburbio, quod meridiem versus Apenninum respicit, Papiensibus in campania, quae contra Papiam seu Mediolanum ad orientem vel aquilonem extenditur, residentibus. Nec mora, machinae diversorumque tormentorum genera fabricantur, sagittarii, balistarii, fundibularii arcem circumseptam observant. Temptabat omnia virtus principis, et ubi infirmiora arcis videbat loca, valentiori urgebat manu. At Tortonenses artissimis septi claustris effugii locum non habentes, ex desperatione audaciam sumunt. Nulla enim res, ut ait ille historiographus, promptiorem bello militem reddit, quam necessitas praeliandi ex praerupto periculorum. Urgentur iaculis, urgentur balistis, quodque his gravius est, propria remordentur conscientia, eo quod proprio principi rebellando, quicunque ex iis deprehensi fuissent, patibuli, quod in praesentiarum erectum cernebant, exspectabant supplicium. Sicut enim est magna miseris tyrannicae obviantibus immanitati consolatio conscientiae spes, sic e converso tali principi, qui non solum legitimus iudex sed et pius praesul dici potest, reluctari conantibus miseriae miseriam cumulat contra conscientiam debitae sententiae metus. Crebris tamen excursionibus, quasi nullo timoris periculo urgerentur, militem in castris manentem lacessebant, iuvenilesque animi, laudis, ut assolet, avidi, virium suarum experientiam utrobique capessebant, illis pro salute, istis pro triumpho dimicantibus, nec hoc sine utriusque partis damno. Nam et ex nostris duo nobiles iuvenes, Kadolus ex Boioaria et Iohannes ex Saxonia, pluribus sauciatis, necantur; ex illis vero, exceptis his quos occisos vel vulneratos intus celabant, nonnulli vivi deprehensi, ligni supplicio in oculis omnium poenas meritas luebant. Ferunt quodam die lapidem vi tormenti ex balista, quam modo mangam[1]) vulgo dicere solent, propulsum ad superiora moeniorum loca conscendisse, ex collisione parietum tribus factis frustis[2]), tres simul milites armatos inter maiores civitatis iuxta principalem ecclesiam de suae reipublicae statu consultantibus stantes uno ictu percussisse necique dedisse. Quia vero castra Papiensium maiorem incursum caeteris sustinebant, iunguntur iis ex imperio principis Guillelmus marchio de Monte Ferrato et quidam alii ex Italicis baronibus. Erat enim ex ea parte puteus seu

---

1) *manga*, eine Art Schleudermaschine. H. G. Dufour, officier du génie, Mémoires sur l'artillerie des anciens et sur celle du moyen-âge. Paris et Genève 1840. Alw. Schulz: „Ueber Bau und Einrichtung der Hofburgen des 12. u. 13. Jahrh. Berlin 1861.
2) frustum terrae = un morceau de terre. At Spelmannus legendum censet, non frustum, sed frustrum, idemque sonare ac agrum nondum proscissum, quo modo terras fraustas appellari supra observavimus.

fons, quo solo poterant oppidani uti, et idcirco Papiensibus prohibentibus, illisque suprema necessitudine, cuius proprium est periculorum discriminis immemorem esse, audacter decertantibus, maior, imo quasi quotidiana instabat conflictatio. Nam amniculus, qui medius percurrebat suburbium, ex ruina turrium caeterorumve moenium a proprio alveo excussus, ne in ipsorum usum etiam feculentus provenire posset, a duce Saxoniae suisque acriter servabatur. Videns princeps plus cupito obsidionem produci — anhelabat enim ad accipiendam Orbis et Urbis monarchiae coronam —, non solum turres machinis quati, sed etiam inusitato satis utens artificio, cuniculos versus turrim Tarquinii, quae Rubea dicebatur, fieri iubet, ut sic ad turrim ipsam per ipsos subterraneos meatus procedentes, fundamento laeso, eam ruinae darent. Nam cum praedicta civitas non in modum aliarum civitatum vallo seu fossa sed praeruptis undique prope interclusa rupibus, naturali praesidio muniatur, ex illa tantum parte aliquantisper remissior hispidaeque rupis firmamento carens, praedictae turris munimentum magnique fossati robur, tanquam huius suae imbecillitatis adiumentum, artificio admisit. Oppidani, non sine quorundam ex nostris proditionis suspicione, ingenium praesentiunt, commentisque usi, iuxta fundamentum turris et ipsi cuniculos faciunt, sicque quibusdam ad eversionem turris procedentibus suffocatis, caeteri a coepto desistunt. Post haec rex naturam naturae ope vincere volens, id est ut naturae praesidiis septos per inopiam cogeret potus, praedictum fontem humanis usibus inutilem facere disponit. Iniciuntur ibi hominum, pecorum foetida et putrescentia cadavera. Sed nec sic repelli poterat misera oppidanorum aviditas. Aliud itidem invenitur ingenium. Incutiuntur fonti ardentes *faculae*[1]), sulphureas et piceas flammas ferentes, sicque aquae ipsae, humanis usibus deinceps inutiles, amaricantur.

a. 1155. Cognitis his princeps animum quidem intus ad misericordiam flexum praesensit, sed dissolutionis suspicionem vitans extra eum in prioris severitatis constantia servavit, illis ut ad arcem redeant iussis. Condescendebat miserae cleri sorti, sed subridebat superbi populi fortunae, quem hoc indicio quasi desperatum et desolationi proximum animadvertebat. At oppidani nondum tot malis victos se fingentes, intra quatuor dies, quibus pro christiani cultus devotione principem hostibus pacem dedisse diximus, baleare tormentum instruunt, ignorante principe ac eos treugam datam observare aestimante. Finito

---

1) facula, die Fackel oder der als Fackel dienende Span, Cato und Prop. faculam allucere vult fortuna, Plaut.

quatriduo oppidani rursus machinis pulsantur. Illi suo quod fecerant vim tormenti propellentes, unum etiam quo magis infestabantur quatiendo frangunt. Quo sine mora reparato, acrius solito urgentur. Tot impulsionum ac maxime sitis defatigatione fracti, ultimaque desperatione correpti Tortonenses tandem de reddenda per deditionis praesidium pertractant arce. Igitur tertia post Paschalem[1]) solemnitatem hebdomada, mense Aprili, animabus solum ex miseratione et mansuetudine principis saluti et libertati datis, civitas primo direptioni exposita, excidio et flammae mox traditur. Eripitur ibi de gravi qua tenebatur captivitate, quidam ex Graecorum proceribus, quem Opicius cognomento Malaspina, male propter pecuniae exactionem ceperat asperisque locis inclusum in ipsa arce tenebat. Videres miseros oppidanos, cum iam securitate concessa de miseris claustrorum ergastulis ad liberam prodirent aeris temperiem, funebri facie tanquam de bustis egredientes mutari, in semet praetendentes, quod dicitur omnium miserabilius esse, claudi obsidione. Peracta victoria, rex a Papiensibus ad ipsorum civitatem triumphum sibi exhibituris invitatur, ibique ea dominica qua Jubilate canitur, in ecclesia sancti Michaelis, ubi antiquorum regum Longobardorum palatium fuit, cum multo civium tripudio[2]) coronatur. Deductis ibi cum magna civitatis laetitia et impensa tribus diebus, inde per Placentiam transiens, iuxta Bononiam pentecosten celebrat, ac ibidem transcenso Apennino citeriorem Italiam, quae modo Tuscia vocari solet, perlustrat. Illic Pisanos, viros in insulis et transmarinis regionibus potentes, obvios habuit, iisque ut naves contra Guillelmum Siculum armarent in mandatis dedit. Eodem fere tempore Anselmus Havelbergensis episcopus ex Graecia reversus, Ravennatensem archiepiscopatum per cleri et populi electionem, simul et eiusdem provinciae exarchatum laboris sui magnificam recompensationem a principe accepit. Igitur rex ad Urbem tendens circa Viterbium castra metatur. Quo Romanus antistes Adrianus IV.[3]) cum cardinalibus suis veniens, ex debito officii sui honorifice suscipitur[4]), gravique adversus populum suum conquestione utens, cum reverentia auditus est. Populus, ex quo senatorum ordinem renovare studuit, multis malis pontifices suos affligere temeritatis ausu non formidavit. Accessit ad huius seditiosi facinoris augmentum, quod Arnoldus quidam

---

1) Anno 1155, pascha incidit in diem 27. Martii.
2) tripudium aus terripavium, nach Cic. Divin. 2, 34. Catull. 61, 26. Liv. 1, 20. Das Stampfen auf die Erde, das stampfende Tanzen.
3) In Rom hatte Adrian IV. den päpstlichen Stuhl bestiegen und Arnold von Brescia den Ketzer gebannt und vertrieben.
4) Die 9. Junii 1155. occurrit ei papa apud Sutrium. Vide Jaffé R. P. p. 663.

Brixiensis sub typo religionis et, ut euangelicis verbis utar, sub ovina pelle lupum gerens, Urbem ingressus, ad factionem istam rudis populi animis praemolli dogmate ad animositatem accensis, innumeram post se duxit imo seduxit multitudinem. Arnoldus[1] iste ex Italia urbe Brixia oriundus eiusdemque ecclesiae clericus ac lector tantum institutus, Petrum Abailardum olim praeceptorem habuerat. Vir quidem naturae non hebetis, plus tamen illorum verborum profluvio quam sententiarum pondere copiosus. Singularitatis amator, novitatis cupidus, cuiusmodi hominum ingenia ad fabricandas haereses scismatumque perturbationes sunt prona. Is a studio a Gallis in Italiam revertens, religiosum habitum, quo amplius decipere posset, induit, omnia lacerans, omnia rodens, nemini parcens. Clericorum ac episcoporum derogator, monachorum persecutor, laicis tantum adulans. Dicebat enim, nec clericos proprietatem, nec episcopos regalia, nec monachos possessiones habentes, aliqua ratione salvari posse: cuncta haec principis esse, ab eiusque beneficientia in usum tantum laicorum cedere oportere. Praeter haec de sacramento altaris, baptismo parvulorum non sane dicitur sensisse. His aliisque modis, quos longum est enumerare, dum Brixiensem ecclesiam perturbaret, laicisque terrae illius prurientes[2] erga clerum aures habentibus ecclesiasticas malitiose exponeret personas, in magno concilio Romae sub Innocentio habito ab episcopo civitatis illius virisque religiosis accusatur. Romanus ergo pontifex, ne perniciosum dogma ad plures serperet, imponendum viro silentium decernit, sicque factum est. Ita homo ille ex Italia fugiens ad Transalpina se contulit, ibique in oppido Alemanniae Turego[3] officium doctoris assumens, perniciosum dogma aliquot diebus seminavit. Comperta vero morte Innocentii, circa principia pontificatus Eugenii Urbem ingressus, cum eam contra pontificem suum in seditionem excitatam invenisset, viri sapientis haud sectatus consilium, de huiusmodi agendi more: — „Ne in eius ignem ligna struas, amplius eam in seditionem concitavit, proponens antiquorum Romanorum exempla, qui ex senatus maturitatis consulto et ex iuvenilium animorum fortitudinis ordine et integritate totum orbem terrae suum fecerint. Quare reaedificandum Capitolium, renovandam senatoriam dignitatem, reformandum equestrem ordinem docuit. Nihil in dispositione Urbis ad Romanum pontificem spectare, sufficere sibi ecclesiasticum iudicium debere." In tantum vero huius venenosae doctrinae coepit invalescere malum, ut non solum nobilium Romanorum

---

1) cf. Bernhardi epistolae 195. 196. et 243.
2) prurire, jucken, malae an dentes tibi pruriunt? Plaut.
3) Zürich.

seu cardinalium diruerentur domus et splendida palatia, verum etiam quaedam de cardinalibus reverendae personae, inhoneste sautiatis quibusdam, a furenti plebe tractarentur. Haec et his similia cum multis diebus, id est a morte Celestini usque ad haec ab eo incessanter et irreverenter agerentur tempora, cumque sententia pastorum iuste in eum et canonice prolata, eius iudicio tanquam omnino auctoritatis vacua, ab illo contemneretur, tandem in manus quorundam incidens in Tusciae finibus captus, principis examini reservatus est, et ad ultimum a praefecto Urbis ligno adactus ac rogo in pulverem redacto funere, ne a stolida plebe corpus eius venerationi haberetur, in Tiberim sparsus. At Romanorum cives de principis adventu cognoscentes, praetemptandum ipsius legatione animum adiudicarunt.

Sole orto, transacta iam prima hora, praecedente cum cardinalibus et clericis summo pontifice Adriano, eiusque adventum in gradibus praestolante, rex castra movens, armatus cum suis per declivum montis Gaudii descendens, ea porta, quam auream vocant, Leoninam urbem, in qua beati Petri ecclesia sita noscitur, intravit. Videres militem tam armorum splendore fulgentem, tam ordinis integritate decenter incedentem, ut recte de illo dici posset[1]): „Terribilis ut castrorum acies ordinata", et illud Machabaeorum: „Refulsit sol in clipeos aureos et aereos, et resplendebant montes ab iis." Mox princeps ad gradus ecclesiae beati Petri veniens, a summo pontifice honorifice susceptus ac usque ad *confessionem*[2]) Petri deductus est. Dehinc celebratis ab ipso papa missarum solemniis, armato stipatus rex milite cum benedictione debita imperii coronam accepit, anno regni sui quarto Jun. 18.[3]), cunctis, qui aderant, cum magna laetitia acclamantibus Deumque de tam glorioso facto glorificantibus. Interim a suis pons, qui iuxta castrum Crescentii ab urbe Leonina usque ad ingressum ipsius extenditur Urbis, ne a furente populo celebritatis huius iucunditas interrumpi posset, servabatur. Peractis omnibus, imperator cum corona solus equum *faleratum*[4]) insidens, caeteris pedes euntibus, per eandem qua introierat portam egressus, ad tabernacula quae ipsis muris adhaerebant revertitur, Romano pontifice in palatio, quod iuxta ecclesiam habebat, remanente. Dum haec agerentur, Romanus populus[5]) cum senatoribus suis in

---

1) cf. 1. Maccab. 6, 39.
2) Beichtzimmer.
3) Jun. 18. a. 1155. Kaiserkrönung durch Papst Hadrian IV.
4) falera instrumenta rustica vel equorum rusticorum.
5) Die Römer hatten sich, durch die gesperrte Tiberbrücke von der Peterskirche abgehalten, noch berathen, wie die Krönung zu hindern sei,

Capitolio convenerant. Audientes autem, imperatorem sine sua adstipulatione coronam imperii accepisse, in furorem versi, cum impetu magno Tiberim transeunt, ac iuxta ecclesiam beati Petri procurrentes, quosdam ex *stratoribus*[1]), qui remanserant, in ipsa sacrosancta ecclesia necare non timuerunt. Clamor attollitur. Audiens haec imperator, militem ex aestus magnitudine sitisque ac laboris defatigatione recreari cupientem armari iubet. Festinabat eo amplius, quo timebat, furentem plebem in Romanum pontificem cardinalesque irruisse. Pugna conseritur ex una parte iuxta castra Crescentii cum Romanis, ex altero latere iuxta Piscinam cum Transtiberinis. Videres nunc hos istos versus castra propellere, nunc hos illos ad pontem usque repellere. Adiuvabantur nostri, quod ex castris Crescentii saxorum ictibus seu iaculorum non laedebantur spiculis, mulieribus etiam quae in spectaculis stabant[2]), suos, ut aiunt, adhortantibus, ne propter inertis plebis temeritatem tam ordinatum equitum decus ab his qui in arce erant praedictis modis sauciaretur. Dubia itaque sorte dum diu ab utrisque decertaretur, Romani tandem atrocitatem nostrorum non ferentes, coguntur cedere. Cerneres nostros tam immaniter quam audacter Romanos caedendo sternere, sternendo caedere, ac si dicerent: *"Accipe nunc, Roma, pro auro Arabico Teutonicum ferrum; haec est pecunia, quam tibi princeps tuus pro tua offert corona; sic emitur a Francis imperium; talia tibi a principe tuo redduntur commercia, talia praestantur iuramenta.* Praelium hoc a decima pene diei hora usque ad noctem protractum est. Caesi fuerunt ibi vel in Tiberi mersi pene mille, capti ferme ducenti, sautiati innumeri, caeteri in fugam versi, uno tantum ex nostris, mirum dictu, occiso, uno capto. Plus enim nostros intemperies coeli aestusque illo in tempore maxime circa Urbem immoderatior, quam Romanorum laedere poterant arma.

Finito tam magnifico triumpho, imperator ad castra rediit, ibique et se et suis, fessa lectulis recipientibus membra, nocte illa conquievit. Altero die cum mercatum a civibus amaricatis

---

und stürmten auf die Nachricht von Friedrich's Kaiserkrönung in gewaltigen Haufen herüber, mordeten und drangen wuthschnaubend in der Deutschen Lager ein, wo sie auf Heinrich den Löwen trafen, welcher sie zurückwarf. 1000 deckten die Wahlstatt und die Uebrigen suchten ihr Heil in der Flucht. cf. Das Bild der Gebrüder Riepenhausen und die darauf folgende Heldenthat des Wittelsbachers, al Fresco in den Arkaden des Münchener Hofgartens.

1) strator = equorum curator, domitor = apaiseur, enseleur, accravanteur.

2) spectaculum, ein Schauspiel, Cic. Ovid. u. Liv., Betrachtung, Besichtigung, Lauer, Liv.

habere non posset, laborantem ciborum inedia militem ad superiora duxit, ac paulisper ad campi planitiem procedens, tentoria locavit. Dehinc iuxta montem Soractem, in quo beatum Silvestrum olim persecutionem fugientem tradunt latuisse, Tiberim transvadens, in quadam valle¹) campi viriditate amoena, cuiusdam amnis cursu conspicua, non longe a civitate Tiburto militem tam crebris laboribus defatigatum aliquantum quiescere permisit. Adventabat toti ecclesiae et praecipue Romanae urbis pontifici et imperatori venerabile festum apostolorum Petri et Pauli. Eodem die missam papa Adriano celebrante imperator coronatur. Tradunt Romanorum ibi pontificem inter missarum solemnia cunctos, qui fortasse in conflictu cum Romanis habito sanguinem fuderant, absolvisse, allegationibus usum, eo quod miles proprio principi militans eiusque obedientiae astrictus contra hostes imperii dimicans, sanguinem fundens, iure tam poli quam fori²), non homicida sed vindex affirmetur. Inde castra movens, inter urbem et Tusculanum³) resedit. —

Jul. 24. Iam tempus imminebat, quo Canis, ad morbidum pedem Orionis micans, exurgere deberet, et vicinis stagnis cavernosisque ac ruinosis circa Urbem locis tristibus erumpentibus et exhalantibus nebulis, totus vicinus crassatur aer, ad hauriendum mortalibus letifer ac pestilens. Urgebatur hoc incommodo in Urbe civis, hoc tempore ad montana consuetus fugere, in castris miles, tanta desuetus aeris intemperie. Nec dubium quin cives ad obedientiam pontifici, ad deditionem principi suo venissent, si miles extra tantum incommodum pati potuisset. Verum innumeris hac coeli corruptione in morbos gravissimos incidentibus, princeps dolens ac nolens suisque tantum morem gerens, ad vicina montana transferre cogitur tabernacula. Itaque proximum ascendens Apenninum, super Nar fluvium, de quo Lucanus⁴): „Sulphureas Nar albus aquas, tentoria fixit", circa Tyburtum a Romano pontifice, relictis sibi captivis, divisus. Ibi per aliquot dies manens, acceptoque prudentum consilio corruptum quem biberant aerem farmatiis propellendum exercitum quantum poterat recreavit.

Peractis ibi aliquot diebus, cum fodrum a vicinis civitatibus et castellis et oppidis exquireretur, Spoletani indignationem principis incurrunt. Dupliciter enim peccaverant, cum 800 librarum facti essent obnoxii, partim defraudando, partim falsam monetam dando. Adauxit huius indignationis cumulum, quod

---

1) ad pontem Lucanum.
2) Non homicida, sed vindex affirmetur. Polosus illustris, in actis S. Henrici imp. tom. 3. Papias polose — alte et sublimiter.
3) Tusculanum = Tivoli. (Tibur.)
4) immo Vergilius Aen. VII, 517. G. R.

Gwidonem comitem, cognomine Gwerram, inter omnes Tusciae proceres opulentiorem, ex Apulia in legatione imperatoris ad ipsum redire volentem, in sua civitate hospitatum, comprehendere captumque tenere ausi sint. Quodque his peius erat, praeceptum principis, eum relaxari iubentis, contemserunt. Imperator ergo plus ex captivitate proceris sui quam ex fraudatione pecuniae motus, in Spoletanos transtulit arma. Illi murorum ambitu altissimarumque turrium munimentorum multitudine non contenti, extra muros cum fundibulariis et sagittariis egressi, occurrendum principi putantes, quos poterant percutiebant, et quos poterant figebant. Videns hoc princeps: Ludus, ait, hic puerorum, non virorum videtur concertatio. Dixit, suosque fortiter in adversarios ruere iubet. Quo sine mora facto vallorumque obstaculis tanquam plano ex ferventium animorum fortitudine transmissis, caeduntur Spoletani, ac aliquandiu viriliter resistentes cedere coguntur. Urbis refugio se recipere volentibus, miles qui a tergo imminebat simul recipitur, fortuna iuvante virtutem. Civitas direptioni datur, et antequam asportari usui hominum profutura possent, a quodam apposito igne concremantur. Cives, qui ferrum flammamque effugere poterant, in vicinum montem seminudi, vitam tantum servantes, se recipiunt. Protendebatur conflictus iste a tertia usque ad nonam horam. Nullus in illo certamine privatus principe strenuior, nullus nec gregarius miles ad sumenda arma promptior, nullus ad periculorum exceptionem nec conducticius eo paratior. Denique ea ex parte, qua maioris ecclesiae pontificalem sedem versus ex convexo montis inaccessibilior civitas videbatur, ipse non solum suos ad assultum adhortatione urgebat, minis cogebat, verum etiam aliis exempla praebebat, et non sine maximo periculo montem in propria persona ascendens, eamque irrupit. Transacto Spoletanorum excidio, princeps ea nocte ibi victor remansit. Postero die eo quod ex adustione cadaverum totus in vicino corruptus aer intolerabilem generaret nidorem, ad proxima exercitum transtulit loca, duobus diebus ibi manens, donec igni residua in usus exercitus non miserorum Spoletanorum cederent spolia. —

Post haec ad maritima Adriatici aequoris loca procedit exercitus. Ibi in confiniis Anconae imperator castra ponens, Palaeologum, quod nos veterem sermonem dicere possumus, nobilissimum Graecorum regalisque sanguinis procerem, et Marodocum egregium virum, ex parte principis sui Constantinopolitani venientes muneraque non parva deferentes, obvios habuit. Quibus auditis causaque viae cognita, per aliquot dies secum detinuit. Dehinc accepto principum qui cum ipso erant consilio, Wicbaldum Corbeiensem simul et Stabulensem abbatem regalem, virum prudentem ac in curia magnum, in Graeciam legatione ipsius ad regiae urbis principem functurum, destinavit.

Inter haec princeps Capuae, Andreas Apuliae comes caeterique eiusdem provinciae exules, Campaniam et Apuliam cum legatione imperatoris ingredientes, civitates, castella caeteraque quae olim habebant municipia sine contradictione recipiunt, accolis terrae putantibus imperatorem e vestigio ipsos subsecuturum. At princeps diu cum proceribus maioribusque de exercitu consultans, plurimum ad inclinandos eorum animos, ut in Apuliam descenderent, laboravit. Verum excandescente amplius in exercitum Canis rabie, vixque aliquibus residuis qui aestus fervore et aeris intemperie corruptionem non sentirent, sautiatis quoque de civitatum, castellorum, oppidorum expugnatione pluribus nonnullisque extinctis, non sine cordis amaritudine ad Transalpina redire cogitur. Igitur signo dato, cunctis ad patriam licentia repedandi conceditur. Intrabant aliae naves per Adriaticum aequor ac insulam, quae modo Venetia dicitur, ad propria reversuri. Inter quos primates fuere Peregrinus Aquileiensis patriarcha, Eberhardus Babenbergensis episcopus, Bertholdus comes, Henricus Carentanorum dux, Odoacer Stirenensis marchio. Alii ad occidentales partes Longobardiae, nonnulli per montem Jovis[1]), alii per vallem Moriannae transituri carpebant iter. Complures adhuc imperatori adhaerebant. Fridericus itaque victor inclitus, triumphator, ab Anconensium territorio castra movens, per Senogalliam, ubi Sennones Gallos olim Romani mansisse autumant, Fanum et Immolam transiens, Appennino transmisso, in plano ulterioris Italiae iuxta Bononiam super Rhenum resedit. Inde per planam Italiam transmisso iuxta beati Benedicti coenobium ponte de navibus Eridano, ad campestria Veronensium revertitur, circa principia mensis Septembris.

Est autem antiqua Veronensium consuetudo, et quasi longinquo imperatorum utuntur privilegio, ut principes Romanorum seu ad Urbem ex Transalpinis partibus venientes seu inde redeuntes, ne per ipsorum civitatem veniendo depopulationi subiaceant, paulisper sursum a civitate per pontem navibus ab iis factum Adesam transeant. Hunc morem Veronenses cum fraude secuti, pontem quidem ex navibus fecerant, sed ex ligamentorum tenaculis tam debilem, ut potius *muscipulam*[2]) quam pontem diceres. Alio itidem commento pernicioso usi fuerant.

---

[1] St. Gotthard:
[2] muscipula = felis, quod muribus insidias faciat, sic dictus. Boncampagnus de obsidione Anconae cap. 11 apud Muratori tom. 6. c. 936.

Ex superioribus amnis partibus validas lignorum strues in plures congesserant fasces, quatenus per hoc huius rei ignarum deciperent militem, id est, ut postquam altera pars transiret, altera ponte per haec diabolica machinamenta dirupto remaneret, ipsi in alteros irruerent. Inciderunt iniqui in *foveam*[1]), iuxta scripturam[2]), quam fecerant. Denique nutu Dei saluti principis exercitusque sui praevidentis factum est, ut et miles sine damno tamen periculose transiret, et praedictae strues supervenientes ponte diruto quosdam ex hostibus, qui exercitum subsecuti fuerant, eodem quo venerant meatu reverti se putantes, interciperent. Qui mox omnes sicut traditores trucidati sunt. Ea nocte fessus laboribus in vicino resedit miles. Erant in imminenti fauces montium, saxumque fortissimum prope in declivo rupis inaccessibilem observans viam. Oportebat per de subtus exercitum transire. Talis est enim ibi natura locorum. Ex una parte labitur Athesis[3]) fluvius invadabilis, ex altera praerupta montis praecipitia viam stringunt, et vix semitam artissimam faciunt. In hac arce, quodam Alberico nobili Veronensium equite auctore, latrunculorum praedandi causa convolaverat multitudo. Igitur adventante exercitu, quidam ex iis, qui eo die quo Athesis transmissa est, transire cupiebant, pacifice ex industri dolo angustias a latronibus transpedare permittuntur. Venientibus sequenti luce aliis, latrones ad saxorum moles currunt, transmeandi facultatem praepediunt[4]). Principem ea latere non poterant. Erant adhuc in comitatu suo duo Veronensium civium illustres equites, qui eum ad Urbem prosecuti ac inde usque ad praesentem locum secuti fuerant, Garzabanus et Isaac. Hos princeps ad latrones destinandos putavit, ut ita communicato concivium suorum consilio a coepta facilius desisterent malitia. Illi eos nec audire sed ictibus propellere, imperator, rursum aliis eo destinatis, illos ab incepto desistere iubet. At illi in pertinaci obstinatione sua remanentes, lapides itidem iactare coeperunt, dicentes, imperatorem ibi numquam transiturum, nisi a singulis equitibus loricam vel equum haberent, et insuper non modicam pecuniam a principe. Audiens haec imperator: Dura est, inquit, haec conditio, durum est latroni principem tributa persolvere. Quid faceret? quo se verteret? Flumen transvadaret? at ad transvadandum aptum natura renitente non erat. Ingenio transiret? pons dirutus fuit. Civitatem versus descenderet? sed et ibi mons ad flumen se stringens clausuram fecerat, quam

---

1) fovea = fossa = τάφος = sepulcrum.
2) cf. Psal. 7, 16.
3) Die Etsch.
4) cf. Gunther IV. r. 396 ff. Helmold I, 66. Otto Morena 813. Ursp. Chr. p. 232.

Veronensium praesidia observabant. Ad consueta priorum virtutum se vertit insignia. Oportebat enim qualicunque praedictam arcem expugnari ingenio. Iubet sarcinas deponi, tentoria quasi erigi, ac si eadem ibidem nocte figenda forent tabernacula. Hic, inquit, tanquam patriae nobis arridente vestibulo, tot decursis periculis laborum nostrorum consummationem hic habebimus. Sic suos alloquens, ac si illo Vergiliano uteretur:

„O socii, neque inexpertes sumus ante laborum,
O passi graviora, dabit Deus his quoque finem.
— Forsan et haec olim meminisse iuvabit"

omnes armari iubet. Deinde vocato Garzabano et Isaac, de situ locorum quove aperiri possit via ingenio, inquirendo solerter edoceri petit. At illi: „*Cernis eam quae super arcem dependet rupem, eminentia sua terribilem, confragosis locis saxorumque asperitate quasi inaccessibilem?* Illam, nisi forte ab eis observatur, si incautis praecipere poteris, propositum tenebis. Nec mora, mittuntur cum Ottone vexillifero[1]) quasi ducenti lectissimi iuvenes armati. Illi per devia silvarum et montium, per concava et confragosa Alpium oberrando loca, tandem cum multo sudore ad rupem perveniunt. Quae dum quasi ferro abscissa nullum ascendendi aditum militi offerret, curvatur alius, ut socium dorso levet, alius ad erigendum commilitonem humeros praebet, post haec de hastis facientes scalam — nam gravabatur admodum hac naturali ut ita dicam scala armatus eques — cuncti ad cacumen perveniunt rupis. Exeritur ab Ottone imperatoris vexillum, quod ab eo prius latenter gestabatur. Hoc signo tanquam victoriam praesagiente, clamor et cantus atollitur, exercitus qui in valle manebat, ad assultum properat. Latrunculi huius rei incauti — putabant enim praedictam rupem cunctis mortalibus inpermeabilem solis avibus perviam fore — viso quod ex infernis et supernis urgerentur locis, desperatione corripiuntur fugamque moliuntur; sed fugae locus non erat. Quicunque enim ex iis praecipitii praesidio se committeret, ex collisione hinc inde saxorum confractus membratimque discerptus antequam ad solum perveniret, animam in inani ponebat. Tanta erat saxi *eminentia*[2]), tanta fuit hispidae rupis *scabrosa*[3]) malitia. Quid plura. Uno ut aiunt excepto solo, qui cavernosis locis absconsus delitescens mortem evasit, caeteri omnes obtruncantur, duodecim cum Alberico captis ac ad supplicium reservatis. Erant pene omnes, qui deprehensi in vinculis tenebantur, equestris ordinis. —

---

[1] Der Bannerherr.
[2] eminentia, die Hervorragung, Cic.: in der Malerei, das vorzüglich Sichtbare, das Licht.
[3] scabrosus, a, um, rauh, Prud. Psychom. 106.

Quibus viris principi demonstratis ad patibulique supplicia adiudicatis, unus eorum locutus est: „*Audi, imperator nobilissime, miseri hominis sortem. Gallus ego natione sum, non Longobardus, ordine quamvis pauper eques, conditione liber, casu non industria his latronibus adiunctus pro resarcienda familiaris rei penuria. Promiserunt se ducturos me ad loca talia, ubi mea posset relevari inopia. Credidi miser, consensi credulus, ductus sum ab iniquis et seductus ad hanc fortunam. Quis enim in quolibet mortalium tam praecipitatae mentis speraret insaniam, tam furentis animi exspectaret audaciam? Quis a proprio cliente has suo principi Urbis et Orbis dominatori necti crederet insidias? Parce, princeps, parce misero, parce seducto!*"

Hunc solum imperator de caeteris sententia mortis eripiendum decrevit, hoc ei tantum pro poena imposito, ut, funibus cervicibus singulorum appositis, ligni supplicio commilitones plecteret. Sicque factum est. Non illis miserrimis profuit multa, quam pro vita redimenda promittebant, pecunia. A districto iudice patibulo appensi sunt. Caeteri omnes, qui per declivia montium dispersi iacebant, ut cunctis transeuntibus temeritatis suae praeberent documenta, in ipsa via in cumulos acti. Fuerunt autem, ut dicebatur, quasi quingenti.

Princeps, transitis locorum angustiis, iam cunctis emensis periculis, nocte illa in Tridentinorum territorio castra laetus locavit. Dehinc per Tridentum vallemque Tridentinam transiens ad Bauzanum[1]) usque pervenit. Haec villa in fine Italiae Boioariaeque posita dulce vinum atque ad vehendum in exteras regiones naturale Noricis mittit. Inde multis se ad propria dispergentibus domicilia, per Brixinoram iter agens, ad Boioariae planitiem eodem ferme quo inde egressus fuerat tempore vertente anno rediit. Haec de expeditionis illius processu et proventu pauca de multis enarrasse sufficiat. Neque enim cuncta ibi fortiter gesta a nobis ea ordinis integritate stilique urbanitate dici poterant, ac si oculis nostris illa vidissemus. Nam antiquorum mos fuisse traditur, ut illi, qui res ipsas prout gestae fuerunt sensibus perceperant, earundem scriptores existerent. Unde etiam historia ab ἱστορεῖν, quod in Graeco videre sonat, appellari consuerit. Tanto enim quisque ea, quae vidit et audivit, plenius edicere poterit, quanto nullius gratia egens, hac illacque ad inquisitionem veritatis non circunfertur dubie anxius et anxie dubius. Durum siquidem est scriptoris animum tanquam proprii extorrem examinis ad alienum pendere arbitrium.

---

1) Botzen.

V. Friedrich's Rückkehr nach Deutschland.

Igitur confecto viae labore, imperator ad palatium remeans, alloquitur in confinio Ratisponensium patruum suum Henricum ducem, ut ei de transactione facienda cum altero Henrico, qui iam ducatum Boioariae iudicio principum obtinuerat, persuaderet. Cui dum ille tunc non acquiesceret, iterum diem alium, quo eum de eodem negocio per internuncios conveniret, in Boioaria versus confinium Boemorum constituit. Quo princeps veniens, Labezlaum[1]) ducem Boemiae, Albertum marchionem Saxoniae, Herimannum palatinum comitem Rheni[2]) cum aliis viris magnis obvios habuit. Tantus etenim eos qui remanserant ob ipsius gestorum magnificentiam invaserat metus, ut omnes ultro venirent, et quilibet familiaritatis eius gratiam obsequio contenderet invenire. Quantum etiam Italis timorem incusserit factorum eius memoria, ex legatis Veronensium perpendi potest, quod in proximo, Deo largiente, plenius dicendum erit. — Post haec imperator Ratisponam Norici ducatus metropolim, curiam celebraturus[3]) ingreditur, habens secum Henricum, Henrici ducis filium, in possessionem eiusdem ducatus mittendum.[4]) Haec urbs super Danubium, qui unus trium famosissimorum fluminum in Europa dicitur, ex ea parte qua praedicto amni duo navigabilia, Reginus scilicet et Naba, illabuntur flumina posita, eo quod ratibus opportuna bonaque sit vel a ponendo ibi rates Ratisbona vel Ratispona vocatur, Boioariorum quondam regum modo ducum sedes. Venerunt ad eam curiam Arnoldus Moguntinus archiepiscopus et Herimannus Rheni palatinus, uterque alter de altero quaerimonias facientes. Denique manente in Italia imperatore, totum pene Transalpinum imperium seditionibus motum, ferro flamma publicisque congressionibus turbatum, absentiam sui sensit praesulis. Inter quos hi duo magnates, tanto ad nocendum efficaciores quanto fortiores, totam pene Rheni provinciam et praecipue Moguntinae civitatis nobile territorium praeda caede et incendiis commaculaverant. Igitur se dante ibi in publico consistorio imperatore, iam saepe nominatus Henricus dux possessionem suam patrumque suorum recipit sedem. Nam et pro-

---

1) Herzog Ladislaus von Böhmen.
2) In Deutschland wieder angelangt, trat der Kaiser mit grosser Strenge gegen den Pfalzgrafen Hermann vom Rhein auf, welcher nebst zehn des Landfriedensbruches beschuldigten Grafen Hunde (eine harte und demüthigende Strafe!) bis zur Grenze tragen musste.
3) Nach Boehmer's Regesten den 17. Sept. 1156.
4) Den langen Streit zwischen den beiden Heinrichen entschied er endlich dahin, dass der ältere (von Oesterreich) das Herzogthum Baiern mit 7 Fahnen dem Kaiser, und dieser es dem jüngeren Heinrich (dem Sachsen) übergab. Hieraus entwickelte sich später das auch auf Weiber vererbliche Herzogthum Oesterreich.

ceres Boioariae hominio et sacramento sibi obligantur, et cives[1]) non solum iuramento sed etiam, ne nullam vacillandi potestatem haberent, vadibus obfirmantur. Imperator ad partes Rheni se conferens, proximum natale Domini Wormaciae celebravit. Ea namque regio, quam Rhenus nobilissimus fluvius, ex trium Europae nobilium fluviorum unus, intersecat, ex una ripa Galliae, ex altera Germaniae limes, in frumento et vino opima, venationibus et piscationibus copiosa — habet enim ex parte Galliae vicinum Vosagum et Ardennam, ex parte Germaniae silvas non mediocres, barbara adhuc nomina retinentes — in Transalpinis manentes principes diutissime servare potest. Ad hanc curiam Arnoldus Moguntinus archiepiscopus et Herimannus palatinus comes venientes, de hoc quod absente principe terram illam, praeda et incendio perturbaverant, accusantur, ambobusque cum complicibus suis reis inventis, alteri ob senectutis morumque gravitatem et pontificalis ordinis reverentiam parcitur, alter poena debita plectitur. Denique vetus consuetudo pro lege apud Francos et Suevos inolevit, ut si quis nobilis, ministerialis vel colonus coram suo iudice pro huiusmodi excessibus reus inventus fuerit, antequam mortis sententia puniatur, propter ignominiam nobilis canem, ministerialis sellam, rusticus aratri rotam de comitatu in proximum comitatum gestare cogatur. Hunc morem imperator observans, palatinum istum comitem, magnum imperii principem, cum decem comitibus complicibus suis canes per Teutonicum miliare portare coegit.[2]) Hoc tam districto iudicio per totam Transalpini imperii latitudinem promulgato, tantus omnes terror invasit, ut universi magis quiescere quam bellorum turbini inservire vellent. Accessit ad huius tam magni boni augmentum, quod princeps circumquaque non impigre discurrens, nonnullorum raptorum castra, munitiones et receptacula diruit, quosdam comprehensos capitali sententia plectendo, alios patibuli tormento torquendo; sola Boioaria propter praenominatam litem huius gratiae particeps nondum fieri meruit.

a. 1156. Imperator in Boioariam rediit et non longe ab urbe Ratispona patruum suum Henricum ducem alloquens, ad transactionem cum altero itidem Henrico faciendam tunc demum inclinavit. Praeponebat hoc princeps omnibus eventuum suorum successibus, si tam magnos sibique tam affines imperii sui principes sine sanguine in concordiam revocare posset. Sequenti dehinc hebdomada in civitate orientalis Franciae Herbipoli

---

1) cf. Dodechin a. 1156. Tritheim Hirs. Tom. I. p. 428.
2) Frontinus in expositione formarum: miliarium habet passus M. ped. V. stad. VIII.

regio apparatu, multa principum astipulatione, iuncta sibi Beatrice Reinaldi comitis filia, nuptias celebrat.¹) Reinaldus iste ex antiqua et illustri Burgundionum prosapia originem trahens, illius Burgundiae comes dicebatur, quae olim a Rudolfo rege imperatori Henrico Conradi filio cum testamento relicta, regnum erat. Haec eadem provincia est, a qua Conradus dux eiusque filius Bertholdus duces vocari consueverunt. Mos in illa, qui pene in omnibus Galliae provinciis servatur, remansit, quod semper seniori fratri eiusque liberis, seu masculinis seu femininis, paternae hereditatis cedat auctoritas, caeteris ad illum tanquam ad dominum respicientibus. Ex qua consuetudine factum est, ut Guillelmus, qui dicebatur puer, huius ex parte patris consanguineus, Conradi vero ducis sororis filius, rerum summam, dum adhuc viveret, illa in provincia haberet. Quo fraude suorum rebus humanis exempto Reinaldo comiti iure hereditario dominium cessit. Actum est hoc sub Henrico V. seu Lothario III. Verum comes nimis iustitiae suae confisus — erat enim homo lenis et ex lenitate sua nimia remissus — curias principis adire neglexit. Ex quo factum est, ut indignatione motus princeps praedictam terram Conrado duci concederet, sicque uterque vicina sibi vindicaret loca. Longo itaque certamine, in tantum ut etiam in campo congressu publico ab eis pugnaretur, pene usque in praesentiarum deducta est haec controversia, donec recenter ab imperatore, sicut cognovimus, eo tenore decisa est, quod Bertholdus praedicti Conradi filius in negocii transactionem tres civitates inter Iuram et montem Iovis, Losannam, Genevam et Noyon accepit, ceteris omnibus imperatrici relictis. Protenditur etenim haec provincia pene a Basilea usque ad Isaram fluvium.

VI. Regensburger Reichstag.

Principes Ratisponae conveniunt eodem anno, ac per aliquot dies praesentiam imperatoris praestolabantur.²) Dehinc principe patruo suo in campum occurrente — manebat enim ille ad duo Teutonica miliaria in papilionibus — cunctisque proceribus virisque magnis accurrentibus, consilium, quod iam diu secreto retentum celabatur, publicatum est. Erat autem haec summa, ut recolo, concordiae. Henricus maior natu ducatum Boioariae septem per vexilla imperatori resignavit. Quibus minori traditis, ille duobus vexillis marchiam Orientalem cum comitatibus ad eam ex antiquo pertinentibus, reddidit. Exinde de eadem marchia cum praedictis comitatibus, quos

---

1) Der Kaiser vermehrte seine eigene Hausmacht durch eine Vermählung mit Beatrix, der Erbtochter des Grafen Rainold von Hochburgund und erwarb dadurch die Franche Comté.

2) 8. Septemb. 1156. Reichstag zu Regensburg.

tres dicunt, iudicio principum ducatum fecit, eumque non solum sibi sed et uxori cum duobus vexillis tradidit, neve in posterum ab aliquo successorum suorum mutari posset aut infringi, privilegio confirmavit. Acta sunt haec anno regni eius 5., imperii 2. Itaque ad civitatem, iuxta quod praeoptaverat, inter patruum et avunculi sui filium terminata sine sanguine controversia, laetus rediit, ac statim sequenti die in publico residens consistorio, ne Boioaria ulterius totius regni quietis immunis esset, treugam a proximo pentecoste ad annum iurari fecit. Porro tanta ab eo die usque in praesentiarum toti Transalpino pacis iucunditas arrisit imperio, ut non solum imperator et augustus, sed et pater patriae iure dicatur Fridericus[1]). Enimvero antequam haec curia terminaretur, praesentata sibi iterum de Coloniensi ecclesia utraque parte alteram electionem, eam videlicet quae a canonicis maioris ecclesiae facta fuit, validiorem iudicans, Fridericum Adolfi comitis filium regalibus investit, sicque eum a Romano pontifice consecrandum ad Urbem misit. —

Constituto in Alemanniae partibus summa prudentia imperio, tota terra illa iam inusitatam et diu incognitam tranquillitatem agebat. Ea denique pax in Germania erat, ut mutati homines, terra alia, coelum ipsum mitius molliusque videretur; imperator autem tanta quiete non ad ocium, non ad voluptatum illecebras abutebatur[2]). —

a. 1158. Instabat iam tempus quo reges ad bella proficisci solent, ipseque in proximo ad Transalpina exercitum ducturus, primo omnium in Deo spem suam reponens, adscitis religiosis et probatis in sanctitate viris tanquam divinum eos oraculum consultabat, atque illorum persuasionibus ecclesiis Dei multa dona imperiali largitate dispergebat. Quibus in negotiis specialem habebat praeceptorem et salutis animae suae fidum secretarium Hartmannum Brixinorensem episcopum, virum qui tunc inter Germaniae episcopos singularis sanctitatis opinione et austerioris vitae conversatione praeeminebat. Hoc ad se adscito, de secretis suis pii se pontificis submisit devote consiliis, religiosi ac christianissimi principis officium exercens, quatenus iturus ad bellum spiriti armis ante muniret animam quam corpus, ante se coelestibus disciplinis praestrueret, quam ad pugnam iturum militem militaribus instruere praeceptis

---

1) Aventin I, 6, p. 389. Friedrich's Machtstellung war jetzt schon so gross, dass er Polen, Böhmen und Ungarn zur Anerkennung der Oberlehnsherrlichkeit brachte und König Waldemar von Dänemark von ihm die Bestätigung der Krone erhielt.

2) Friedrich hielt noch vor seiner Abreise Reichstage zu Frankfurt, Utrecht, Worms und Kaiserslautern. cf. Albert. Stad. p. 288. Chronogr. Saxo. a. 1158.

curaret. Causas autem belli exponens, dum eas iustas tam memoratus antistes quam reliqui sacerdotes cognovissent, ne dignitas imperialis ab indignis imminueretur, et sic pax et tranquillitas turbaretur, salutaribus mandatis praemonitum et praemunitum ad proficiscendum contra hostes instigarunt.

VII. Friedrich's Streit mit der Kirche.[1]

Cum haec agerentur, legati sedis apostolicae Rolandus et Bernhardus Romam reversi, quantas iniurias sustinuerint, in quo periculo fuerint, exponunt, gravibus graviora adicientes, ut in ultionem eorum, quae se pertulisse dixerunt, Romanae urbis pontificis episcopum provocarent. In hoc negotio clerus Romanus ita inter se divisus est, ut pars eorum partibus faveret imperatoris et eorum qui missi fuerant imperitiam causarentur, quaedam vero pars votis pontificis sui adhaereret. Exemplar itaque litterarum a summo pontifice ad archiepiscopos et episcopos super his missarum tale fuit: „Quoties aliquid in ecclesia contra honorem Dei et salutem fidelium attemptatur, fratrum et coepiscoporum nostrorum et eorum praecipue qui spiritu Dei aguntur cura debet existere, ut ea quae male gesta sunt gratam Deo virtutem debeant invenire. Hoc autem tempore, quod absque nimio moerore non dicimus, carissimus filius noster, Fridericus Romanorum imperator, tale quid egit, quale temporibus antecessorum suorum non legimus perpetratum[2]). Cum enim duos cardinales, Bernhardum et Rolandum ad eum misissemus, ipse, cum primum ad eum pervenissent, alacriter visus est eos recepisse.[2]) Sequenti vero die cum redirent ad eum, et litterae nostrae in eius auribus legerentur, accepta occasione cuiusdam verbi, quod ipsarum litterarum series continebat, „*insigne videlicet coronae beneficium tibi contulimus*", in tantam animi commotionem exarsit, ut convitia quae in nos et legatos nostros dicitur coniecisse, et quam inhoneste ipsos a praesentia sua recedere ac de terra sua velociter exire compulerit, et audire opprobrium, et lamentabile

---

1) Papst Hadrian IV., welcher eine Allianz mit dem Normannenfürsten Wilhelm und den Mailändern eingegangen war, fühlte sich stark und mächtig genug, dem Kaiser Vorhaltungen wegen seiner eigenmächtigen Trennung von seiner ersten Gemahlin, Adelheid von Vohburg, zu machen und wegen Misshandlungen an einem schwedischen Erzbischofe in Burgund. Die beiden nach Besançon entsandten Cardinäle Roland und Bernardo hatten sogar es gewagt, die Kaiserkrone ein Beneficium zu nennen. Zur günstigen Zeit kehrte aber Hadrian in seinen ungerechten Anmassungen um und nannte Beneficium nicht ein Lehen, sondern nur eine gute Handlung. Damit waren jedoch für Friedrich die Wege vorgezeichnet, die er der Kirche gegenüber einzuschlagen hatte. —

2) cf. Das Gebahren der ultramontanen Partei gegen des deutschen Reichstages Beschlüsse unserer Zeit.

sit referre. Eis autem ab ipsius praesentia excedentibus, facto edicto, ne aliquis de regno vestro ad apostolicam sedem accedat, per omnes fines eiusdem regni custodes dicitur posuisse, qui eos qui ad sedem apostolicam venire voluerint, violentia debeant revocare. De hoc facto licet aliquantulum perturbemur, ex hoc tamen in nobis ipsis maiorem consolationem accipimus, quod ad id de vestro et principum consilio non processit. Unde confidimus, eum a sui animi motu, consilio et persuasione vestra facile revocandum. Quocirca, fratres, quoniam in hoc facto non solum nostra sed vestra et omnium ecclesiarum res agi dinoscitur, caritatem vestram monemus et exhortamur in Domino, quatenus opponatis vos murum pro domo Domini et praefatum filium nostrum ad viam rectam quam citius reducere studeatis, attentissimam sollicitudinem adhibentes, ut a Reinaldo cancellario suo, et palatino comite, qui magnas iniurias in legatos nostros et matrem vestram sacrosanctam Romanam ecclesiam evomere praesumpserunt, talem et tam evidentem satisfactionem faciat exhiberi, ut, sicut multorum aures amaritudo sermonis eorum offendit, ita etiam satisfactis multos ad viam rectam debeat revocare. Non acquiescat idem filius noster consiliis iniquorum, consideret novissima et antiqua, et per illam viam incedat, per quam Iustinianus et alii catholici imperatores incessisse noscuntur. Exemplo siquidem et imitatione illorum et honorem in terris et felicitatem in coelis sibi poterit cumulare. Vos etiam, si eum ad rectam semitam reduxeritis, et beato Petro apostolorum principi gratum dependetis obsequium, et vobis et ecclesiis vestris suam conservabitis libertatem. Alioquin noverit filius noster ex admonitione vestra, noverit ex promissionis evangelicae veritate, quod sacrosancta Romana ecclesia super firmissimam petram, Deo collocante, fundata, quantocunque ventorum turbine quatiatur, in sua firmitate, protegente Domino, in seculum seculi permanebit. Nec autem, sicut nostis, deceret eum tam arduam viam absque vestro consilio attemptasse. Unde credimus, quod auditis admonitionibus vestris facillime poterit ad frugem sanioris studii, sicut vir discretus et imperator catholicus, revocari".

His litteris talique legatione perceptis, praesules Germaniae communicato in unum assensu et consilio sedi apostolicae in haec verba rescribunt: „Quamvis sciamus et certi simus, quod ecclesiam Dei fundatam supra firmam petram neque venti neque flumina tempestatum possint deicere, nos tamen infirmiores et pusillanimes, si quando huiusmodi contigerint impetus, concutimur et contremiscimus. Inde nimirum graviter conturbati sumus et conterriti de his, quae inter vestram sanctitatem et filium vestrum devotissimum dominum nostrum imperatorem, magni mali, nisi Deus avertat, seminarium praebitura videntur. Equidem a verbis illis quae in litteris vestris continebantur, quas per nuntios vestros prudentissimos et honestissimos, Bernhardum et Rolandum cancellarium, venerabiles presbiteros cardinales, misistis, commota est universa respublica imperii nostri, aures imperialis potentiae ea patienter audire non potuerunt, neque aures principum sustinere, omnes ita continuerunt aures suas, quod nos, salva gratia vestrae sanctissimae paternitatis, ea tueri propter sinistram ambiguitatis interpretationem vel consensu aliquo approbare nec audemus, nec possumus, eo quod insolita et inaudita fuerunt usque ad haec tempora. Litteras autem, quas nobis misistis, debita cum reverentia suscipientes et amplectentes, commonuimus filium vestrum dominum nostrum imperatorem, sicut iussistis, et ab eo responsum, Deo gratias, accepimus tale, quale decebat catholicum principem, in hunc modum: „Duo sunt quibus nostrum regi oportet imperium, leges sanctae imperatorum et usus bonus praedecessorum et patrum nostrorum. Istos limites ecclesiae nec volumus praeterire, nec possumus; quicquid ab his discordat, non recipimus. Debitam patri nostro reverentiam libenter exhibemus, liberam imperii nostri coronam divino tantum beneficio ascribimus, electionis primam vocem Moguntino archiepiscopo, deinde quod superest caeteris secundum ordinem principibus recognoscimus, regalem unctionem Coloniensi, supremam vero, quae imperialis est, summo pontifici; quicquid praeter haec est, ex abundanti est, a malo est. Cardinales in condemptum dilectissimi et reverentissimi patris nostri et consecratoris a finibus terrae nostrae exire non coegimus. Sed cum his et pro his quae et scripta et scribenda ferebant in dedecus et ignominiam imperii nostri ultra eos prodire pati noluimus. Introitum et exitum Italiae nec clausimus edicto, nec claudere aliquo modo volumus peregrinantibus vel pro suis necessitatibus ratione cum testimonio episcoporum et praelatorum suorum Romanam sedem adeuntibus. Sed illis damnis, quibus omnes ecclesiae regni nostri gravatae et attenuatae sunt et omnes pene claustrales disciplinae emortuae et sepultae, obviare intendimus. In capite orbis Deus per imperium exaltavit ecclesiam, in capite orbis ecclesia, non per Deum, ut credimus, nunc demolitur imperium. A pictura coepit, ad scripturam pictura processit, scriptura in auctoritatem prodire conatur. Non patiemur, non sustinebimus, coronam ante ponemus quam imperii coronam una nobiscum sic deponi consentiamus. Picturae deleantur, scripturae retractentur, ut inter regnum et sacerdotium aeterna inimicitiarum monumenta non remaneant. Haec et alia, utpote de concordia Rogerii et Guillelmi Siculi et aliis quae in Italia factae sunt conventionibus, quae ad plenum prosequi non audemus, ab ore domini nostri imperatoris audivimus. Absente autem palatino comite et in praeparatione expeditionis in Italiam iam praemisso, a cancellario ibidem adhuc praesente aliud non audivimus, nisi quod humilitatis erat et pacis, praeter quod eis pro periculo vitae, quod a populo imminebat, pro viribus suis astiterit, cunctis qui ibi aderant, testimonium huius rei ei perhibentibus. De caetero sanctitatem vestram suppliciter rogamus et obsecramus, nostrae ut parcatis infirmitati, ut magnanimitatem filii vestri, sicut bonus pastor, leniatis scriptis vestris scripta priora suavitate mellita dulcorantibus quatenus et ecclesia Dei tranquilla devotione laetetur, et imperium in suae sublimitatis statu glorietur, ipso mediante et adiuvante, qui mediator Dei et hominum factus est homo, Christus Iesus".

VII. Friedrich schlichtet den Streit zwischen Otto und Heinrich.

Ragewin Liber III. cap. 17. Feliciter ergo procinctum movens ac apud Augustam[1]) Rhetiae civitatem ad ripam Lici fluminis castra ponens, confluentem ex diversis partibus militem per septem dies operitur[2]). Interea Romanus antistes de adventu principis certior factus — nam legati eius, videlicet Reinaldus cancellarius et Otto palatinus comes, iam dudum Italiam intraverant — in melius mutato consilio, ad leniendum eius animum nuncios mittit, Henricum cardinalem presbyterum tituli Sanctorum Nerei et Achillei et Iacinctum cardinalem diaconum Sanctae Mariae in schola Graeca, viros prudentes in secularibus et ad curialia negotia pertractanda prioribus missis multo aptiores. —

18. Verum antequam horum iter et negocia prosequamur, non ab re est de praefatis regalium nuntiorum personis et gestis pauca de multis praelibare. Inerat utique his praeclaris viris personarum spectabilitas gratiosa, generis nobilitas, ingenium sapientia validum, animi imperterriti, quippe, ut alias de quibusdam dicitur, quibus nullus labor insolitus, non locus ullus asper, non armatus hostis fomidolosus. Nullius sibi delicti, nullius libidinis gratias faciebant. Laudis avidi,

---

1) Charta data Augustae die 14. Jun. 1158. diremit Fridericus quandam controversiam inter Ottonem ep. Frisingensem et Henricum Leonem exortam. Boehmer 2402.

2) Mailand's Trotz veranlasste den Kaiser zu einer 2. Expedition 1158, auf welcher ihn viele Fürsten, selbst der Böhmenherzog und sein Bruder Pfalzgraf Conrad bei Rhein begleiteten. Heinrich und Welf und die Herzöge von Oesterreich und Kärnthen zogen mit oder folgten nach. Es wird die Reichsacht über Mailand ausgesprochen und seine allmähliche Einschliessung begonnen.

pecuniae liberales erant, gloriam ingentem, divitias honestas volebant. Aetas iuvenilis, eloquentia mirabilis, prope moribus aequales, praeter quod uni ex officio et ordine clericali necessaria inerat mansuetudo et misericordia, alteri, quem non sine causa portabat, gladii severitas dignitatem addiderat. His moribus talibusque studiis sibi laudem, imperio gloriam et utilitates non modicas domi militiaeque peperere, adeo quod tunc temporis pene nihil ingens, nullum exquisitum virtutis facinus in ea expeditione gestum est, in quo hos viros aut primos aut de primis non compererim extitisse. —

19. Itaque in primo suo ingressu in Italiam castra quae Rivola[1]) vocantur, super Clausuram Veronensium sita, natura loci inexpugnabilia, in deditionem accipiunt, existimantes praesidio eorundem in tam strictis locorum faucibus nostros clementiorem aditum veniendi et redeundi invenire. Excepti cum magna frequentia et honorificentia episcopi civiumque Veronensium, tam illic quam in aliis civitatibus fidelitatem imperatori et adminiculum[2]) expeditionis tactis sacrosanctis promitti fecerunt, viamque venturo imperatori praeparantes, eius adventus fidi et utiles praecursores extitere. Sane haec est forma sacramenti, in qua omnes iuraverunt:

„Iuro quod amodo in antea ero fidelis meo Friderico Romanorum imperatori contra omnes homines, sicut iure debeo domino et imperatori, et adiuvabo eum retinere coronam imperii et omnem honorem eius in Italia, nominatim et specialiter civitatem illam, et quicquid in ea iuris habere debet, vel in omni virtute comitatus vel episcopatus N. Regalia sua ei non auferam ibidem nec alibi, et si fuerint ablata, bona fide recuperare et retinere adiuvabo. Neque in consilio ero neque in facto, quod vitam vel membrum vel honorem suum perdat, vel mala captione teneatur. Omne mandatum eius, quod ipse mihi fecerit per se vel per epistolam suam aut per legatum suum de facienda iustitia, fideliter observabo, et illud audire vel recipere vel complere nullo malo ingenio evitabo. Haec omnia observabo fide bona sine fraude. Sic me Deus adiuvet et haec sancta quatuor euangelia".

22. Friderico igitur, castris in campestribus Augustae metatis, ad suam eosdem legatos admittit praesentiam, eisque clementer receptis, causam adventus exquirit. Illi reverenter ac demisso vultu, voce modesta tale suae legationis assumunt principium:

„Praesul sanctae Romanae ecclesiae, vestrae excellentiae

---

1) cf. Spruner's hist. geogr. Atlas: Rivulum an der Athesis in der Grafschaft Garda.
2) adminiculum, die Stütze, die Lehne, Cic.: corporis, Curt.

devotissimus in Christo pater salutat vos, sicut carissimum et spiritalem sancti Petri filium. Salutant etiam vos venerabiles fratres nostri, clerici autem vestri, universi cardinales, tamquam dominum et imperatorem Urbis et Orbis. Quanta dilectione sancta Romana ecclesia amplitudinem et honorem imperii vestri amplectatur, quam sine conscientia peccati vestram satis invita sustinuerit indignationem, et scripta praesentia et in ore nostro positae vivae vocis officium declarabit."

Post haec verba litteras efferunt, quae venerabili Ottoni Frisingensi episcopo ad legendum simul et interpretandum datae sunt, viro utique qui singularem habebat dolorem de controversia inter regnum et sacerdotium. Exemplar litterarum hoc est:

„Ex quo universalis ecclesiae curam, Deo, prout ipsi placuit, disponente, suscepimus, ita in cunctis negotiis magnificentiam tuam honorare curavimus, ut de die in diem animus tuus magis ac magis in amore nostro et veneratione sedis apostolicae debuisset accendi. Unde sine grandi admiratione non ferimus, quod cum, audito ex suggestione quorundam animum tuum aliquantulum contra nos fuisse commotum, duos de melioribus et maioribus fratribus nostris, Rolandum cancellarium et Bernhardum presbyterum, qui pro tuae maiestatis honore in Romana ecclesia soliciti semper extiterant, pro voluntatis tuae cognitione ad tuam praesentiam direximus, aliter quam imperialem decuerit honorificentiam, sunt tractati. Occasione siquidem cuiusdam verbi, quod est *Beneficium*, tuus animus, sicut dicitur, est commotus, quod utique nedum tanti viri sed nec cuiuslibet minoris animum merito commovisset. Licet enim hoc nomen, quod est Beneficium apud quosdam in alia significatione, quam ex impositione habeat, assumatur, tunc tamen in ea significatione accipiendum fuerat, quam nos ipsi posuimus et quam ex institutione sua noscitur retinere. Hoc enim nomen ex bono et facto est editum, et dicitur beneficium apud nos, non *feudum*, sed *bonum factum*. In qua significatione in universo sacrae scripturae corpore invenitur, ubi ex beneficio Dei non tanquam ex feudo, sed velut ex benedictione et bono facto ipsius gubernari dicimur et nutriri. Et tua quidem magnificentia liquido recognoscit, quod nos ita bene et honorifice imperialis dignitatis insigne tuo capiti imposuimus, ut bonum factum valeat ab omnibus iudicari. Unde quod quidam verbum hoc et illud, scilicet: Contulimus tibi insigne imperialis coronae, a sensu suo nisi sunt ad alium retorquere, non ex merito causae, sed de voluntate propria et illorum suggestione, qui pacem regni et ecclesiae nullatenus diligunt, hoc egerunt. Per hoc enim vocabulum: Contulimus nil aliud intelleximus, nisi quod superius dictum est: imposuimus. Sane quod postmodum personas ecclesiasticas a debita sacrosanctae Romanae ecclesiae visitatione, ut dicitur, revocari iussisti, si ita est, quam inconvenienter actum sit, tua, fili in Christo carissime, discretio, ut credimus, recognoscit. Nam si aliquid apud nos amaritudinis habebas, per nuntios et litteras tuas nobis fuerat intimandum[1], et nos honori tuo curavissemus, sicut filii carissimi, providere. Nunc igitur ad commonitionem delecti filii nostri Henrici Bavariae et Saxoniae ducis duos de fratribus nostris, Henricum et Iacinctum cardinales, prudentes siquidem et honestos viros, ad tuam praesentiam destinamus, celsitudinem tuam monentes et hortantes in Domino, quatenus eos honeste ac benigne recipias, et quod ab eis ex parte nostra tuae magnificentiae fuerit intimatum, a sinceritate cordis nostri noverit tua excellentia processisse, ac per hoc cum eisdem filiis nostris, mediante iam dicto filio nostro duce, ita celsitudo tua studeat convenire, ut inter te ac matrem tuam sacrosanctam Romanam ecclesiam nullius discordiae seminarium debeat remanere".

Lectis et benigna interpretatione expositis litteris, imperator mitigatus est clementiorque factus, quasdam causas alio loco memorandas, quae seminarium discordiae praestarent, si non congrua emendatio intervenerit, legatis per capitula distinxit. Quibus ad nutum principis et per omnia bene respondentibus, praesulemque Romanum in nullo regiae dignitati derogare, sed honorem ac iustitiam imperii semper illibatam conservare pollicentibus, pacem et amicitiam tam summo pontificio quam omni clero Romano reddidit, eamque signo pacis et osculo absentibus per praesentes destinavit. Sicque hilariores facti legati donatique regalibus muneribus, divertunt in civitatem.

---

24. Eodem loco iisdemque diebus nuntii regis Danorum nuper electi principis adeunt praesentiam, postulantes quatenus investituram de regno suo regi mittere ac electionem de ipso factam rati exhibitione confirmare dignaretur. Exaudivit eos imperator, praebito et accepto ab eis sacramento iurisiurandi, post reditum suum ex Italia, infra 40 dies regem ad curiam venturum, et regni administrationem de manu principis, debitae fidelitatis interposita securitate, suscepturum.

---

1) intimare, (intimus) hineinthun, hineinbringen, cf. Solin.: Nilus mari intimatur, fliesst hinein; ankündigen, bekannt machen, Cod. Just. u. A.

VIII. Friedrich's 2. Romfahrt.

25. Interea confluente ad ipsum undiqueversus copioso exercitu, nuntii diversorum principum aulam replevere¹), quibus locis singuli eorum cum singulis exercitibus per arctiora montium loca transirent, imperatorem consultantes. Tantae siquidem erant auxiliariorum copiae, quod plurium viarum meatus vix eos prae multitudine sustinere potuissent, videlicet Francorum, Saxonum, Ripuariorum, Burgundionum, Suevorum, Boioariorum, Lotharingiorum, Boemorum, Ungarorum, Carentanorum, et cum his aliae nonnullae Celticae seu Germaniae nationes, viri fortes, bellatores infinitae multitudinis, vario armorum apparatu, iuventus valida et ad bellorum motus imperterrita. (a. 1158.)²) Fridericus habito consilio et provida cognitione usus, hoc modo eis vias et Alpium transitus censuit distribuendos: dux Austriae Henricus, et item Henricus dux Carentanus et simul cum eis copiae Ungarorum, ferme 600 sagittarii electi, pariterque comites et barones illarum terrarum per Canolam et Forum Iulii atque marchiam Veronensem; dux Bertholdus de Zaehringen vel potius Burgundiae cum Lotharingis per viam Iulii Caesaris, quae modo mons Iovis vocatur; multa pars Francorum, Ripariolorum ac Suevorum per Clavennam et lacum Cumanum³); princeps ipse habens in comitatu suo regem Boemiae, ducem Sueviae, videlicet Fridericum filium regis Conradi, fratrem suum Conradum palatinum, comitem Rhenanum, Fridericum Coloniensem, Arnoldum Moguntinum, Hillinum Trivirensem archiepiscopos cum episcopis Conrado Eistetensi, Daniele Pragensi, Hermanno Verdensi, Gebehardo Herbipolensi et abbatibus regalium coenobiorum, videlicet Fuldensi, Augiensi. Taceo marchiones, comites clarissimos et valde potentes, quorum nomina si coner perstringere, delicato seu pigro lectori onerosus existam. His omnibus stipatus agminibus, imo divino comitatus praesidio, divus Augustus Alpium fauces felici procinctu cepit urgere. Iam angustias montium laetus exierat exercitus, iam in planis Italiae campestribus castra metati fuerant, primaque venientium impetum Brissia temere in locis munitis et militum suorum fortitudine confisa, armis ausa fuit excipere. Sed, momento temporis laceratis eius viribus, subacta est. Primo a rege Boemorum graviter attrita, deinde in adventu principis, datis 60 vadibus simulque non modica pecunia, in deditionis pactionem recepta.

---

1) cf. Gunth. Ligurinus VI. B. c. 1. Otto Morena, p. 816. Chron. Ursp. p. 284.
2) Die Deutschen dringen von allen Seiten nach Italien über Canole, Friaul, Chiavenna und den Comersee, über den grossen St. Bernhard ein. Der Kaiser zieht über Trident.
3) Comer-See.

IX. Kriegsgesetze.[1]

26. Residente augusto et ex diversis civitatibus Italiae venientem militem praestolante, consilio inito, commode et religiose satis prius de pacis quam de belli tractat negociis. Conventum ergo principum cogens, leges pacis in exercitu conservandas constituit. Statuimus et firmiter observari volumus, ut nec miles, nec serviens litem audeat movere. Quod si alter cum altero rixatus fuerit, neuter debet vociferari[2] signa castrorum, ne inde sui concitentur ad pugnam. Quod si lis mota fuerit, nemo debet accurrere cum armis, gladio scilicet, lancea vel sagittis; sed indutus lorica, scuto, galea, ad litem non portet nisi fustem, quo dirimat litem. Nemo vociferabitur signa castrorum, nisi quaerendo hospitium suum. Sed si miles vociferatione signi litem commoverit, auferetur ei omne suum harnascha[3], et eicietur ex exercitu. Si servus fecerit, tondebitur, verberabitur et in maxilla comburetur, vel dominus suus redimet eum cum omni suo harnascha. —

Qui aliquem vulneraverit et hoc se fecisse negaverit, tunc, si vulneratus per duos veraces testes non consanguineos suos illum convincere potest, manus ei abscidatur. Quod si testes defuerint et ille iuramento se expurgare voluerit, accusator, si vult, potest iuramentum refutare et illum duello impetere.

Si quis homicidium fecerit et a propinquo occisi vel amico vel socio per duos veraces testes non consanguineos occisi convictus fuerit, capitalem sententiam subibit. Verum si testes defuerint et homicida se iuramento expurgare voluerit, amicus propinquus occisi duello eum potest impetere. —

Si extraneus miles pacifice ad castra accesserit, sedens in palefrido[4] sine scuto et armis, si quis eum laeserit, pacis violator iudicabitur. Si autem sedens in dextrario et habens scutum in collo, lanceam in manu, ad castra accesserit, si qui eum laeserit, pacem non violavit. —

Miles qui mercatorem spoliaverit, dupliciter reddet ablata, et iurabit quod nescivit illum mercatorem. Si servus, tondebitur et in maxilla comburetur, vel dominus reddet pro eo rapinam. —

Quicumque aliquem spoliare ecclesiam vel forum viderit, prohibere debet, tamen sine lite; si prohibere non potest, reum accusare debet in curia. —

---

1) cf. Boehmer apud Brixiam.
2) vociferari = vocare in ius. Vetus placitum, apud Franc. Mariam in Mathildi lib. 3, p. 117. p. 155 ita apud Codinum de Orig. C. P. ἄπελθε ταχέως, φώνησον αὐτούς.
3) harnascha = armatura, lorica, thorax, sed proprie apparatus omnis bellicus. Germ. Harnisch, Anglis harnash, Gall. harnois. Est enim prisca vox Britannica, Hoarn et Haiarn, quae ferrum sonat, unde Harnes lorica ferrea et Harnesa loricam induere.
4) palefridus = paraveredus, palafredus = equus gradarius Gallis palefroi, cheval de service.

Si servus furtum fecerit et in furto fuerit deprehensus, si prius fur non erat, non ideo suspendetur, sed tondebitur, verberabitur et in maxilla comburetur et eicietur ex exercitu, nisi dominus redimat eum cum omni suo harnasch. Si prius fur erat, suspendetur. —

Si servus aliquis culpatus et non in furto fuerit deprehensus, sequenti die expurgabit iudicio igniti ferri, vel dominus eius iuramentum pro eo praestabit. Actor vero iurabit, quod aliam ob causam non interpellat eum de furto, nisi quod putat eum culpabilem. —

Si quis invenerit equum alterius, non tondebit eum, nec ignotum faciet, sed dicet marschalcho[1]) et tenebit eum non furtive, et imponet ei onus suum. Quod si ille qui amisit equum in via deprehenderit oneratum, non deiciet onus eius, sed sequens ad hospitium recipiet equum suum. —

Si quis vero villam vel domum incenderit, tondebitur et in maxillis comburetur et verberabitur.

Faber non comburet carbones in villa, sed portabit ligna ad domum et ibi comburet; quod si in villa fecerit, tondebitur, verberabitur et in maxillis comburetur. —

Si quis aliquem laeserit, imponens ei quod pacem non iuraverit, non erit reus violatae pacis, nisi ille probare possit duobus idoneis testibus, quod pacem iuraverit.

Nemo recipiet hospicio servum qui sine domino est; quod si fecerit, reddet in duplo quicquid ille abstulerit. —

Quicunque foveam[2]) invenerit, libere fruatur ea. Quod si ablata fuerit, non reddet malum pro malo, non ulciscetur iniuriam suam, sed conqueretur marschalcho iustitiam accepturus.

Si mercator Teutonicus civitatem intraverit, et emerit mercatum et portaverit ad exercitum et carius vendiderit in exercitu, camerarius[3]) auferet ei omne forum suum[4]), et verberabit eum et tondebit et comburet in maxillam. Nullus Teutonicus habeat socium Latinum, nisi sciat Teutonicum; sed si habuerit, auferetur ei quicquid habet. —

Si miles militi convitia dixerit, negare potest iuramento; si non negaverit, componet ei 10 libras[5]) monetae, quae tunc erit in exercitu. —

---

1) marschalchus = equiso, curator vel praefectus equorum et Germ. march vel marach = equus et scalch = potens, magister.

2) fovea = thesaurus in terra inventus. cf. Ragew. I. c. 26 quicunque foveam invenerit, libere fruatur ea.

3) camerarius = nuntius camerae sic appellatus, quod a cameraria in provincias mitteretur.

4) forum = merces ipsa, quae in foro et nundinis venum exponitur.

5) 1 Mark. Synodus Vernensis anni 755. De moneta constituimus, ut amplius non habeat in libra pensante nisi, viginti duos solidos et de ipsis viginti solidis monetarius habeat solidum unum.

Si quis invenerit vasa plena vini, vinum inde extrahat ita caute, ne vasa confringat vel ligamina incidat vasorum, ne damno exercitus totius vinum effundatur. —

Si castra quaedam capta fuerint, bona quae intus sunt auferantur, sed non incendantur, nisi forte marschalchus faciat. —

Si quis venatus fuerit cum canibus venaticis, feram quam invenerit et canibus agitaverit, sine alicuius impedimento habebit. —

Si quis per canes leporarios[1]) feram fugaverit, non erit necessario sua, sed erit occupantis.

Si quis lancea vel gladio feram percusserit, et antequam manu levaverit, alter occupaverit, non occupantis erit, sed qui occiderit eam sine contradictione obtinebit. —

Si quis birsando feram balista vel arcu occiderit, eius erit.

Hanc treugam archiepiscopi, episcopi, abbates datis pro se dextris firmaverunt, et violatores pacis pontificalis officii severitate coercendos promiserunt. —

27. Iam totus exercitus tam Cisalpinus qaum Transalpinus convenerat, iam multitudo prudentium et legis doctissimorum in unum coierat, omniumque aures intentae erant, quas ad partes vel in quas nationes in primis eos bellicus labor et voluntas principis invitaret. Tunc imperator, coniuncta cum hilaritate iuvenili regia severitate, ut et timeri pariter et amari mereretur, unde exaudiri posset constitisse et pro concione pariter huiuscemodi usus oratione memoratur:

„Regi regum magnas nos et ingentes debere gratias cognoscimus, cuius dum complacuit ordinatione, ut quasi minister eius et vestri regni gubernacula regeremus, tantam nobis in vestra probitate atque prudentia fiduciam donavit, quod in multis experimentum vestri habentes, salvo nobis benignitatis vestrae praesidio simul et consilio, quaecunque occurrerint, quaecunque rem publicam Romani imperii turbare ausa fuerint, facile reprimenda putemus, imperii, inquam, Romani, cuius apud nos ministerium, auctoritatem penes vos, qui optimates regni estis, recognoscimus. Nemo nos pro libitu nostro bella gerere putaverit, quorum et eventus varius est, et quae comitum suorum videlicet fame, siti, vigiliis, denique diversis mortibus horrenda et formidolosa non ignoramus. Non ad praelium nos accendit libido dominandi, sed feritas rebellandi. Mediolanum est, quod patriis vos laribus excivit, quod caris liberorum et coniugum vos amplexibus abstraxit,

---

1) Dachs- oder Hühnerhunde.

quod hos omnes labores sua irreverentia et temeritate capitibus vestris induxit. Iustam vobis belli causam fecerunt, qui legitimo imperio rebelles inveniuntur. Suscipietis itaque bella ipsa non cupiditate vel crudelitate, sed pacis studio, ut malorum audacia coerceatur, et boni disciplinae suae debitum fructum inveniant. Quod si per desidiam aut ignaviam dedecus a Mediolano vobis illatum vindice gladio non prosequeremur, iam indubitanter eum sine causa portaremus, nec tam esset in hoc nostra laudanda patientia, quam negligentia vituperanda. Ministri ergo iusticiae suffragium vestrum iuste postulamus, ut temeritas adversariorum careat effectu, et imperii status ad nostra deductus tempora nostro ministerio debitum sortiatur honorem. Non inferimus, sed depellimus iniuriam. Cumque iustum bellum sit, quod ex edicto superioris potestatis geritur, agite nunc universi, summam militiae laudem consecuturi, de meritis et laboribus fructum congruo tempore recepturi, obedientiam reipublicae utilitatibus exhibete, quicquid vobis utilitate imperatum fuerit, pro viribus obtemperate; divina siquidem opitulante misericordia, non segnes, non degeneres invenire nos debet inimica civitas in conservando, quod antecessores nostri Carolus et Otho titulis imperii addidere, primique de ultramontanis, ille inter occidentales, hic inter orientales Francos ad regni terminos dilatandos adicere curaverunt". —

Dixerat, verbumque augusti strepitus, clamor favorque totius exercitus prosequitur, et divina quaedam alacritas militibus incidit, salutis datori vota, ac Friderico imperatori fausta, quisque patria voce, acclamantes. At sapientes et legum periti persuadent, Mediolanenses licet improbos et infames, iudicis tamen officio per legitimas inducias citandos esse, ne violentia eis illata, vel contra ius in absentes prolata sententia videretur. Legitimas vero inducias dicunt iudicis edictum unum, mox alterum et tertium, seu unum pro omnibus, quod peremptorium nominatur; quod et factum est. —

28. Itaque Mediolanenses cum viderent universam vim belli suis imminere capitibus, eligunt quos ad curiam mittant legatos, viros eruditos et in dicendo acerrimos. Qui cum se poenalibus et stricti iuris actionibus conveniri viderent, neque principem pactione multae pecuniae posse deliniri, suffragio optimatum frustra quaesito pacisque infecto negotio, ad suos revertuntur. Imperator astipulantibus iudicibus et primis ex Italia, contra Mediolanenses condemnationis proferens sententiam, hostes eos iudicat, omnique apparatu ad obsidionem civitatis accingitur. —

Quibus rebus Mediolani compertis, permota civitas atque immutata urbis facies erat, ex summa laetitia atque lascivia, quas diuturna requies pepererat, repentina omnes tristitia invasit. Festinare, trepidare, suo quisque modo et metu pericula metiri. Ad haec mulieres quibus suae reipublicae magnitudine belli timor insolitus incesserat, afflictare sese, manus supplices ad coelum tendere, miserari parvos pueros, omnia pavere. Fuere tamen plerique, sicut alibi de quibusdam dicitur, qui se et rempublicam obstinatis animis perditum irent. Nam semper in civitatibus, quibus opes nullae sunt, qui aes alienum solvere non possunt, bonis aliorum et quieti invident, nova exoptant, odio suarum rerum omnia mutari student, seditionibus sine cura aluntur, quoniam, ut dicitur, egestas facile habetur sine damno. Praeterea iuventus, quae magis manuum labore victum quaerens inopiam tolerabat, publicis largitionibus excita, urbanum ocium ingrato labori praetulerat. Unde factum est, ut multitudine huius vulgi praevalente reipublicae aeque ac sibi consulerent, ac libentibus animis belli eventum expectarent, nobilioribus et melioribus metu talium silentio addictis. Et haec quidem in urbe. —

X. Einschliessung Mailand's.[1]

29. Fridericus autem per aliquot dies operiens, expectabat, si forte Mediolanenses poenitentia salubris ab incepto rebellionis revocaret, si forte cladis et periculorum consideratio eos propositum mutare persuaderet. Paratus etenim erat serenus principis animus potius correctis veniam praestare, quam post destructionem provinciae cum damno multorum de perdito populo triumphare.[2] Illis ergo in priori pertinacia permanentibus, cunctis comitatus agminibus incipere obsidionem acriter statuit, castraque movens usque ad flumen Adduam processit. Is fluvius Cremonensium ac Mediolanensium fines medius dirimens, saepissime atroces eorum contra sese incursus inhibuit, et tunc quidem propter liquentes in Alpibus nives non mediocri inundatione excreverat, ruptisque pontibus omnino transvadandi opportunitatem exercitu denegare videbatur. Aderant quoque in ulteriore fluminis ripa pugnacissimi Mediolanensium circiter mille equites armati, qui se ope et ratione inundantis fluminis facile vados pontesque defendere posse arbitrati sunt. Verum contra audaces non est audacia tuta[3]. Nempe frustrati sunt, cum ex improviso rex Boemiae et Conradus dux Dalmatiae, cum suis parvi pendentes periculum, aquis se dederint, et quamvis difficillime et non sine clade suorum, imperterriti tamen alveum furentis amnis transvada-

---

1) 1158. 6. Aug.
2) cf. Otto de St. Blasio p. 200 c. 11. Gunth. VII., p. 480. Chron. Col. p. 937.
3) cf. Ovid. Met. X., 544.

verint vel potius transnataverint. Numerus eorum quos aquarum vehementia involvit, involvendo submersit, circiter 60 aestimabatur[1]). Mediolanenses postquam regem praeter spem et opinionem suam transisse cognoverunt, ante pugnam fuga disiecti et ad civitatem reversi sunt, sarcinae relictae, et praeda universa a nostris direpta. Has primitias belli primosque conatus infaustos Mediolanensibus nonnulli asperius auspicati sunt, rerum exitus ex principio metientes. Boemos reliquus exercitus secutus, pars refectis pontibus, pars insano gurgiti se immittentes, tam se quam sarcinas transposuere. —

30. Erant non longe ab eo loco castra quaedam Mediolanensium, Tretium appellatum[2]), in planitie campestri, mediocri eminentia paululum in altum sublatum, quae una parte Addua alluebat, altera muri fortissimi ambitu turrisque fortitudine muniebantur, pontem firmum et ad transmeandum copiosae militiae habilem suis continuans suburbiis. Augustus commoda ratus ad transitum suorum, obsidione cingit, oppugnat et brevi tempore expugnat. Castellani[3]) enim disciplina militum et ingenio conterriti, paulisper quidem primos sustinuere impetus, deinde cum nullum locum fugae, nullum ex urbe praesidium sperarent, scientes quod pro vita res illis erat, dextras postulant, accipiunt, munitionem dedunt; plurimi pendentes, quod in tam adversa fortuna personarum salutem lucrati fuissent. Fridericus ibidem locatis praesidiis, ad obsidionem urbis acies instruxit. —

31. Progrediente autem eo in hostilem terram, quidam ex exercitu multae gloriae avidi, praevenire alios et de virtute certando alter alteri superior inveniri desiderabant. Inter quos erat Eccebertus de Putene[4]), vir nobilitate, divitiis et virtute animi ac corporis insignis, cum quibusdam aliis nobilibus et regalis familiae militibus. Isti coeuntes in unum, circiter mille equites armati, sperantes se aliquid memorabile facturos, ad urbem properant, et pene usque ad portam assultum faciunt, viri digni pro fortitudine, qui meliore fortuna usi fuissent. Nam etsi coeptum casus incidit, tamen non qualiter cesserit, sed quid decreverint attendendum. Excipiuntur siquidem valida hostium multitudine, certatur hastis primo, deinde strictis ensibus dimicatur, vixque in conflictu discerni poterat ex qua parte quisque pugnaret, permixtis viris et propter angustias permutatis, visum pulvis[5]) obortus et excitatus noctis

---

1) cf. Otto Morena p. 817. Ursp. Chr. h. a. p. 285. Sigon. Ital. L. XII. ad. a. 1158 p. 298.
2) cf. Otto Morena c I. p. 816 seq. Trezzo in oriente Modoetiae.
3) Die Besatzung, Garnison.
4) comes de Pütten et Vormbach. Pütten situm est in finibus Hungariae; consulas scriptores a. V. Cl. Raumer laudatos II., 92.
5) Die Staubwolken.

instar excaecabat, vocis autem intellectum magnitudo et diversitas confundebat. Neque enim fugae vel persecutioni locus erat, sed qui inter primos stetissent, aut cadendi aut occidendi necessitatem habebant, quia refugere non dabatur. Nam et posteriores utriusque partis in fronte suos urgebant, nullumque inter dimicantes bello vacuum intervallum reliquerant. Cum autem hostium multitudo nostrorum animos et peritiam vinceret, iamque tota acies pelleretur, comes Eccbertus, uni suorum, qui deiectus fuerat, opem ferre cupiens, subito equo prosilit, militem liberat, iamque vincentes hostes pene solus perturbat et ad vallum usque urbis persecutus est. Fugiebant enim eum universi, neque vim hominis neque audaciam sustinentes. Verum profecto fata virum persequebantur, quae ab homine vitari non possunt. Multitudine quippe adversariorum undique circumfusus, ad terram lancea prostratus est, et detracta galea atque thorace, capite caesus, nemine succurrente, quod locus intercludebat auxilium ferre cupientem. Aegre itaque nobilissimus comes et vir regalis sanguinis perimitur, magnam de se querelam non tantum apud suos, verum apud exteros relinquens. Dictum tamen memini a quibusdam, vivum eum captum et intra urbem atrociter decollatum[1]). Occisi sunt ibi quidam alii nobiles, quorum unus erat Iohannes dux et maior ex exarchatu Ravennatensium, et regii milites, capti quidam, caeteri ad castra revertuntur. Revertentes autem milites interminatio principuum et imperator iratus huiusmodi oratione corripuit:

„Mediolanenses omnia cum deliberatione faciunt atque prudentia, fraudes ex insidias componendo, eorumque dolos fortuna persequitur. Nostri vero, quibus ob disciplinam et consuetudinem obediendi rectoribus fortuna famulatur, nunc contrario peccant. Non immerito itaque vincuntur, depelluntur; quia omnium pessimum est praesente imperatore sine rectore dimicare, cum etiam vincere sine praecepto ducis infamiae sit." Scituros esse, ait, omnes qui de caetero arrogantia egerint, vel minimum quid praeter ordinem moverint, legum severitate se in eos vindicaturum. Circumfusa vero agmina principem pro commilitionibus obsecrabant, paucorumque temeritatem condonari cunctorum obedientiae precabantur, emendaturos esse· peccatum praesens futurae compensatione virtutis. Placatus imperator est precibus, simul et utilitate multitudinis, facto indulgendum putans, multa monens, ut post haec prudentius agerent. Ipse vero quemadmodum se in adversarios ulcisceretur, iam provocatus arctius cogitabat. —

---

1) decollare = decervicare, caput amputare, securi caedere = ἀποκεφαλίζειν, τραχηλοκοπεῖν.

32. Itaque postero die qui lucescit in 8. Kalend. Augusti, Fridericus ad obsidionem urbis ducens exercitum, omnes copias suas in 7 legiones partitur, praeficiens singulis ex principibus duces ordinum, quos antiqui centuriones, hecatontarchos seu chiliarchos appellare consueverunt, cum signiferis aliisque disciplinae et ordinis custodibus. Praemissi autem milites cum stratoribus viarum[1]) ibant, qui aggerum maligna corrigerent, ac devia complanarent, obstacula praeciderent, ne perplexe itinere fatigaretur exercitus. Circum aquilam[2]) et signa alis tubicines et cornicines. Servi singulorum agminum cum peditibus erant, mulis aliisque iumentis advehentes militum sarcinas[3]). Hos sequebantur qui expugnandis urbibus machinas et caetera tormenta portarent. Omnium vero agminum postrema erat mercenaria multitudo. Composito tali modo militum itinere praemonitisque diligenter ne quis ordinem deserat, Martio quodam spiritu repleti, cum valido clamore divinum implorant auxilium. Deinde ociose et cum omni decore progredientes ambulabant, suum quisque ordinem velut bello custodiens. Quemcunque huic negotio liberum spectatorem contigit affuisse, hunc ego experientius intelligere puto, quod dicitur[4]): „Pulchra ut luna, electa ut sol, terribilis ut castrorum acies ordinata." Peracto itinere Fridericus cum omni exercitu, circiter 100 milia armatorum vel amplius, Mediolanum pervenit, ibique positis castris, quamvis promptos ad bellum milites continebat, ne quid eo die attemptarent praecepit. Illi vero, qui ex urbe fuerant egressi, stabant armati super vallum, nihil omnino strepentes, dubium, principis advenientis aspectus utrum hanc reverentiam et huius silentii disciplinam, an metum universis incusserit. In gyrum ergo e regione portarum distribuens exercitum, instruebat obsidionem.[5])

Ragewin 33. De urbis ipsius situ ac moribus cum superiore libro mentio fuerit,[6]) id adiciendum videtur, quod campi planitie undique conspicua, natura loci latissima, ambitus eius super

---

1) strator viarum = stratores praeterea appellati, in exercitibus, qui castra praeibant, ut loca accommodatiora ad exercitum traducendum et idonea castris praepararent.
2) aquila = vexillum, in quo aquila pingebatur. Muratori tom. 10. col. 470.
3) Johannes Voigt, Kaiser Friedrich I. im Kampfe mit dem Lombardenbunde, Königsberg 1818.
4) cant. 6, 9.
5) in gyrum ergo e regione distribuens exercitum. Friedrich vertheilte seine Armee in der Nähe der Stadtthore in einen Kreis.
6) cf. Otto Morena 817. Ursp. Chr. h. a. p. 285. Sigon. It. L. XII. ad. a. 1158 p. 298.

centena stadia circumvenitur. Muro circumdatur, fossa extrinsecus late patens aquis plena vice amnis circumfluit, quam priori anno primitus ob metum futuri belli, multis invitis et indignantibus, consul eorum provide fecerat. Turrium proceritati non tam ut aliae urbes student. Nam in multitudine atque fortitudine tam sua quam sibi confoederatarum urbium confidentes, impossibile arbitrati sunt, a quoquam regum seu imperatorum suam urbem posse claudi obsidione. Unde factum est, ut urbs haec inimica regibus ab antiquo fuisse dicatur, hac usa temeritate, ut semper rebellionem principibus suis moliens, scismate regni gauderet, et geminorum potius dominorum quam unius super se iuste regnantis affectaret principatum, ipsa levis et utriusque ridens fortunam, nec in hac nec in illa parte fidem haberet. Huius rei si quis exempla desiderat, ad Luidprandum[1]), qui gesta Longobardorum composuit, recurrat.

Divisis inter principes exercitibus ad portas urbis, singuli eorum festinare, parare vallo, sudibus[2]), palis[3]) aliisque propugnaculis castra munire propter improvisos hostium excursus decertabant. Neque enim vineis, turribus, arietibus aliorumque generum machinis tantam urbem attemptandam putabant, sed longa potius obsidione fatigatos ad deditionem cogi, vel si foras propter fiduciam multitudinis erupissent, praelio superatum iri. Oppidani non segnius ea quae sibi usui forent procurare, munimenta castrorum disturbare, crebris excursibus exercitum attemptare, sagittariis et fundibulariis plerosque sauciare. Erat in extrema parte exercitus Conradus palatinus comes Rhenanus, germanus imperatoris, et dux Suevorum Fridericus cum Suevis caeterisque ipsorum commilitonibus obsidionis agentes negotia circa portam sibi destinatam. Mediolanenses opportunum rati, vel pro eo quod pauciores aliis agminibus et iuniores aetate, vel quod sequestrati a fortitudine exercitus auxilium invenire non possent, eos invadere statuunt, sperantes facile se aut plenum de illis triumphum reportare, aut forti aliquo patrato facinore vitam pacisci pro laude. Itaque post occasum solis, cum praeter vigiles tantum totus miles fessa labore corpora somni quiete recreanda speraret, apertis portis cum pugnacissimis egressi, disiectis custodibus, usque ad iam dictorum heroum castra excurrunt, oppugnant, sauciant. Alemanni ubi

---

1) cf. Liudprandi opera ed. Pertz Mon. 55. III. 264—363, 1 besonderer Abdruck in octav. Koepke, de vita et scriptis Liudprandi, Berol. 1842. 8.

2) *Suda* = fossa seu potius vallum, quibus vallum ipsum et castra muniuntur. cf. Amm. Marc. lib. 51.

3) *Pala* = fossorium instrumentum, quo solum vertitur.

hostes adventare senserant, inopinata re ac improvisa primo percussi, alter apud alterum formidinem simul et tumultum facere, deinde alius alium appellare, hortari, arma capessere, venientes excipere, instantes propulsare, clamor permixtus hortatione et strepitus armorum ad coelum ferri, tela utrimque volare, pro ingenio quisque, pars cominus gladiis, pars pugnare lapidibus, seu alterius generis missilibus. Non procul ab hinc rex Boemorum castra posuerat. Is ex quo bellicum clamorem accepit, decernit laborantibus sociis auxilio fore debere. Quanta ergo poterat velocitate, suos arma capere, equos ascendere iubet; ipse cum militibus electis et sagittariis et tubicinis ac tympanistris praeire. Non eos morabantur vinearum aggeres seu maceriae[1]), non asperitas et insolentia loci retinebat. Ea vero consueti Sclavorum equi facile ludere. Nostri ubi ex sono tubarum et tympanorum amici regis adventum cognovere, animosiores et laetiores effecti, resistere, hortari se invicem ne deficerent neu paterentur hostes iam fugituros vincere. Aderant Boemi, tum demum maxima vi certatur, maximo clamore cum infestis signis concurritur. Rex ipse cominus acriter instare, laborantibus succurrere, hostem ferire, strenui militis et boni regis officia simul exequebatur. Oppidani ubi vident contra ac rati erant, se in medios hostes devenisse, nec impetum regis sustinere posse, terga vertunt. Nostri fugientibus instant, et usque ad angustias portarum persecuti, in reliquum tempus pacem sibi de incursionibus illorum peperere. Hostium quidam occisi, plurimi capti, magna pars vulneribus confecti. —

XI. Otto's Heldenthat.

Ragewin 35. Quia vero tam superbae urbis tam famosam obsidionem se non meminit aetas nostra vidisse, pro eo quod non solum Alemannici sed et Italici regni vires ibi adunatae fuerant, quisque gloriosus ac laudis avidus alius alium in aliquo egregio facto, unde sibi nomen faceret, praevenire satagebat. Igitur Otho palatinus comes Boioariae, cuius saepe iam mentio facta est, cum duobus fratribus suis, Friderico et Othone iuniore, aliaque sibi coniuncta militia ad portam, quam ipsi vallaverant, diligentius hostium conamina observabant. Quodam ergo die dum ocius ipsos agere rarosque circa portam custodes aspexissent, visum est eis temptandam fortunam. Ergo propinquante vespero, clanculo[2]) milites armari iubent, servosque ignem cum aridae materiae fasce praeparatum habere, quatenus dato signo pariter ex improviso procurrerent, et

---

1) maceria = materia, quaevis materia lignea aedibus aedificandis idonea. Maceriae dicuntur longi parietes, quibus vineae vel aliud clauduntur. C'est maisière.

2) clanculum = occulte cf. vita S. Dunstani A. 4. p. 354.

pontem ac portam ipsam, si fieri posset, exurerent. Parent dicto, atque ad nutum praecipientium subito prosilientes, usque ad propugnacula pontis super aggerem disposita venerunt, ignemque, sicut praecepti fuerant, haud segniter iniecerunt. Populus urbis tumultu excitatus, improviso metu, incerto quid potissimum facerent, trepidare, cum erumpentibus flammis propugnacula et aggeres concremari cernerent, timere ne aridum nactae fomitem citius volitando non solum pontes et portam, verum ipsam urbem pessundarent. Clamor ergo ac tumultus per urbem varius agitatur, curruntque permixti inermes et armati, prohibituri incendium. Concurritur infesto Marte, certatur magnis viribus ab utrisque, obscuram noctem incendium et faculae taedaeque ardentes illuminabant, fragor percutientium, gemitus percussorum, voces adhortantium hinc inde varie resonabant. Hi, ut coeptum eorum efficaciam obtineret, illi, ut ignem restinguerent nostrosque a porta propellerent, summa vi conabantur. Comites ipsi duces praelii in hoc certamine, sicut et in aliis multis, omnibus se periculis prostituentes, sicut optimi bellatores fortitudinem corporis ac animi magnitudinem adeo sub oculis omnium clarere fecerunt, ut de eorum virtute etiam hostis iudicaret, et quivis spectator testis fieret. Multo autem labore consumpto liteque in horam noctis protracta miles ad castra revertitur. Sauciati utrimque plurimi, verum atrocitatem cladis beneficium noctis imminuebat. —

36. Nec minus populares Mediolanenses turpe habentes, si remissius in nostros agerent, ubi tempus et locum invenerunt, non cum valida quidem manu, sed perpaucos sive sagittarios sive fundibularios incautos sauciando, temeritatis atque audaciae suae magnitudinem ostentare conabantur. Et illi quidem, qui ad superiores conflictus venerant, moderatius agere, alii vero tamquam non experti, per singula momenta excursiones moliri. Ad portam itaque quam observabat Henricus dux Austriae, vir nobilitate generis et animi clarissimus patruusque imperatoris, dum saepius hanc exercerent iniquitatem, non dignum ratus facinus hoc sine ultione praeterire, ad correctionem eius et vindictam accepta opportunitate accingitur. Igitur universis, quos secum habebat, armatis, auxiliariis Ungarorum copiis in sagittando optimis cum caetera heroum, qui sibi sociati fuerant, cohorte assumptis, omni conamine oppugnationem portae disponebat. Non hoc latere poterat Mediolanenses, quippe molitiones[1]) nostrorum praesentientes, ignominiam iudicabant, si pares, imo plures multitudine, minori animo, venientibus non occurrent. Per turmas[2]) ergo et cohortes suas egressi,

---
1) molitio, Veranstaltung mit Mühe, rerum, Cic.
2) turma, Schwadron, der 10. Theil einer ala.

committunt se, seque mutuo maxima vi caedunt, sauciant, capiunt, fugant. Tum spectaculum horribile, sequi, fugere, occidi, capi, equi atque viri afflicti, ac multi vulneribus acceptis neque fugere posse, neque quietem pati, niti modo, ac statim concidere. Postremo omnia constrata telis, armis, cadaveribus, et infecta sanguine tellus. Ex parte oppidanorum iterum male pugnatum est, ipseque dux, cuius ibi probitas mirifice probata est, haud dubie victor, eos intra moenia fugavit, et a solita in posterum eruptione compescuit. Inter alios qui ex Mediolanensibus eo praelio ceciderunt, occisus est quidam ex nobilissimis illorum, nomine Statius, quem, ut tunc fama fuerat, regulum se creare cogitaverant, auditaque morte eius, tota civitas luctum assumpsit, corpusque mortui cum vivis, quos nostrorum habebant, et copiosa pecunia commutantes redemerunt et regalibus exequiiis honorando sepelierunt.

37. Illud etiam non ab re est memorare, quod quidam ex oppidanis vir in oculis suis sibi placitus, progressus versus castra imperatoris, velut equitandi imperitiam nostris exprobrans, quaedam superba prolocutus est, et quemlibet fortissimum ac equitandi peritissimum ad singulare certamen provocavit, cepitque vertibilem equum modo impetu vehementi dimittere, modo strictis habenis in gyrum, ut huic negotio mos est, revocare, moxque varios perplexosque per amfractus discurrere. At qui contra steterunt, multi quidem dedignabantur[1]). Erat autem inter eos, ut assolet, etiam qui timeret. Quosdam vero non inconsulta movebat ratio, cum mortis cupido non debere confligere, et cum his in discrimen venire, quos neque vincere magnum sit et vinci dedecore periculosum, non fortitudinis, sed insipientiae videri. Cum autem diu nemo procederet, multaque ille nostrorum timiditati illuderet, nobilis comes Albertus de Tyrol, ad omnem virtutis commendationem idoneus, inermis et palefrido sedens, solo clypeo accepto et hasta, praefato Liguri obviam venit, eumque tripudiantem[2]) et vana iactantem deiecit, cadentemque dedignatur occidere, contentus ad laudem, quia visus est potuisse. Ita nostros ultus comes Albertus, nil glorians, ad suos revertitur, vir minimae iactantiae et qui semper manu quam lingua promptior inveniri volebat. Ita inter nostros principes contra Ligures varium pro virtute et gloria certamen in dies habebatur.

38. Inter haec princeps ipse impiger omnia quae ad cladem et eversionem urbis erant providere, muros modo cum

---

1) dedignari = respuere, dédaigner cf. Lex. Alem. tit. 41.
2) tripudiare = gradus baculo veluti tertio pede firmare.

paucis modo cum multis et lectis militibus circumire, ubi muros aggrederetur explorare, omni modo temptare, si posset inclusos ad congressionem et pugnam provocare. His circuitionibus alteram partem civitatis, quae necdum obsidione adeo fuerat subacta et artata[1]), quia pecora eorum extra pascerentur civibusque intrandi et exeundi pateret aditus, ita compescuit et cohibuit, ut tum demum cervicem dimitterent, et quale esset obsidione claudi experimento addiscerent. Euntem in gyrum imperatorem arbitrantes ad assultum faciendum venire in urbe tumultus exoritur, ingens trepidatio, signorum crepitus, tubarum sonitus, fortes ad arma, mulieres et invalidi senes ad lamenta. Nemo tamen extra progredi ausus, ad defensionem tantum urbis armata iuventus et imperterrita ad modum coronae consistebat, sed nec ad portam, ubi militia principis obsidionem celebrabat, excursiones facere, dubium an metu, an reverentia imperatoris cohiberentur. Erat non longe a vallo, id est quantum arcus iacere potest, quasi turris quaedam fortissima, ex quadris lapidibus solido opere compacta. Mirabilis autem fuit lapidum magnitudo. Nec enim ex vulgaribus satis, aut quae homines ferre posse crederentur, sic autem manibus artificum formata, ut quatuor columnis sustentata, ad similitudinem Romani operis, vix aut nusquam in ea iunctura compaginis appareret, unde et Arcus Romanus appellatus est, sive ab antiquo aliquo Romanorum imperatore ob decorem et memoriam in fornicem triumphalem erecta, sive, ut in gestis Longobardorum reperitur, ad expugnationem et cladem urbis ab uno rege nostrorum fuerit fabricata. Erant in ea virorum receptacula et coenacula 40 lectorum vel amplius capacia, collectis ibi tam in armis quam in victualibus quae ratio necessitudinis ad obsidionis tempus desiderabat. Ibi Ligures sua praesidia locaverant duplici ratione, ut et hostibus usui non esset, cum exinde quicquid in urbe ageretur velut e specula facile videri, itemque quid in castris fieret quidque exercitus strueret ipsis continuo denunciari posset. Fridericus, versis in contrarium rationibus, hanc expugnare statuit, verum cum instrumentis sive machinis aut aliquo tormentorum genere pro firmitudine sua pulsanda videretur, triplici ordine iaculatorum et sagittariorum eam vallat, tantaque illorum erat et multitudo et in feriendo peritia, quod haud dubio mortem appeteret, quisquis in propugnaculis appareret. Summa ergo necessitate coacti, dextras petunt, et ut sibi parceretur rogabant, acceptaque fide publica, munitionem tradunt et recedunt. Exinde nostris arx illa usui.

---

1) artare (arctare) zusammenpressen, Cels.: trop. einschränken, verkürzen, omnia artata, Liv.

39. Nemo in hac obsidione maiori studio maiorique atrocitate quam Cremonensium et Paviensium desaevit exercitus[1]), nullisque obsidentium obsessi se magis ac illis offensos et infensos praebuere. Longissimis siquidem simultatibus et discordiis inter Mediolanenses atque has civitates agitatis, multis milibus hominum hinc inde vel occisis vel dura captivitate afflictis, territoriis praeda et incendiis vastatis, cum se Mediolani, quod propriis viribus et auxiliariis civitatibus praevalebat, ad plenum vindicare non potuissent, opportunum tempus adepti, iniurias suas ultum iri decernunt. Itaque non ut cognatus populus, non ut domesticus inimicus, sed velut in externos hostes, in alienigenas, tanta in sese invicem sui gentiles crudelitate saeviunt, quanta nec in barbaros deceret. Vineta, ficeta, oliveta Mediolanensium pars radicitus evellunt, pars excidunt, alii corticibus abrasis ignibus idoneam praeparare materiam. Quando gladiis inter se res ageretur, et mutuo casu vel illac vel hac quispiam infelix caperetur, hi qui extra in conspectu hostium, aut mucronem iugulo condere aut spiculo[2]) configere, qui vero intus, ne crudelitate inferiores invenirentur, captum per membra dividere forasque suis miserabile spectaculum proicere. Et tale quidem conlatinorum inter se commercium fuit.

XII. Der Mailänder Noth und Bedrängniss.

40. Iamque malis plurimis attriti Mediolanenses. Crescebat autem in urbe cum fame desperatio, et in dies singulos utrumque malum amplius accendebatur. Erat nempe collectum ex toto territorio infinitum vulgus, diversusque erat victus, cum potentiores quidem amplius haberent, infirmiores autem penuriam deplorarent. Quippe fames super omnes clades habetur; nam, ut ait quidam: „Quod reverentia dignum est, in fame negligitur. Huc accessit ultio divinae animadversionis, totamque pene civitatem morbus ac pestilentia vexabat. Urgentibus itaque pariter fame, ferro, peste, populus ad deditionem commotus est, iamque illorum multitudo profugere cogitabat. Qui vero acrioris ingenii, seditionibus operam dabant, dicentes, pro liberata patria et honore urbis vitam se morte velle commutare. His inter se dissidentibus, quidam ex illis, quibus sanior mens erat, qui pacem malebant quam bellum, decrevere, ut concione habita populum ad considerationem communis utilitatis provocarent et magnitudine periculorum a rebellione deterrerent. Huius auctor negotii dicitur fuisse Guido comes Blanderatensis, vir prudens, dicendi peritus et ad persuadendum idoneus. Is cum esset naturalis Mediolani civis, hac tempestate

---

1) Sigon. Ital. L. XII. ad. a. 1158. p. 298.
2) spiculum = fornix acuminatus, ab acumine spicae dictus. cf. Chron. Casin. lib. 3. c. 26.

tali se prudentia et moderamine gesserat, ut simul, quod in tali re difficillimum fuit, et curiae carus et civibus suis non esset suspiciosus. Aptus ergo qui ad transigendum fidus mediator[1]) haberetur, et pro concione huiuscemodi usus sermone commemoratur: "Si vestrae reipublicae hactenus fidem servavi, si statum et honorem Mediolani stare incolumem ac inconcussum optavi, feci quod debui. Tanta mihi gratia ab ineunte aetate, tanta mihi a vestra benevolentia exhibita sunt beneficia, quod ad gratiarum actiones imparem et insufficientem me cognosco, nisi forte bonae conscientiae, bonae voluntatis obsequium aliquod mihi apud vos meritum pepererit. Harum rerum vestra fretus probitate, fiducia vos testes exhibeo. Unde non vereor in tali rerum articulo a quoquam bono notari, etiam si praeter libitum suum ac secus quam suo rapitur desiderio quippiam a nobis audierit. Beatum enim me aestimo horum, a quibus vacuos esse decet, qui de rebus dubiis consultant. Haec sunt, ut ait quidam, odium, amicitia, ira atque misericordia; ubi illa officiunt, haud facile animus verum providet. Vestra dignitas, fama atque fortuna non in obscuro, sed in excelso fuit, vestraque facta cuncti mortales novere. Sed decebat in maxima fortuna minimam esse licentiam. Novimus quos et quot reges Mediolanum sua constituerit auctoritate, novimus quos et quot adepto regno propulerit. Sed profecto in omni re fortuna dominatur, ea, ut dicitur, cunctas res pro libitu magis quam pro vero celebrat obscuratque. Paululum haec fortuna immutata est; mobilis enim est, eiusque constantia volubilem esse ac minime permanentem. Tendamus cum rota, forsitan qui modo infimus axe teritur, elevatus rursus ad astra feretur. Sensit mecum qui dixit: "Heus, omnium rerum vicissitudo est." Scio qui dicant: "Libertas res inaestimabilis est, pulchrum pro libertate pugnare." Fateor attamen id in principio decere fieri, semel autem subditum, et qui multo tempore paruisset imperio, iugum excutere, malae mortis cupidum, non libertatis amatorem videri. Validissima lex est tam feris bestiis quam hominibus praefinita, potentioribus cedere, quique armis vigent, his obedire victoriam. Divinae quoque legi resistit, qui potestati resistit. Timendum ergo non solum vos imperatori sed etiam Deo resistere. Grave quidem confiteor, post longum ocium, post longam libertatis consuetudinem iugum frenumque portare; sed consoletur ignominiam subiectionis dignitas imperii ac nobilitas imperantis. Meliores nobis fuerunt patres nostri et maiores, fide, probitate caeterisque bonis aeque vel amplius nobis gloriam, honorem libertatemque affectarunt, imperio tamen Transalpino resistere non potuerunt. Subeant vobis

---

1) mediator, der Vermittler, Appul.

pro exemplo Carolus Magnus et Otto primus Germanorum imperator. Eapropter tametsi varia belli discrimina iam in parte sitis experti, optimum tamen est ante intolerabilem calamitatem mutare sententiam, dumque licet, salutare sequi consilium. In clementia principis magna spes nobis sita est, qui non in finem irascetur, nisi ad finem usque insolentes ipsi fueritis. Brevi autem quamvis armis perrumpi claustra murorum non possint, fames atque pestilentia pro illis pugnabit. Versentur obsecro in conspectu cuiusque filii, coniuges et parentes, quos paulo post, nisi mutata sententia, aut bellum aut fames absumet. Non ignavia, sed consideratione periculorum me quisquam haec suaderi crediderit. Ipse ego pro populo meo, pro urbe mea mori paratus sum, impendamque libenter mercedem salutis vestrae sanguinem meum.

41. Postquam dicendi finem fecit, alius voce, alius nutu aut assentire, aut contradicere; vicit tamen imprudentiam consilium saniorum. Unanimes itaque facti per consules et primos civitatis, primo regem Boemiae ducemque Austriae[1]) conveniunt, dehinc mediantibus illis alios principes, eosque ad imperatorem de pace supplicaturos dirigunt. Princeps pro regali[2]) mansuetudine, pro humanitate naturali cives civitati, civitatem civibus servare cupiens, gratum habebat cognito populum de pace sentire, consilioque habito, cum videret omnium animos summa alacritate id appetere, de pacis pacto et conditione pertractat. Quod tale fuisse, scriptura exinde facta declarat, cuius hoc exemplar est:

„Nomine domini nostri Jesu Christi. Haec est conventio, qua Mediolanenses in gratiam imperatoris redituri sunt et permansuri. Cumas et Laudam[3]) urbes ad honorem imperii relevari non prohibebunt, et amodo nec impugnabunt nec destruent, et a fodro[4]) et in viatico[5]) et ab omni exactione se ibidem per omnem eorum ditionem continebunt, et ultro se non intromittent, ut sint liberae illae civitates, sicut Mediolanenses ab ipsis sunt liberi, excepto iuris ecclesiastici, quod habent ad archiepiscopum et ecclesiam Mediolanensem. —

Omnes Mediolanenses communi modo a minoribus usque ad maiores, ab annis 14 et supra usque ad annos 70 fidelitatem imperatori iurabunt sine malo ingenio et observabunt. —

---

1) cf. Appendix ad libr. VII. Ottonis de St. Blasio c. 11.
2) Die Friedensbedingungen, welche Kaiser Friedrich den Mailändern dictirt.
3) Comi und Lodi.
4) *fodrum*, foderum, fodrium. Ita scriptores inferioris aetatis appellarunt annonam militarem, seu quae praebebantur ad victum militum, vel equorum, ut stramentum et palea etc. = Futter.
5) *viaticum*, das Reisegeld. Viaticum alicui dare, Plaut.: ut mihi viaticum reddas, quod impendi, Cic.:

Palatium imperiale honoris causa imperatori arbitratu bonorum elevabunt et cum debito honore bona fide observabunt. —

Pecuniam pro emendatione iniuriarum imperatori vel imperatrici sive curiae promissam statutis temporibus persolvent, hoc est tertiam partem infra 30 dies, ex quo haec pactio confirmata fuerit, aliam vero tertiam partem infra octavam beati Martini[1]), tertiam autem residuam partem infra octavam epiphaniae[2]). Hisque sic persolutis, nullis privatis teneantur promissionibus. Pecuniae promissae summa haec est: Novem milia marcarum argenti sive auri vel monetae eiusdem aestimationis et precii. —

Pro his tantum praetaxatis capitulis bona fide complendis et conservandis 300 obsides dabunt capitaneos, valvasores[3]), populares, quales approbati fuerint ab archiepiscopo Mediolanensi et comite Blandratensi et marchione Guillelmo Montisferati et tribus consulibus, si haec imperatori placuerint, iuramento astrictis ad hanc electionem fideliter faciendam. Obsides vero in partibus Italiae omnes serventur, praeter 50 vel pauciores per interventum regis Boemorum Ladezlai et aliorum principum ultra montes, si imperatori placuerit, deferendos. Quibus autem commissi fuerint obsides in Italia, iurent in praesentia Mediolanensium ad haec praedestinatorum, quod praefixo tempore transacto, infra octo dies ex quo requisiti fuerint a Mediolanensibus, eos iis libere reddant, ut illi securos habeant, si praetaxata capitula ab eis observata fuerint. Tres vero principes Alemanniae dextras dabunt, quod obsides illi qui ultra montes deferentur, si qui erunt, eodem pacto cum fide reddentur. —

Consules vero, qui nunc sunt ex auctoritate et concessione imperatoris, usque ad Calendas Februarii proxime venturas perseverent, et pro consulatu suo imperatori iurent. Venturi vero consules a populo eligantur, et ab ipso imperatore confirmentur, quorum medius ad ipsum veniat, dum in Longobardia fuerit, alias autem eo existente, duo ad eum ex consulibus veniant, et iuramento facto, officium consulatus sui ab imperatore recipiant, pro se et sociis facturis idem iuramentum imperatori coram omnibus suis civibus. Si autem legatus ab imperatore destinatus fuerit in Italiae partes, eadem coram ipso et per ipsum fiant. —

Legati vero imperatoris in Italiam missi si urbem adie-

---

1) bis zur ersten Woche nach Martini.
2) 6. Januar.
3) valvasores = vavassores, generatim sunt vassali feudales = Untergebene.

rint, in palatio sedeant, et placita ad eos delata ad honorem imperii diffiniant. —

Antequam castra ab obsidione moveantur, captivi omnes reddantur in potestatem regis Boemorum, qui et securitatem per se et honestos principes eis faciat, quod captivos illos imperatori reddet, si eis imperator pacem fecerit cum Cremonensibus, Paviensibus, Novariensibus, Cumanis, Laudensibus, Vercellensibus, non solum Mediolanensibus verum etiam confoederatis eorum, Tordonensibus, Cremonensibus et Insulanis, salvo honore imperatoris et illibatis[1]) amicitiis Mediolanensium et in suo statu permanentibus. Si vero pax ei cum praedictis urbibus facta non fuerit, captivi veteres eis reddantur, nec ob id gratia imperatoris ipsi et amici eorum priventur. —

Regalia, veluti monetam, telonium, pedaticum, portus, comitatus[2]) et alia similia, si qua sunt, urbs Mediolanensium dimittet, et ultra se non intromittet, et si quis per usum haec obtinere voluerit, et iusticiam inde coram imperatore vel nuntio eius facere noluerit, Mediolanenses vindictam de eo pro sua auctoritate sument in persona et possessione, et regalia imperatori restituent sine fraude et malo ingenio. —

Hoc pacto et ordine imperator Mediolanenses, Cremonenses cum 120 marcarum emendatione in graciam suam recipiet, et eos et amicos eorum in plena curia publice a banno absolvet, et captivos eorum omnes, veteres et novos, eis reddet, statim postquam obsides imperatori dederint, et captivos tam veteres quam novos in manum regis Boemorum reddiderint. —

Datis autem obsidibus et captivis, altero die vel tertio exercitus ab obsidione recedet et imperator Mediolanenses et eorum res clementia tractabit. Urbs Mediolanum has conditiones servabit omni vi, bona fide, sine fraude et malo ingenio, quantum non permanserit per iustum impedimentum et per parabolam Friderici Romani imperatoris vel nuncii eius aut eius successoris. —

Collectam praedictae pecuniae liceat modo facere Mediolanenses ab his, quos in sua societate habere consueverant, praeter Cumanos, Laudenses et eos qui ex comitatu Sifriensi[3]) fidelitatem imperatori nuper iuraverunt.

---

42. Talibus pacis conditionibus utrinque receptis, Mediolanum in gratiam reditura, hoc ordine talique specie, fide pu-

---

1) illibare = imbuere, instruere, ornare cf. Vita Notkeri Balbuli tom. I. p. 594.
2) Münz-, Zoll-, Stapel-, Hafen-, Geleits-Recht.
3) comitatus Sefreensis cf. Spruner's histor.-geogr. Atlas von Oberitalien.

blica accepta, cum suis ad curiam venit[1]). In primis clerus omnia et quique fuerant ecclesiastici ordinis ministri cum archiepiscopo suo, praelatis crucibus, nudis pedibus, humili habitu; deinde consules et maiores urbis item abiecta veste, pedibus nudis, exertos super cervices gladios ferentes. Erat autem ingens spectaculum validissima constipatio multorumque qui mitioris ingenii erant commiseratio, cum viderent paulo ante superbos et de factis impiis arrogantes ita nunc humiles esse ac tremere, ut miseranda esset, quamquam in hoste, tanta mutatio. Omnis denique militia loca ubi tantum stare possent praevenerant, imperatori et principibus quantus ad spectaculum locus sufficeret et venientibus vix concesso necessario transitu.[2]) Divus ergo augustus placido eos vultu intuens, ait laetum se esse, cum tam claram urbem tantumque populum Deus commonuerit, uti aliquando pacem malint quam bellum, quodque sibi contemserint acerbam eos persequendi necessitatem, seque malle devotis et volentibus quam coactis imperare. Atque hoc, si in principio illis placuisset, mali nihil perpessos, plurima vero accepisse bona. Quoniam autem divinae placuerit ordinationi, vim et gratiam imperii eos experiri, studendum illis esse, quo facilius errata superent, poenitentiam eos facti habere, vinci se posse citius obsequio quam bello, praelium incipere quemvis etiam ignavum posse, caeterum finem penes victores esse. Ad haec illi summisso vultu, supplici voce pauca pro delicto suo verba faciunt, se non hostili animo nec ad oppugnandum imperium arma cepisse, sed terminos patrum suorum, iure belli omni modo suos factos, vastari a suis gentilibus pati nequivisse[3]). De caetero si modo sibi parcatur, velle eniti, ut malorum metu liberi, propensius erga se benevolentia imperalis et gratia conservetur. —

43. Recitatis mox quae in scriptum redactae fuerant conditionibus pacis, cum assensus ac favor accessisset, pacem dextrasque accipiunt, signumque imperialis vexilli in urbe receptum pro indicio victoriae erigitur[4]). Immensa laetitia continuo in castris, gaudium in urbe, gratulatio circa captivos, quos ad pedes imperatoris magno ac longo ordine venientes, noti et propinqui prae gaudio multis lacrimis obortis excipiunt, miserantes in eis vultus pallidos, sordidum habitum, foedam maciem, eos

---

1) Mailand ergab sich nach einer 4wöchentlichen Aushungerung dem Kaiser. Die Bürgermeister, der Rath, die Edeln, baarfuss mit Schwertern an dem Halse, fielen dem Kaiser zu Füssen und erhielten gegen den Eid der Treue und Geiseln, gegen die Pflicht, einen kaiserlichen Palast in ihren Mauern bauen und ihre Magistrate vom Kaiser bestätigen zu lassen, volle Begnadigung am 8. Septbr. 1158.
2) cf. Otto Morena p. 818.
3) Gunth. Ligurinus p. 300—360.
4) cf. Chronicon Urspergense p. 286.

quos imberbes et iuvenes noverant, modo senio, canicie et carcerali squalore ignotos. Quanta laetitia quantusque concursus, dum pater filium, fratrem frater, generum socer, affinis cognatum diu perditum invenit, inventum gratulabunda voce salutat, amplexatur, alius alium laetus appellans, familiari secum alloquio confabulatur[1]). Quod si de regum antiquorum fastu quicquam in mansueto ac pio fuisset principe, huius diei laetitiam inter solemnitates reliquas semper celebrem apud Italos constituisset. Actus est hic triumphus 6. Jdus Septembris.

44. Imperator Mediolano castra movens, ad Modoicium, sedem regni Italici coronatur[2]). Quam ecclesiam iam dudum a Mediolanensibus subactam ac fere destructam pristinae libertati reddidit, sedemque propriis expensis magnifice reparari praecepit. Cumque in subactione tantae urbis ex maxima parte motus Italorum repressos speraret, magnam partem exercitus cum suis optimatibus ad propria redire permittit. Inter quos primus erat rex Boemorum, dux quoque Austriae cum copiis Ungarorum, Arnoldus praesul Moguntinus, dux Bertholdus Burgundiae, comites et marchiones magnaque pars nobilium. His cum summa alacritate dimissis, ipse ad ordinanda caetera Italiae negocia animum intendit. —

XIII. Revue bei Roncalia.

L. IV, c. 1. Iam dies placiti affuit, qui imperatorem ad campestria Roncaliae[3]) invitabat. Veniens ergo cum multo comitatu ad litus Eridani tentoria ponit, Mediolanensibus, Brixiensibus et compluribus aliis in altera parte fluminis e regione castra metantibus. Confluunt ex omnis regni partibus cum magna frequentia archiepiscopi, episcopi multique alii ecclesiastici ordinis viri, duces, marchiones, comites et proceres, consules et civitatum iudices. In quibus quanta fuerit diversitas et linguarum et nationum, varietas tabernaculorum demonstravit. Quorum quidem dispositionem, quia non casus sed ordo rationis et ratio ordinis omni licet tempore designare consueverit, hoc tamen loco negligentia transeundum non putavimus. —

2. Nempe antiquam Romanae militiae consuetudinem Romani miles imperii adhuc observare solet, ut videlicet, quotiescunque in hostilem terram intraverint, castrorum primo mu-

---

1) confabulari, plaudern mit Jem., Ter.: cum aliquo, Plaut.: rem cum aliquo, etwas mit Jem. besprechen.
2) id est coronatus incedit.
3) in oriente urbis Placentiae, in quo loco Fridericum imperatorem usque ad 25. Nov. moratum esse, ostendunt chartae apud Boehmer 2406 und 7.

nitioni studeant. Quae quidem neque iniquo loco erigunt, neque inordinate describunt, sed in plano et campestri, et si quidem inaequale solum fuerit, quoad fieri potest, complanatur. Dimensio autem saepissime vel in orbem vel in quatuor angulos designatur. Nam et fabrorum et opificum multitudo et mercatorum copia, quae quantum usus poscit sequitur exercitum, cum suis papilionibus ac ergasteriis[1]), aut suburbiorum, si in quadro, aut si in gyro, ambitus eorum extrinsecus muri faciem praefert. Intus autem castra vicis apte distinctis dirimunt, plateasque et portas assimilant, tam iumentis aditu faciles quam ipsis, si quis urgeat, intro currentibus sufficienter latas, ut quasi repentina quaedam civitas existat. Medio autem ducis vel principis tabernaculum templo simillimum, circaque rectorum et primatum, ut quemque decet suo ordine, armisque septi milites per contubernia cum decore et laeticia in tentoriis agunt, et militiae disciplina pacis ocio velut in procinctu positi exercentur. His ita dispositis, castra Ligurum et eorum Italorum, qui aliud litus Padi insederant, pons medius infra biduum iussu principis confectus cum castris nostrorum continuavit.

3. Porro qui principes et optimates curiae interfuisse a nobis visi sunt, ut meminimus, isti fuerunt: e cismontanis Fridericus Coloniensis archiepiscopus, Eberhardus Babenbergensis episcopus, Conradus Eistetensis, Daniel Pragensis, Gebehardus Erbipolensis, Herimannus Verdensis, Conradus Augustodunensis; ex ultramontanis Gwido Cremensis cardinalis diaconus, sedis apostolicae legatus, Peregrinus Aquilegiensis patriarcha, Obertus Mediolanensis archiepiscopus; episcopi Taurinensis, Albanensis, Eporeigensis, Hastensis, Novariensis, Vercellensis, Perdonensis etc. His omnibus cum frequentia laicorum principum, ducum videlicet, marchionum, comitum, et universarum in Italia urbium consulibus atque iudicibus Fridericum circumstantibus, solis episcopis cum paucis admodum principibus consilii sui participibus iniungit, quatenus divini timoris consideratione de salubri consilio in Italiae rebus ordinandis ita secum deliberent, ut ecclesiae Dei pacis tranquillitate gaudeant, et ius regale decusque imperii debito provehatur honore. Totum triduum haec consultatio absumpsit. Quarto demum die serenissimus imperator in concionem venit, sedensque in eminentiori, unde ab omnibus videri poterat et audiri, circumsedente eum corona venerandorum heroum, per interpretem elocutus est:

---

1) cf. Gunther Lig. VIII. p. 455—520. Baron. Annal. eccles. ad annum 1158. §. 10.

„Cum placitum sit ordinationi divinae, ex qua omnis potestas in coelo et in terra, Romani nos imperii gubernacula tenere, non immerito quae ad statum eius dignitatis pertinere noscuntur, quantum Deo propitio valemus, prosequimur. Cumque imperialis maiestatis hoc esse non ignoremus officium, ut studio nostrae vigilantiae ac poenarum metu improbi et inquieti coerceantur, boni subleventur atque in pacis tranquillitate foveantur, ita novimus quid iuris, quid honoris tam divinarum quam humanarum legum sanctio culmini regalis excellentiae accommodaverit.[1]) Nos tamen regium nomen habentes, desideramus potius legitimum tenere imperium et pro conservanda cuique sua libertate et iure, quam, ut dicitur, omnia impune facere, hoc est regem esse, per licentiam insolescere et imperandi officium in superbiam dominationemque convertere. Deo favente, mores non mutabimus cum fortuna; quibus initio partum est, his artibus retinere curabimus imperium. Nec per nostram desidiam quemquam eius gloriam et excellentiam imminuere patiemur. Quia ergo vel bello vel pace clarum fieri licet, nec refert utrum melius sit patriam armis tueri seu legibus gubernari, altero alterius auxilio indigente, bellorum motibus propitia divinitate sedatis, ad leges pacis negocia transferamus. Nostis autem, quod iura civilia nostris beneficiis in summum provecta, firmata ac moribus utentium approbata satis habent roboris, regnorum vero leges, in quibus quod ante obtinebat, postea desuetudine inumbratum est, ab imperiali remedio vestraque providentia necesse habent illuminari. Sive ergo ius nostrum sive vestrum in scriptum redigatur, in eius constitutione considerandum est ut honestum, iustum, possibile, necessarium, utile, loco temporique conveniens. Ideoque tam nobis quam vobis, dum ius condimus, cautius praevidendum est; quia cum leges iustitiae fuerint, non erit liberum iudicari de eis, sed oportebit iudicare secundum ipsas."

4. His dictis, magnus favor omnium prosequitur admirantium et stupentium, quod qui litteras non nosset, quique parum adhuc supra adolescentem ageret aetatem, in oratione sua tantae prudentiae tantaeque facundiae gratiam accepisset, surgentesque unus post unum, sicut eius gentis mos est, seu ut principi suum quisque manifestaret affectum et propensiorem circa eum devotionem, seu ut sua dicendi peritia, qua gloriari solent, declararet, primo episcopi, deinde proceres terrae, post consules et missi singularum civitatum totum diem illum facundissimis sermonibus in noctem usque produxerunt. Porro una omnium sententia haec erat, a Mediolanensi archiepiscopo prolata:

---

1) accommodare, anpassen, ensem lateri, Vergil.

„Hic est dies quem fecit Deus, exultemus et laetemur. Vere dies hic dies gratiae, dies est laetitiae, quo in medio populi sui victor inclitus, triumphator pacificus, non belli minas intentans, non crudele aliquid vel tyrannicum intonans, sed pacis leges disquirens, in medio populi sui mitissimus residere dignatur. Felix tandem Italia post multa secula inventa, quae modo principem invenire meruisti, qui nos homines, imo proximos ac fratres recognoscat. Tu nimirum es, o clarissime princeps et singularis Orbis et Urbis imperator, qui licentiam primo homini indultam iamque diu abrogatam rursus in usum ac in verae sententiae consuetudinem revocasti, ubi dictum est: Crescite, et dominamini piscibus maris et volatilibus coeli. Quantos, o Italia, passa es reges, imo tyrannos, qui hoc tibi mandatum contradictione interpretarentur, versa vice dominantes hominibus, imo prementes quosque bonos et sapientes, rationeque utpote rationales uti cupientes, pisces maris, lubricos scilicet, rapaces et voluptati deditos, et altum inaneque sapientes demulcerent, et iniqui iniquos in suis impietatibus contra ius fasque confoverent. Novimus qualia aliquando simus passi imperia iniusta, superba, crudelia. Novimus iniqua dominatione nihilominus insontes sicuti sontes circumventos. Meminimus sine extanti crimine factas proscriptiones locupletium, magistratus, sacerdotia nefaria turpique conventione commutata, et alia multa, quae libido dominantium imperaret, nostris sub oculis irreverentia perpetrata. Gaudeamus ergo et exultemus, et demus gloriam Deo; post tam turbidi temporis tempestatem serenum nobis pacis diem illuxisse, dum tibi, serenissimo domino nostro, placet imperium tuum per innocentiam servare potius atque tueri, quam per scelus crescere et per sanguinem subiectorum incrustari.[1]) Domineris, o augustissime imperator, piscibus maris et volatilibus coeli. Nam et divinum iudicium superbis resistit, humilibus autem dat gratiam. De nobis fidelibus tuis, de populo tuo consultare placuit prudentiae tuae super legibus et iustitia atque honore imperii. Scias itaque omne ius populi in condendis legibus tibi concessum. Tua voluntas ius est, sicut dicitur: Quod principi placuit, legis habet vigorem, cum populus ei, et in eum omne suum imperium et potestatem concesserit. Quodcunque enim imperator per litteras constituerit, vel cognoscens decreverit, vel edicto praeceperit, legem esse constat. Profecto secundum naturam est, commoda cuiusque rei eum sequi quem sequuntur incommoda, ut videlicet omnibus debeas imperare, qui omnium nostrum sustines onera tutelae."

Quibus rebus compositis, eo die in vesperum protracta

---

[1] incrustare, überziehen, übertünchen, Hor. vas sincerum.

curia solvitur. Fuere etiam qui ibidem in publico facta imperatoris carminibus favorabilibus celebrarent.[1])

5. Sequentibus diebus plena atque solemni curia iudicio et iusticiae a mane usque ad vesperum intentus, querimonias et proclamationes tam divitum quam pauperum diligentia audiebat.[2]) Habensque quatuor iudices, videlicet Bulgarum, Martinum, Jacobum, Hugonem, viros disertos, religiosos et legis doctissimos legumque in urbe Bononiensi doctores et multorum auditorum praeceptores, cum his aliisque legis peritis, qui ex diversis urbibus aderant, audiebat, discutiebat et terminabat negocia. Videns autem multitudinem eorum qui cruces baiulabant[3]) — is enim Italorum mos est, ut habentes querelas crucem manibus praeferant —, misertus illorum, ait mirari se prudentiam Latinorum, qui cum praecipue scientia legum glorientur, maxime legum invenirentur transgressores, quamque sint tenaces iustitiae sectatores, in tot esurientibus et sitientibus iusticiam evidenter apparere. Divino itaque usus consilio, singulis dioecesanis[4]) singulos iudices praeposuit, non tamen e sua urbe, sed vel ex curia vel ex aliis urbibus, hac eos commutans ratione, ne si civis civibus praeficeretur, aut gratia aut odio leviter a vero posset averti. Sicque factum est, ut ex tanta querulorum multitudine vix ullus superfuisset, qui non aut plenam de lite victoriam sive iusticiam, aut competentem cum adversario transactionem se gauderet reportare. Deinde de iusticia regni et regalibus, quae longo iam tempore seu temeritate pervadentium seu neglectu regum imperio deperierant, studiose disserens, cum nullam possent invenire defensionem excusationis, tam episcopi quam primates et urbes uno ore, uno assensu, in manum principis regalia reddere, primique resignantium Mediolanenses extitere. Requisitique de hoc ipso iure quid esset, adiudicaverunt[5]) ducatus, marchias, comitatus, consulatus, monetas, telonia, fodrum, vectigalia, portus, pedatica, molendina, piscarias, pontes omnemque utilitatem ex decursu fluminum provenientem, nec ex terra tantum, verum etiam ex

---

1) Gotefridi Viterbiensis carmen de gestis Friderici I in Italia ed. Ficker. Innsbruck 1858. 8.
2) Der Kaiser hielt darauf einen grossen Reichstag auf der ronkalischen Ebene ab, sass zu Gericht und berief zur Untersuchung der kaiserlichen Rechte in Italien die vier grossen Rechtslehrer, Martinus, Jacobus, Hugo und Bulgarus. Diese sprachen ihm mit Hülfe des lombardischen und römischen Rechtes das Recht zu, die Podesta's, Consuln und Obrigkeiten der Stadt mit Beistimmung des Volkes zu ernennen, die Regalien zu erheben und die ganze Administration zu regeln.
3) baiulare = regere.
4) Gaue.
5) Ampliorem huius legis textum habes in libro feud. II., tit. 56, et apud Pertzium Legg. II., 111.

suis propriis capitibus census anni redditionem. Hisque omnibus in fiscum adnumeratis, tanta circa pristinos possessores usus est liberalitate, ut, quicunque donatione regum aliquid horum se possidere instrumentis legitimis edocere poterat, is etiam nunc imperiali beneficio et regni nomine id ipsum perpetuo possideret. Ex his tamen, qui nullo iure sed sola praesumptione de regalibus se intromiserant, 30 milia talentorum plus minusve reditibus publicis per singulos annos accessere. Praeterea et hoc sibi ab omnibus adiudicatum atque recognitum est, in singulis urbibus potestates, consules caeterosve et principi honorem et civibus patriaeque debitam iusticiam quam nossent conservare. De his autem omnibus fideliter et sine fraude recipiendis et observandis ab omnibus civitatibus et sacramenta praestita et vades pro libitu imperatoris exhibiti sunt. Consequenter pax in communi iuratur eo tenore, ut nec civitas civitatem, nec homo homines impugnaret, nisi hoc a principe sibi foret imperatum.

Ad ultimum de iure feudorum, quod[1]) apud Latinos scripto nondum affatim expressum fuerat, et pene omnes eam beneficiorum iusticiam in iniusticiam converterant, leges promulgavit, quarum capitula praesenti annotatione subiecimus: „Fridericus[2]) Dei gratia Romanorum imperator et semper augustus. Imperialem decet solertiam ita reipublicae curam gerere et subiectorum commoda investigare, ut regni utilitas incorrupta permaneat, et singulorum status recte servetur illaesus. Quapropter cum ex praedecessorum more universali curiae Roncaliae pro tribunali sederemus, a principibus Italicis, tam rectoribus ecclesiarum quam aliis fidelibus regni, non modicas accepimus querelas, quod beneficia eorum et feuda, quae vassalli ab eis tenebant, sine dominorum licentia pignori obligaverant, et quadam collisione nomine libelli vendiderant, unde debita servitia amittebant, et honorem imperii nostraeque felicis expeditionis complementum minuebant.[3]) Habito igitur consilio episcoporum, ducum, marchionum et comitum, simul etiam palatinorum iudicium et aliorum procerum, hac edictali lege Deo propitio perpetuo valitura sancimus, ut nulli liceat feudum totum vel partem aliquam vendere vel pignorare vel quomodolibet alie-

---

1) Die Bestimmungen über die kleinen Lehen lauteten, dass solche ohne Beistimmung des Lehnsherrn nicht veräussert und die grossen nicht getheilt werden sollten.

2) Extat etiam in libri feudorum II., tit. 55. et Legg. II. 113.

3) Es sollten alle Fehden abgethan sein; statt der Selbsthülfe sei der Richter anzugehen. Herzog Welf erhielt die Belehnung mit Toscana, Spolet, Sardinien und den übrigen Mathildinischen Gütern.

nare vel pro anima iudicare sine permissione maioris domini ad quem feudum spectare dignoscitur. Unde imperator Lotharius tantum in futurum cavens, ne fieret, legem promulgavit; nos autem ad pleniorem regni utilitatem providentes non solum in posterum sed etiam huiusmodi prius illicitas alienationes perpetratas hac praesenti sanctione abolemus et in irritum ducimus; nullius temporis praescriptione impediente, emptor bonae fidei e precio actionem habeat contra venditorem competentem. Callidis insuper quorundam machinationibus obviantes, qui precio accepto, quasi sub colore investiturae, quam sibi licere dicunt, feuda vendunt et in alios transferunt, ne tale figmentum vel aliud ulterius in fraudem huius nostrae constitutionis excogitetur, omnibus modis prohibemus, plena auctoritate nostra statuentes, ut venditor et emptor, qui tam illicita contraxisse repertus fuerit, feudum amittat, et ad dominum libere revertatur, scriba vero qui super hoc instrumentum sciens conscripserit, post amissionem officii cum infamiae periculo manum amittat" etc. —

1159. Febr. 2. Friderico in villa quae vocatur Autimiacum festivitatem luminum celebrante, cum multi ad eum Hesperiae proceres confluxissent, dolos atque crudam Mediolanensium superbiam omnibus notissimam in medium commemorat, exhibens vultum iusti doloris simul et regalis indignationis indicem:

23. „Exclamare, inquit, cogimur, o proceres, in auribus vestris contra crimen perduellionis[2]), contra scelus laesae maiestatis, in quo urbs impia, gens nequam, populus sceleratus, Mediolanenses dico, iam non semel sed saepenumero deprehensi inveniuntur. Factum ipsum vobis adhuc recens exponerem, si tamen non exinde non solum vestrae verum etiam omnium qui in orbe Romano sunt, aures tinnirent[3]). Iniuria quam nobis, imo vobis et imperio superbia et praesumptio perversissimorum hominum inique ingessit, occulto Dei iudicio eo tendere videtur, ut hi qui in suam et multorum perniciem debacchantur, multorum quoque condemnatione et imperiali auctoritate legumque vigore competenter debeant compesci. Ubi fides illa, quam se Mediolanenses adhuc inviolatam et inter caeteras urbes virginali quadam castimonia[4]) inlibatam habere gloriati sunt? Ubi iustitia, quam in conservandis legibus praecipue se hactenus habuisse iactaverunt? Conveniunt eos modo non nos, sed fides fracta, experientur adversus ipsos sacramenta irrita facta, foe-

---

1) castellum Autimiacum in territorio Vercellensis episcopi situm.
2) perduellio, Friedensbruch.
3) tinnire = sonare.
4) castimonia, Cic. u. Liv. Sittenreinheit, Moralität.

dus ruptum, leges legatorum, non solum nobis et vobis, verum etiam barbaris debita integritate et sanctissima reverentia conservandae. Quamobrem, si vere ego de vobis audeo praedicare fidem, iustitiam, fortitudinem, abominationem[1]) desolationis, stantem in medio vestrae terrae, quae hactenus larvali quadam terrore omnes concutere solebat, respicite, atque communibus viribus contra communem hostem non tam nostrum quam vestrum proterendum assurgite. Consulite Romano imperio, cuius etsi non caput, vos membra, nobis in hoc negotio, ut libet, vel milite vel imperatore utimini. Deo propitiante, illorum praesumptionem reiteratam iterata vindicta eo usque prosequetur, ut, quod in nostram memoriam et Romani gloriam imperii commiserunt, ea coercitione reprimatur, ne pravis et seditiosis crescat spes, et ne crimen eorum inultum maneat, qui nec vobis veritatem, nec nobis reverentiam et fidem servavere, abusi clementia nostra, abusi patientia, qui pro poenitentia pertinaciam, pro simplicitate duplicitatis confusionem induere non erubuerunt".[2]) —

Talia perorantem omnes excepere, ac velut impetu quodam divino incitati alius alium in respondendo ante capere cupiebat, hoc recti consilii arbitrantes, ne quis extremus remanere videretur. Erant ibi absque laicis optimatibus episcopi Eberhardus Babenbergensis, Albertus Frisingensis, Conradus Eichstedensis, Hermannus Verdensis, Daniel Pragensis. Ex ultramontanis Papiensis, Vercellensis, Astensis, Fertonensis, Placentinus, Cremonensis, Novariensis.

32. At Mediolanenses novarum turbarum non iam in occulto sed apertissime tale sumunt principium. Nondum finita solennitate paschali, omnibus copiis suis adunatis[3]), egressi sunt, oppidum Tretium[4]), ubi Fridericum iam in priori adventu milites suos locasse memoravimus, vi capere properantes, quoniam perniciosa videbatur obsidio, principe intra provinciam morante. Iam enim intra urbem cupidine castrorum potiundorum machinas aliaque quae incepto usui forent praeparave-

---

1) abominatio, Verabscheuung, Lact.
2) Ueber die letztere Disposition, nämlich die Verleihung der Mathildinischen Güter, zürnte der Papst, nannte den Kaiser in seinem Schreiben „Du" und reizte die lombardischen Städte wieder auf. Deshalb wurde der Kaiser noch einmal genöthigt, über Mailand die Acht zu wiederholen.
3) adunare = $\dot{\alpha}\vartheta\varrho o i \zeta \varepsilon\iota\nu$.
4) Tretium = Trezzo.

rant. Ita conatus eorum et delicta occultiora fuere[1]). Quae postquam ex sententia instruunt, ex improviso cum magna multitudine oppidum circumveniunt, ac quidam eorum murum modo suffodere, modo scalis aggredi cupere, pars eminus glande aut lapidibus seu iaculis pugnare. Milites Romani tumultu perculsi, arma alii capere, pars territos confirmare, quidam in proximos saxa devolvere, tela eminus missa remittere, pauci in pluribus minus frustrati, si Ligures propius accessissent. Omnia aspera, omnia foeda, atrocitate utrinque praeliantium periculum anceps, victoria primo in incerto erat; per totum enim triduum continue pugnatum est[2]). Verum enim vero castellani die nocteque vigiliis, ieiuniis laboreque fatigati, impetum hostium diutius sustinere non poterant, cum hi per vices et successiones alter alteri laboranti succurreret, istorum vero nullus loco, quem uti defenderet acceperat, cedere potuisset. Defessis itaque omnibus et exhaustis atque languidis, ubi locum hostibus introeundi dederunt, Ligures cuncti irrupere, oppidani universi vel occisi vel capti. Porro in suos proprios gentiles, quos ibidem reperere, antequam in nostros insaniebant, nec ulla fuit eis in conlatinos miseratio. Nostri autem ob imperatoris reverentiam seu metum captivati servati sunt circiter octoginta milites ex regia clientela. Sed nec hosti triumphanti usquequaque laeta cessit victoria, quam pluribus ex illis caesis et letali vulnere sauciatis. Ita Tretium, Mediolanensium prius municipium, ab ipsis captum, crematum et funditus destructum est.

33. Haec audiens Fridericus, paulisper moestus iram cohibuit, indignationem dissimulavit, impetum militum retinuit. Curiam autem ante indictam apud Roncaliam gloriose celebravit, et ibidem copiosam multitudinem bellatorum collegit.[3]) Deinde cum maxima cura ultum ire iniurias festinat, et toto apparatu, toto exercitu in Liguriam irruit, agros inflammat, vastat, vineas demolitur, ficus exterminat, omnesque fructiferas arbores aut succidi aut decorticari praecepit, totamque regionem depopulatur, statuens non ante obsidere urbem, quam penuria necessariorum affligerentur. Aut enim tunc inopia victualium coactos ultro supplicaturos, aut si ad finem usque in eadem pertinacia duravissent, obsidione inclusos fame consumendos vel ad deditionem cogendos arbitrabatur, multoque faciliores ad affligendum fore, si post intervallum temporis iterum atque iterum anxius incubuisset. Itaque omnes eorum

---

1) cf. Otto Morena p. 819 seq. Alberich. Chr. 1159, p. 334.
2) cf. Muratori, SS. rer. It. t. VI, p. 1023.
3) cf. Otto Morena p. 1032 ap. Mur. t. VI.

exitus asservari praecepit, frumenti aliarumque rerum eis auferens commercium, edictumque proposuit, qua poena ferirentur transgressores, quove praemio donari debuissent, qui venditores harum rerum proderent. Mediolanenses autem omnium rerum tametsi copiam intus habebant, metu tamen futurae obsidionis vehementius afficiebantur, et cum iam cibaria ipsa ad modicam mensuram venderentur, ampliorem eis cupiditatem movebat, quod ius edendi liberum non haberent, ac velut omnia defecissent, aegre ferebant. a. 1159. Interdum quoque assumptis secum bellatoribus, imperator usque ad urbem profectus est, aestimans eos aliquid ausuros, quo vel publico congressu eos protereret, si contra venissent, vel si excurrere conarentur, item a calamitate alieni non remanerent. Quod et factum est; nam inconsulte ad ostentationem suarum virium egressos facto in eos impetu praevenit, compluresque eorum cepit et occidit.

34. Cumque super tali negotio imperator cum exercitu ultra Mediolanum processisset, Mediolanenses cum 500 equitibus occulte ad novam Laudam in die sancto pentecostes venientes, praedam pecorum abegerunt. Episcopo vero Mantuano Carsidonio et marchione Garnerio ex Ancona natus cum sufficiente militia eos insecutis, cum audissent voces clamosas paucissimorum Alemannorum, Mediolanenses territi et in fugam versi, quosdam occisos, 16 captos suorum optimatum ibidem perdiderunt. Iuste autem eos divina ultio persecuta est, ut qui sanctissimo diei debitam reverentiam et honorem exhibere contemserunt, ipsi cum dispendio atque dedecore reverti cogerentur. Quadraginta continuis diebus terram hostium vastatio tenuit, interque caeteras arces, turres et munitiones, quae vel opere vel natura munitae erant, quoddam castellum, quod Mons sancti Iohannis vocabatur, usque ad id tempus inexpugnabile habitum, obsessum et brevi tempore captum est. Paulatim igitur reprobo[1]) capiti propria membra in tantum mutilata sunt et praecisa, ut inter multa oppida et plurima castella vix duo tunc ipsis residua remanserint. —

35. Iisdem diebus Brixienses, et ipsi quoque novis rebus studentes, comitatum Cremonensium depraedationis et latrocinandi causa ingrediuntur. Erant quippe Mediolanensibus amicitia et societate coniuncti. Iam autem antea Cremonenses praemoniti a suis exploratoribus non imparati inveniuntur, sed

---

1) reprobus, a, um, verworfen, nicht ächt, pecunia, abgeschlagen, nicht gute Münze, Ulp. Dig. 13, 7, 24 §: 1.

ex insidiis erumpentes improvisos invadunt. Resistentes paulisper mox in fugam vertunt, praedam eripiunt, equites 67, pedites fere 300 partim occidunt, partim captivos abducunt. Imperator post vastationem hostium Laudam pergit, ibique Italicum exercitum dimittit, copias militum, qui de transmontanis expectabantur, ibidem praestolaturus. —

XII. Mordversuch gegen Kaiser Friedrich.

37. At clades quidem Mediolanensium in peius quotidie procedebant, cum in facinus magis accenderentur adversis, et populum in urbe fames iam acrior teneret. Non enim spe victoriae maior pars eorum sed desperatione salutis ferocius movebantur, nec eos videntes tot mala coepti poenitebat, sed caeci et amentes facti, etiam in personam christianissimi principis ausi sunt conspirare, obliti, quod iuxta legem eius facti poena animae amissionem sustinet et memoria rei post mortem damnatur[1]). Itaque quendam, qui se stultum et mente captum simularet, inveniunt, eumque ad castra Friderici dirigunt, qui tunc apud Laudam morabatur, ut quovis modo violentas manus imperatori iniceret. Erat autem hic homo tam magnus corpore tantusque viribus, ut non sine causa tantam audaciam concepisse videretur. Animatus itaque multis blandimentis multisque promissionibus ad novum facinus, ad scelus maximum accingitur. Laudam pergit, castra ingreditur, et stultitiam seu furiam maniae simulans, ut id genus hominum solet, potius iocis et ludicris celebratur, quam a tentoriis excludatur. Porro tentoria Friderici tunc vicina fuerant et pene super litus Aduae locata, cuius loci ea facies isque situs erat, ut labentem inevitabiliter aut convexum obrueret praecipitium, aut subter labentis fluminis vorago esset exceptura. Praefatus ergo diem aptum et horam servans, quando imperatorem solum posset invenire, ut conceptum facinus ad effectum perduceret, quodam mane primo diluculo egredientem e cubiculo tentorii, ut more suo coram sanctorum reliquiis orationum suarum Deo munia persolveret, conspicatur, seque optatum tempus ratus adeptum accurrit, scelestas manus inicit, et modo trahendo, modo portando versus praecipitium contendere coepit, potitusque esset forsitan nefario proposito, nisi divina miseratio ad defensionem divi principis manum extendisset. Namque dum hoc modo ille trahendo, iste renitendo, uterque pro viribus conaretur, accidit ut funibus quibus tabernacula suspenduntur implicati ambo caderent ad terram. Iamque vociferantis principis clamor au-

---

1) cf. Gunther Ligur. I, 9. v. 460—570.

ditus cubicularios[1]) exciverat, qui accurrentes sceleratum monstrum comprehendunt, et multis plagis affectum eodem loco praecipitatum dimergunt. Talis de illo tunc opinio fuerat. Nos tamen audivimus, eundem vere furiosum fuisse et innocentia vitam perdidisse.

XIII. Die Welfenmacht.[2])

38. Interea Beatrix imperatrix, dux Boioariae et Saxoniae Henricus et Conradus Augustiensis episcopus, uti decretum erat, milites scribere, propere commeatu, stipendio, armis aliisque utilibus iter incipere. Profectique cum magno exercitu paucis diebus in Italiam veniunt, suoque adventu nostris laetitiam, hostibus metum incutiunt. Erat enim idem princeps filius Henrici ducis et Gertrudis filiae Lotharii imperatoris. Qui a primis cunabulis patre et matre orbatus, ubi primum adolevit, pollens viribus, decora facie, sed multo maxime ingenio validus, non se luxui neque inertiae corrumpendum, sed, uti mos Saxonum est[3]), equitare, iaculari, cursu cum aequalibus certare, et cum omnes gloria anteiret, omnibus tamen carus esset[4]), eius studium, ut de quodam dicitur, modestiae, decoris, sed maximae severitatis erat[5]). Cum strenua virtute, cum modesto pudore, cum innocente abstinentia certabat. Esse quam videri bonus malebat. Ita quo minus appetebat gloriam, eo magis illam assequebatur. In omnibus gloriosis plurimum facere, et minimum ipse de se loqui. Is recepto ab imperatore ducatu Boioariae, ubi naturam et mores hominum cognovit, multa cura, multo consilio in totam gloriam brevi pervenerat, ut treuga per totam Boioariam firmata, bonis vehementer carus, malis maximo terrori esset, adeo ut, absentem velut praesentem timendo, leges pacis, quas sanxerat, nemo

---

1) cubicularius, der Kammerdiener, Cic.
2) Heinrich der Löwe und Welf. cf. Chron. Stedernburgense p. 26. Albertus Stadensis p. 76. Arnoldus Lubecensis p. 201. Leibnitz Origines Guelf. p. 98.
3) cf. gentis illius, Sall. I, c. 6.
4) cf. Sall. Catilin. c. 54.
5) Der mächtige Sachsen- und Baiernherzog Heinrich der Löwe hatte seine Machtstellung durch Errichtung eines grossen ostslavischen Reiches, welches von der Ostsee bis zum adriatischen Meere reichte, festbegründet. Für die Germanisirung und Christianisirung dieses weiten Reiches war Vicelin mit Opferwilligkeit, Treue und Liebe thätig gewesen. Heinrich liess als Asyle der Cultur und Civilisation Lübeck, Lüneburg, Bardewieck, Braunschweig, München erweitern und verschönern. Nach Lübeck, welches er mit dem nach dem Soester Stadtrecht gebildeten Markt-, Münz- und Zollrecht beschenkte, verlegte er auch den Sitz des Altenburger Bisthums. Vom Kaiser erhielt er das Privilegium, in des Königs Namen jenseits der Elbe Bisthümer und Kirchen anzulegen und die Bischöfe zu belehnen. In das neu erworbene Obotritenreich rief er flandrische und friesische Colonisten.

sine poena capitis auderet infringere. Qui cum suos milites regiis coniunxisset, in brevi spacio novi veteresque coaluere, virtusque omnium aequalis facta est. Nam et non multo post avunculus imperatoris, Guelfo princeps Sardiniae, dux Spoleti, marchio Tusciae et ipse novum adducens exercitum, cum multo apparatu advenit, suoque adventu nostris spem triumphi, adversariis fiduciam paciscendi donavit. Ita duo viri sanguine coniunctissimi, utpote unus eorum alterius fratris filius, diversis inter se virtutibus certabant[1]). Guelfo dando, sublevando, ignoscendo, dux Henricus severitate et malorum pernicie gloriam adeptus est. Illius facilitas, huius constantia laudabatur. Guelfo negociis amicorum intentus, sua negligere, nihil denegare quod dono dignum esset, magnas potentias affectabat, exercitum, novum bellum exoptabat, ubi virtus enitescere posset[2]). a. 1159. At dux Henricus, studium modestiae decoris praetendens, non divitiis cum divite, neque factione cum factioso, sed pro pacis negotiis absens simul praesensque pugnabat. Ita memoria nostra ingenti virtute, diversis moribus fuere hi viri duo, dux Henricus et Guelfo, quos quoniam res obtulerat, silentio praeterire non fuit consilium, quia utriusque naturam et mores, quantum ingenio possem, aperirem, valdeque iocundum, ut in his duobus clarissimis viris nostra tempora suum Catonem in uno, in altero suum Caesarem invenissent.

XIV. Crema's Belagerung und Zerstörung im Jahre 1160.

44. Imperator aliam parans profectionem ad devastandos fines Mediolanensium, cum in partem processisset et pabulatores in toto territorio nec equis annonam invenire potuissent, reversus cum toto exercitu, ad obsidionem Cremae pergit. Tum demum perituram urbem metus invasit, magnaque tristicia habitatores eius occupavit. Erant autem et intus et foris universa plena tumultus, multaque bellica instrumenta et in oppido et contra oppidum movebantur. Erantque deinceps quotidiana eorum officia, hi quidem excursus, isti vero assultus moliri, magnaque vi omnibus ibi diebus certatur. Nam ad portas ubi quisque principum curabat, eo acerrime niti, neque alius in alio magis quam in se spem habere, pariterque

---

1) Zur Erhöhung seiner Macht trug auch die nach seiner Scheidung von Clementia vollzogene Vermählung mit Mathilde, der Tochter König's Heinrich's II. von England, viel bei.
2) Seine Macht und sein politischer Einfluss wurden ihm von den Priesterfürsten beneidet, welche während des Kaiser's Expedition nach Italien 1166 eine weitreichende Coalition gegen ihn bildeten. Theilnehmer waren die Erzbischöfe von Magdeburg, Bremen, die Markgrafen von Brandenburg und Meissen und Landgraf Ludwig II. der Eiserne, die Seele bildete Erzbischof Rainald von Cöln.

oppidani similiter agere, omniaque ad defendenda moenia utilia vario ingenio praeparare, diffidentiam rei dissimulare, interdumque prospera fortuna, interdum dolor eorum ad multa facinora incitavit audaciam.

45. Quodam denique die dum exploratum fuisset, Fridericum pro visenda consorte regni imperatrice, quae in vicino castello nomine Sanbassan[1]) morabatur, e castris exisse, ad portam quam regalis familia servabat, pene cum sexcentis erumpunt equitibus: magnoque praelio inito, cum diu Marte pari utrinque nihil aliud quam occiderent, tellus cruore manaret, nostrique quamvis tam pudore quam virtute summa vi resistere conarentur, illud tamen efficere non potuerunt, ut hostium manus eo die gradum retro dedisset, graviter fortiterque illo die pugnatum est. Nam si credere fas est, rivuli campestres peremptorum et sauciatorum vulneribus sanguine infecti ac provecti, imbre cruoris augmentum acceperunt. Vespero facto utrinque disceditur, illis intra septa, istis intra munimina muralis aggeris se recipientibus. Rediens imperator, cum de pertinaci hostium audacia comperisset, indignatione simul et ira permotus est, ut, qui iam pene in supremis se potius humiles ac supplices exhibere deberent, incursiones facerent et victores suos ipsi turbare non metuerent aerumnosa obsidione inclusi. Iam enim saepenumero in eruptionibus suis aut machinis flammas inicere aut turres destruere aut letali vulnere aliquos de nostris sauciare moliti sunt, nullumque specimen audaciae aut ostentationis fuit, quod illi futurorum ignari praetermitterent, et dum iam inclinata putaretur eorum superbia, de patratis facinoribus tumidi gloriabantur. Erat autem videre miseriam, quando hi qui foris occisorum amputatis capitibus, eis quasi pila ludebant, et a dextra in laevam reiectis crudeli ostentui et ludibrio habebant, qui vero in oppido, inhonestum arbitrantes si quid minus auderent, captivos nostrorum sine misericordia super muros membratim discerpendo, miserabile praebebant spectaculum.

46. Ea calamitas paulisper Friderici tristitiam et dignam indignationem comparavit. Qui ubi impetum insanientium continere non poterat, ac saevientium furorem reverentia principis non cohibebat, placuit in contumaces vindictae severitatem exercere, ut, quos non correxit lenitatis patientia, saltem indubitati supplicii poena coerceret. Iubet ergo de captivis eorum vindictam accipere, eosque pro muris patibulo iussit appendi. Contumax autem populus nimis de pari volens

---

1) cf. Alb. Stad. Chr. h. a. p. 288.

contendere, etiam ipse quosdam de nostris in vinculis positos, eodem modo traxit ad supplicium, eosque cruce suspendit.

Tum Fridericus: Etiamne perituros contra nos ipsa vos nostra excitavit humanitas, et lenitate nostra vobis aluistis audaciam? Iam quidem vobis pugnantibus aliquamdiu pepercimus, captivos vestros miserati fuimus, vadibus nostris fidem servavimus, inviti muris vestris machinas admovimus, semper caedis vestrae cupidos milites continuimus. Ista omnia spernitis, et nefaria temeritate nos ad excidium vestrum, ad interitum filiorum seu nepotum vestrorum provocatis. Utar ergo iam deinceps belli legibus, contendam cum pertinacia vestra minime parcens, qui vobis ipsis parcere noluistis. —

Haec dicens vehementer iratus, quod in sorte captivorum constituti aequales cum victoribus conditiones sibi ponerent, voce praeconis declarari iussit, ne ulterius ad se profugerent, neve fidem sperarent, nulli enim esse parcendum, cunctis autem viribus dimicarent, quantum possent saluti suae consulerent, iam enim se omnia iure belli gesturum.[1]) Itaque obsides eorum numero 40 adduci iubet ut suspendantur. Tum interim adducuntur captivi quidam e nobilibus Mediolanensium sex milites, qui deprehensi fuerant, ubi cum Placentinis perfida miscebant colloquia; nam Placentia principi etiam tunc ficta devotione et simulata adhaerebat obedientia. Erat autem unus captivorum, qui ducebantur, nepos praesulis Mediolanensis, vir dives et cuius consilio Ligures universi plurimum niterentur. Hos quoque, contempta multa pollicitatione pecuniae, duci iubet ad supplicium, similisque his qui et prioribus vitae finis extitit.

47. Iamque ad urbis perniciem machinae plurimae admovebantur, iam turres in altum extractae applicari coeperant. Tum illi summa vi atque pertinacia resistere atque a muris turres arcere suisque instrumentis, validis saxorum ictibus nostras machinas impellere. Effrenatis vero animis princeps obsistendum putans, obsides eorum machinis alligatos ad eorum tormenta, quae vulgo mangas vocant, et quae intra urbem novam habebantur, decrevit obiciendos. Seditiosi, quod etiam apud barbaros incognitum et dictu quidem horribile, auditu vero incredibile, non minus crebris ictibus turres impellebant, neque eos sanguinis et naturalis vinculi communio, neque aetatis movebat miseratio. Sicque aliquot ex pueris lapidibus icti miserabiliter interierunt, alii miserabilius adhuc vivi superstites,

---

1) Der Kaiser hatte 40 Gefangene an die Belagerungsmaschinen anbinden und somit durch ihre eigenen Mitbürger, die auf die Maschinen ihre Wurfgeschosse richteten, selbst tödten lassen.

crudelissimam necem et dirae calamitatis horrorem penduli expectabant. O facinus! Videres illinc liberos machinis annexos parentes implorare, crudelitatem eis et immanitatem aut verbis aut nutibus obiectare, econtra infelices patres pro infausta prole lamentari, sese miserrimos clamare, nec tamen ab impulsionibus cessare. Consolatus est autem eos etiam aliquis eorum, ita dicens:

„O beati, quibus mori bene, quam male vivere continget: ne timeatis mori, qui magna mala morte effugituri estis. Si viri fortes pro libertate certantes essemus, non oporteret nos quoque super hoc aut cunctari aut expectare monitorem. Nam mors quidem libertatem animis praestat, valdeque beati qui pro patria mortui immortalitatis ordinem iam receperunt. Quam multi nostrorum antecessorum hac lege talique conditione alii torti tamque igne quam verberibus excruciati obierunt, alii vero semesi[1]) a bestiis ad secundum eorum cibum vivi servati sunt. Miseriores nos vobis sumus, qui adhuc vivimus, qui saepe mortem optantes non accipimus. Dum enim quisque nostrorum secum reputans crudelem seu barbarorum seu gentilium suorum servitutem, videre coniuges ad turpitudinem duci, alius revinctis manibus vocem filii patrem implorantis exaudiet, alius vero infelices senes ad cineres patriae videbit assidere. Haec, inquam, quisque nostrorum considerans, aspicere solem durabit, etiamsi vivere absque periculo possit? O utinam omnes fuissemus mortui, priusquam urbem nostram Cremonensium manibus videremus excindi, priusquam patriam sanctam Papiensium impietate funditus erui conspiceremus."

Adhuc eum orare cupientem omnes interpellabant, et effrenato quodam impetu ad iaciendum incitabantur, hoc speciem esse fortitudinis, rectique consilii existimantes, hostibus stuporem mentis admirationemque audaciae relinquere. Pauci quidem rationi cedentes, filiis consulere voluissent, alios autem liberorum caedis amor invasit, malorum quae subditi hostibus passuri fuerant, cogitationem habentes pro solatio necessitatis accedere. Et Crema tunc affecta seu potius afflicta fuerat. —

48. At Mediolanenses arbitrantes Fridericum circa obsidionem Cremae sollicitum, aliis laborantibus non posse succurrere, egressi cum turmis suis pene 20 milia hominum, oppidum quoddam versus lacum Cumanum, Manerbe vocatum, obsidione cingunt, aggeres instruunt, machinas admovent, omnibusque modis eversionem castrorum accelerare nituntur. Verum comes Gozwinus, qui tunc comitatum Sefrensem et Martusanum[2]) iussus a principe satis provide administrabat,

---

1) semesus, halbverzehrt, pisces, Hor.: opsonia, Suet.
2) cf. Spruner, Ober- und Mittelitalien unter den Hohenstaufen. Sefrensis südlich vom Comersee, Martesana südöstlich vom Comersee.

missos suos ad curiam dirigit, hostiumque conamen denunciavit, quid facto sit opus consulit; se quoque copias quantas possit collecturum, si ab exercitu aliquod sibi militiae supplementum destinetur. Imperator continuo quingentos equites armatos eo dirigere decernit. Comes etiam de suis colligens auxilia, non modicum coadunavit exercitum. Iamque compositis rebus, Mediolanensibus se ostendere, minitari, neque proelium committere, neque otium pati, tantummodo hostem ab incepto retinere, neque copiam pugnandi facere, donec qui e castris expectabatur miles superveniret. Rati Ligures, id quod negotium poscebat, imperatorem laborantibus suis auxilio venturum, et indubitatum praelium futurum, obsidionem dimittunt, fugamque ineuntes ad urbem evadere festinant. Comes ut videt eos iam fugam cepisse, magna illos vi a tergo urget, fugientibus instat, caedit, capit, copiosam praedam diripit; reliqui amissis omnibus profugi, multique saucii, vix intra urbem revertuntur.—

62. Cremenses quod pacem cuperent bellique taedio affecti essent verbum curiae imperatoris perferunt. Placuit, de conditionibus pacis agitur, deffinitur, et sine contradictione ab oppidanis recipitur. Erat autem pactum tale, quod Cremenses urbem dederent, ipsique vita sibi indulta cum coniugibus ac liberis quovis eundi facultatem haberent, de rebus suis quantum quisque semel humeris efferre posset, secum exportaret. Mediolanenses vero et Brixienses, qui ad praesidium eiusdem urbis intraverant, relictis ibidem armis et omnibus suis, vitam sibi pro lucro existimarent. a. 1160. Quibus omnibus tandem Ian. 27. completis, castra ipsa, egressis inde quasi 20 milibus hominum diversi generis, flammis tradita et militibus ad diripienda permissa sunt. Peracto excidio, divus augustus toto exercitu iocundante laetam victoriam acturus, Papiam divertit. Ubi vero eum appropinquare nunciatum est, omnis multitudo urbis obvia per vias et plateas cum senibus et iuvenibus, cum coniugibus et liberis praestolabatur, et quo transiens divertisset, eius maiestatem vultusque lenitatem omnium generum vocibus prosequebatur, bene meritum triumphatorem et salutis datorem solumque dignum Romanum principem appellari. Tota urbs veluti templum variis ornamentis decorata erat, et diversis odoribus aromaticis plena redolebat. Cum autem vix per circumstantium multitudinem ad ecclesiam venire potuisset, antequam in palatium se reciperet, omnipotenti Deo, qui dat salutem regibus, pro adepto triumpho vota solvit, et gratulatoria sacra celebravit. Porro de subacta vel potius subversa Crema statim imperiales litterae per ambitum regni diriguntur in hunc modum:[1])

---
1) Nach Crema's Fall 1160 hatte sich Friedrich wieder gegen Mailand, die Anhängerin des neuen Gegenpapstes Alexander III., jenes

„Fridericus Dei gratia Romanorum imperator et semper augustus. Scire credimus prudentiam vestram, quod tantum divinae gratiae donum ad laudem et gloriam nominis Christi honori nostro tam evidenter collatum occultari vel abscondi tanquam res privata non potest. Quod ideo dilectioni vestrae ac desiderio significamus, ut sicut carissimos et fideles vos participes honoris et gaudiorum habeamus. Jan. 26. Proximo siquidem die post conversionem sancti Pauli plenam victoriam de Crema nobis Deus contulit, sicque gloriose ex ipsa triumphavimus, quod tamen miserae genti, quae in ea fuit, vitam concessimus. Leges enim tam divinae quam humanae summam semper clementiam in principe esse decere testantur.

XV. Continuatio Sanblasiana. c. 23.

Mediolanenses itaque videntes exercitum imperatoris defluxisse, rursus rebellare presumunt. Imperator igitur valde afflictus legatos in Germaniam pro supplemento exercitus misit, simulque ad Henricum avunculi sui filium, ducem Saxoniae et (Boioariae) Bavariae, ut Chiavennam ad colloquium[1]) sibi occurreret, venientique obviam procedens, ut periclitanti imperio subveniret, plus quam imperialem deceret maiestatem, humiliter efflagitavit. Dux igitur Henricus, utpote solus ad subveniendum imperio hoc tempore potentia et opulentia idoneus, Goslariam ditissimam Saxoniae urbem iure beneficii pro donativo ad hoc expetiit. Cesar autem tale beneficium sibi invito extorqueri ignominiosum existimans, minime consensit. Quam ob rem Henricus iratus ipsum in periculo constitutum recedens reliquit.[2])

Imperator vero Papiam regrediens, ipsos et Cremonenses cum Cumanis toto studio ad bellum ingruens conformavit.

Roland, der in Besançon den Kaiser so sehr beleidigt hatte und nach Hadrian's IV. Tode von der -klerikalen Partei gegen Victor III. den Representanten der kaiserlichen zum Gegenpapst erwählt war, gewendet. Friedrich's Stellung gegen Alexander III. wurde die Quelle grosser, lange andauernder Conflicte. Mailand's Belagerung dauerte 2 Jahre, bis sich endlich die Bürgerschaft entzweite und am 6. März 1162 in des Kaisers Lager, mit Stricken um den Hals, mit Asche auf dem Haupte kam und ihn um Gnade anflehte. Schimpfliche Friedensbedingungen, Zertrümmerung des carroccio, Beschlussfassung der Versammlung zu Pavia.

1) Colloquium inter Fridericum I. et Henricum ducem in Bavaria superiore habitum esse videtur inter dies 1. et 7. Martii 1176.

2) Alexander's III. Partei wuchs mit Macht; die Könige von England und Frankreich fielen ihm zu und auch der freiheitliebende Lombardenbund rüstete sich zur starken Gegenwehr gegen den Kaiser. Die erste Frucht dieser Allianz war die Zurückführung der Mailänder in ihre Stadt und die Herstellung derselben zur Selbstvertheidigung. Friedrich zwang Alexander zur Abdankung und wurde mit seiner Gemahlin von Paschalis III. gekrönt.

At illi congregato exercitu hostes alacriter expectant. Igitur Wormatiensis episcopus cum aliis baronibus ex inferioribus Rheni partibus in Italiam transiens, cum instructo exercitu imperatori coniungitur, compositaque acie hostibus ex adverso cum immenso exercitu consistentibus — nam ad 100 milia militum computabantur — proelium committitur[1]) fretis Italicis multitudine, imperatore autem peritia cum fortitudine. Itaque cesarianis alacriter preliantibus ac iam de victoria sperantibus, acies Brixiensium in insidiis ad subsidium collocata repente erupit, exercitumque caesaris a latere irrumpens disiunxit, ipsumque multis captis vel occisis fugere coegit. Ligures itaque nobili victoria potiti fugientes, cesare vix evadente, persecuntur, spoliisque egregie ditati Mediolanum cum triumpho revertuntur. Capti sunt hoc proelio praeter alios Cumanorum fere quingenti, multique Teutonorum. Quibus rebus adversis imperator acceptis, in urbes sibi subditas se recepit. Mortuo interim Calixto papa scismatico, episcopi Germaniae de concordia imperii et sacerdotii imperatorem allocuntur, voluntateque ipsius diem apud Venetias[2]) condixerunt, datoque conductu papae Alexandro III. veniendi ad colloquium mediante Christiano Moguntiensi episcopo[3]), et Conrado Salzburgensi, maxime autem Wicmanno[4]) Hildesheimensi episcopo cum ceteris episcopis, sacerdotium et imperium concordatus, quibusdam episcopis scismaticis sedes suas iustitiae censuram cedentibus. In hac etiam compositione Mediolanensibus treuga 14 annorum donatur, ipsis omnes captivos reddentibus.

XVI. Friedrich's I. Kreuzzug. 1187—1193. (1190.) c. 30.

Saladinus rex Saracenorum regnum Damasci tenens, nequissimum christianorum animadvertens commercium, eosque discordia, invidia, avaritia infectos considerans, tempus opportunum ratus, ad obtinendam totam Syriam cum Palestina intendit animum, congregatoque validissimo ex omni Oriente Saracenorum exercitu, procinctum contra christianos movit,

---

1) Auf seinem 4. Zuge 1174 brannte Friedrich Susa nieder, belagerte Alexandria und schritt dann zur entscheidenden Schlacht bei Legnano 1176 (apud Legnianum die 29. Mai.), in welcher er, nachdem ihn Heinrich verlassen, gänzlich geschlagen wurde.
2) Im Frieden zu Venedig musste Friedrich Alexander als den einzigen und rechtmässigen Papst anerkennen.
3) Nach dem traurigen Handel mit Heinrich dem Löwen kam es zum Frieden von Constans 1183, in welchem der Kaiser und sein Sohn den Städten vollständige Freiheit gewährten. Im Jahre 1184 feierte Friedrich ein prächtiges, glänzendes Reichsfest.
4) Wicmanni pro pace Veneta studium celebrat carmen inter Carm. Burana p. 34. A.

eisque per totam Palestinam igni ferroque instans, castella multa urbesque, occisis vel captis christianis, expugnavit, Saracenosque ibi ad habitandum collocavit. Rex itaque Hierosolymorum nec non egregius princeps Antiocensis Reinaldus aliique christianorum proceres contracto grandi exercitu, dominica cruce exercitum precedente, Saladino occurrunt, eique bello congrediuntur. A quo superati, multis christianorum milibus occisis, cruce dominica, pro dolore, capta, christiani fugantur, rexque nec non Reinaldus illustrissimus princeps cum multis aliis christianis capti Damascum ducuntur, ibique idem rex et princeps in confessione verae fidei decollantur. Hac victoria insolescentibus paganis, omni provincia devastata cunctisque urbibus christianorum dirutis, exceptis Tyro et Sidone, Tripoli et Antiochia ac paucis aliis urbibus et castellis munitissimis et inexpugnabilibus, capta prius Accon ubi portus est, quod unicum christianorum refugium hactenus fuit, Hierosolyma obsidione cinxerunt, ac destructis in circuitu ecclesiis, Bethlemitana videlicet et Olivetana multisque aliis, tandem eiectis per conditionem christianis Hierosolyma capiuntur[1]) sanctaque redemptionis nostrae loca profanata a paganis incoluntur. —

1188. Mart. 27. c. 31. Imperator Fridericus sequenti anno curiam generalem Moguntiae celebravit, ibique per totam Germaniam sedatis bellorum turbinibus, pace undique restituta reipublicae negotia tractavit. Ad quam legati sedis apostolicae venientes imperatori desolationem transmarinae ecclesiae scriptis et verbis nuntiaverunt patrociniumque Romani imperii per eius auxilium imploraverunt. Qui habita deliberatione ad subveniendum se obtulit, acceptaque cum filio, Friderico scilicet duce Suevorum, peregrinationis cruce pro remissione peccatorum, crucis ignominiam se vindicaturum publice denunciavit, et ad idem negotium sui exemplo multos regni optimates cum multitudine diversae conditionis et aetatis accendit. Cardinales autem his patratis e curia digressi, verbo praedicationis per diversas imperii partes instabant, multisque relinquere patrem et matrem, uxorem et filios et agros propter nomen Christi, et crucem tollere, ipsum sequi in expeditionem transmarinam persuaserunt, et innumerabilem exercitum collegerunt. Quibus omnibus imperator sequentis anni Maio tempus profectionis constituit, pauperioribus ad minus trium marcarum[2]) expensam, ditioribus pro posse expensis preparari, indicens; egentibus autem pondo trium marcarum sub anathemate profectionem

---

1) die 2. Oct. 1187.
2) marca dicitur quoddam pondus, scilicet media libra. Marca duplicata libram efficit, quae dividitur in 16 uncias; uncia vero subdividitur in octo drachmas, vel 24 scrupulos seu denarios.

fecit interdici, nolens exercitum vulgo minus idoneo pregravari. His in Romano imperio paratis, apostolicus a latere suo cardinales regi Francorum Ludovico, nec non Richardo regi Anglorum mittens, ad idem opus cruce imposita accendit, multosque ex Europae finibus in eandem militiam coadunavit. Iisdem diebus nuncii regis Iconiensis ad imperatorem venerunt, foedusque, quamvis dolo, renovantes, commeatum per totam Ciliciam cunctoque exercitui, si pacificus veniret, ex parte domini sui obtulerunt; per Ciliciam enim imperator terram soldani, cuius caput Iconium est, cum exercitu transiturus erat, ideoque pagani terrae suae metuentes, foedere quaesito pacem quam bellum malebant, licet aliter optatis evenerit.

32. Deinde Fridericus curiam Presburgi in marchia Ungariae celebrans, exercitum peregrinorum in militiam Christi coadunavit, traditisque regalibus Henrico regi filio suo, divisisque pro velle suo inter filios prediorum suorum reditibus cum collatis dignitatibus omnibusque bene dispositis, cunctis valedixit, et cum filio equivoco Suevorum duce, nec non et marchione de Misea, cum Saxonibus et multis aliis principibus et episcopis, exercitu omni militari apparatu admodum instructo et copiosissimo, in Orientem contra Saladinum Saracenorum regem et omnes crucis Christi inimicos procinctum movit[1]), ac per Ungariam iter arripiens, multis muneribus a rege Ungariae liberaliter honoratus, datis etiam exercitui victualibus in copia farinae, vini carniumque in Bulgariam copias transposuit, ibique negata sibi ab incolis regia via, eam vi obtinuit, occisaque multitudine resistentium, multos ex eis captos ex utraque parte viae ramis armorum illaqueatos suspendit, seque per hoc non in pera[2]) et baculo, sed in lancea et gladio sepulchrum Christi videre ostendit, sicque transita Bulgaria Greciam applicuit. Greci itaque inhumaniores Bulgaris, subtracto exercitui omni humanitatis necessitate, simulque rerum venalium commeatu, iussu imperatoris Constantinopolitani, milites sancti sepulcri necessariis defraudaverunt, seque in munitiones congestis rebus omnibus undique receperunt. Caesar itaque haec a christianis pati aegre ferens, exercitum ad rapinam data licentia relaxavit, Grecisque velut paganis utendum, quorum fautores his actibus se ostendebant, edicto constituit. Qua occasione totus effusus exercitus urbem ditissimam Philippopolim forti aggressione captam expugnavit, opimaque praeda ibi direpta, castellum munitissimum, Demotica dicta, simili impetu obtinuit, hocque terrore multa castella et urbes Graecorum

---

1) procinctus, die Rüstung zum Fechten, in procinctu im Begriff zu fechten; tendere ad procinctum in das Treffen gehen, Plin.: testamentum in procinctu facere, da man gerade in das Treffen gehen wollte, Cic.

2) pera ($\pi\eta\varrho\alpha$) Ranzen, Quersack, Phaedr., Mart. und Appul.

sibi subiecit, profligataque regione, opulenta praeda ditati, reliquos ad commeatum coegerunt. Quibus rebus sub finem mensis Augusti factis, imperator convocatis principibus, eorum consilio in Graecia hiemare statuit, omnique in circuitu subiecta sibi terra, montem quendam accessu difficilem ad receptionem exercitus munivit, eumque Teutonico idiomate Chunigisberc nuncupavit. Ubi contra faciem urbis Constantinopolis potenter residens, omniaque necessaria exercitui ab urbibus finitimis convehi jubens, Grecam astutiam Romana potentia Germanicaque fortitudine devicit, totaque hieme usque ad pascha inibi mansit, Graecis cum imperatore suo semper facie publici consilii fugam constitutis.

34. Quibus ita factis exercituque spoliorum opulentia ditato imperator motis castris ab Iconio discessit cum triumpho, principibus Armeniorum undique ad eum confluentibus, cum magna gloria versus Tarsum, Pauli apostoli nativitate insignem, proficiscitur, cunctis ei ad libitum inclinatis. Ibi in amne quodam[1]) parte exercitus transposita, refrigerandi gratia — aestus quippe erat nimis — eundem ingressus — nandi enim peritus erat — subitaneo frigore naturalem calorem extinguente, deficiens submergitur, miserabili morte terra marique potens imperator finem vitae carpsit. Fertur a quibusdam, hoc in Cidno amne accidisse, in quo etiam Alexander Magnus simili quidem modo sed non morte periclitatus. Nam Cidnus Tarso contiguus est. Obiit anno regni 38., imperii autem 35., anno 1190; cuius morte totus christianorum exercitus sauciatus, planctu intolerabili augustum si vixisset omni Orienti metuendum luxit, sepultisque intestinis eius cum carne reliqua apud Tarsum, ossa Antiochiam translata cultu regio maxima pompa reconduntur.

XVII. Friedrich's I. Charakteristik.
(Ragewin Lib. II., cap. 76.)

Igitur divus augustus Fridericus, ut de Theodorico Sidonius Apollinaris scribit, et moribus et forma talis est, ut et illis dignus sit agnosci, qui eum minus ex familiaritate intueantur. Ita personam suam Deus arbiter et ratio naturae consummatae felicitatis dote sociata cumulantur. Moribus huiuscemodi, ut laudibus eorum nihil, ne imperii quidem fraudet invidia. Forma corporis decenter exacta; statura longissimis brevior, procerior eminentiorque mediocribus; flava caesaries, paululum a vertice frontis crispata. Aures vix

---
1) (Kalycadnus).

superiacentibus crinibus operiuntur, tonsore pro reverentia imperii pilos capitis et genarum assidua succisione curtante. Orbes oculorum acuti et perspicaces, nasus venustus, barba subrufa, labra subtilia, nec dilatati oris angulis ampliata, totaque facies laeta et hilaris. Dentium series ordinata niveum colorem demonstrant. Gutturis et colli, non obesi sed parumper succulenti, lactea cutis et quae iuvenili rubore suffundatur, eumque illi crebro colorem non ira, sed verecundia facit. Humeri paulisper prominentes. In succinctis ilibus vigor. Crura suris[1]) fulta turgentibus, honorabilia et bene mascula. Incessus firmus et constans, vox clara totaque corporis habitudo virilis. Tali corporis forma plurima et dignitas et auctoritas tam stanti quam sedenti acquiritur. Valetudine satis prospera, praeter quod interdum febre effimera corripitur. Bellorum amator, sed ut per ea pax acquiratur. Ipse manu promptus, consilio validissimus, supplicantibus exorabilis, propitius in fide receptis. Si actionem diuturnam forinsecus perquiras, antelucanos basilicarum et sacerdotum suorum coetus aut solus aut minimo comitatu expetit, eosque tam grandi sedulitate veneratur, ut omnibus Italis erga episcopos et cleros servandi honorem et reverentiam ipse formam et exemplum tribuerit. Officiis divinis tantam praebet venerationem, ut omnem horam, qua coram ipso Deo spallitur, competenti veneretur silentio, nec ullus interim eum audeat de quolibet sollicitare negotio. Peractis votis et post missarum solemnia divinis consignatus reliquiis, mane reliquum curae regni administrandi deputat. Si venationibus exercetur, in equis, in canibus, accipitribus caeterisque eius generis avibus instituendis, spectandis, circumferendis, nulli secundus. In birsando ipsemet arcum tendit, spicula capit, implet, expellit. Eligis quod feriat, quod elegeris ferit. In convivio talis disciplina, abundantia regia, ut nec sobrietas temulentiam nec fames frugalitatem possit incusare. Cum ludendum est, regiam tantisper sequestrat severitatem, eiusque temperamenti est, ut sit remissio non minans, austeritas non cruentans. Erga familiares suos in proferendo alloquio non minax, nec in admittendo consilio spernax, nec in reatu investigando persequax. Scripturas et antiquorum regum gesta sedulo perquirit. Elemosinas in ministerio pauperum plerumque ipse manu sua distribuit. Pecuniarum suarum decimam ecclesiis et monasteriis fideliter dividit. In patria lingua admodum facundus, Latinam vero melius intelligere potest quam pronunciare. Vestitu patrio utitur, nec profuso aut petulanti, sed nec plebeio, cui magis hoc decorum, ut in castris suis potius Martis pompa radiet quam Veneris. Qui cum in ampliando

---

1) sura, die Wade, Cic., Hor. u. Ovid.

regno et subigendis gentibus tantus existat, ut in praedictis occupationibus assidue versetur, opera tamen plurima ad regni decorem et commoditatem pertinentia diversis in locis inchoavit, quaedam etiam consummavit, et maximam providentiae partem obsequio pietatis impendit. Palatia siquidem a Carolo Magno quondam pulcherrima fabricata et regias clarissimo opere decoratas apud Noviomagum, iuxta villam Inglinheim, opera quidem fortissima, sed iam tam neglectu quam vetustate fessa, decentissime reparavit, et in eis maximam innatam sibi animi magnitudinem ostendit. Apud Lutra domum regalem ex rubris lapidibus fabricatam non minori munificentia accuravit. Etenim ex una parte muro fortissimo eam amplexus est, aliam partem piscina lacus instar circumfluit, piscium et altilium in se continens omne delectamentum ad pascendum tam visum quam gustum. Hortum quoque habet contiguum cervorum et capreolorum copiam nutrientem. Quorum omnium regalis magnificentia et maior dictu copia operae precium spectantibus exhibet. In Italia quoque apud Modoicium, Laudam et in aliis locis ac urbibus in renovandis palatiis aedibusque sacris tantam liberalitatis magnificentiam declaravit, ut totum imperium tanti imperatoris et munere et memoria in perpetuum fungi non desinat. Reges Hispaniae, Angliae, Franciae, Daniae Boemiae atque Hungariae, quamvis suspectam eius haberent potentiam, sibi adeo per amicitiam et societatem devinxit, et ad suam voluntatem sic inclinatos habet, ut quoties ad eum litteras vel legatos miserint, sibi cedere auctoritatem imperandi, illis non de esse voluntatem obsequendi denuncient. Imperatorem Constantinopolitanum Manuel, ultro amicitiam et societatem eius expetentem, cum sese, sicut antecessores sui, Romanorum appellaret imperatorem, inflexit, ut se non Romae, sed Neoromae vocet imperatorem. Et ne multis morer, toto regni sui tempore nihil unquam duxit melius, nihil iucundius, quam ut imperium urbis Romae sua opera suoque labore pristina polleret et vigeret auctoritate. —

Anno 1190. Henricus VI. imperator a Coelestino papa cum coniuge coronatus, ipsam secum ducens, Apuliam Siciliamque mortuo Guillelmo possidere volens, in Campaniam cum exercitu divertit, rebellantemque sibi totam terram invenit.[1])

---

1) Zuerst hatte Heinrich VI. (1190—1197) gegen den aus seinem Exil aus England zurückgekehrten Heinrich den Löwen zu kämpfen und ihn zur Unterwerfung zu bringen. Dann gieng es gegen den mit Papst Clemens III. in eine Allianz getretenen Gegenkönig Tankred Grafen von Lecce. In Italien angelangt liess sich Heinrich von Cölestin III. krönen, gab den Römern sein Patriciusrecht hin und erkannte ihren Senat und

Nam mortuo Guillelmo rege quidam consanguineus eius ex gente Rogerii, Tancredus nominatus, tyrannidem in Sicilia, quae nutrix tyrannorum ab antiquis temporibus fuit, sub regio nomine arripiens, cum consensu omnium ipsius terrae baronum civitatumque imperatori violentia restitit, ipsumque ex hereditate coniugis quoad vixit constantissime propulsavit. Imperator itaque Neapolim rebellem Campaniae urbem obsidione vallavit, cuncta in circuitu terra igni ferroque vastata. Quo rex Francorum a transmarina expeditione rediens, ad eum venit, ipsique confoederatus honorifice dimissus in Franciam rediit. Pestilentia itaque exercitum premente, nihil proficiens imperator de reditu[1]) disposuit; interdum imperatrix a quibusdam baronibus Apuliae capitur et cum maxima diligentia custodita in captivitate detinetur tempore aliquanto. Papa precibus imperatoris permotus presumptores huius rei, terra eorum sub interdicto posita, anathemate constrinxit, imperatricemque captivitate relaxari coegit, quam postmodum ad Cisalpina revertentem imperator recepit, die ultionis in corde eius cum nimia indignitate statuto. Reversus igitur ad Cisalpina[2]) Henricus imperator Chûnrado fratri suo ducatum Sueviae concessit.[3]) Hic Chûnradus ferocis agrestisque naturae homo, sed liberalis admodum animi erat, ideoque magna appetens illicitaque semper faciens vicinis et remotis terrori fuit.

c. 46. Anno 1198. Coelestino papa decedente, Innocentius tertius substituitur. Mortuo Henrico imperatore Philippus dux Sueviae frater eius ex Tuscia in Germaniam rediens, satagebat omnimodis, ut principes electionem, quam circa filium imperatoris fecerant, ratam haberent. Itaque principes, videlicet dux Bavariae et Bernhardus dux Saxoniae cum ceteris baronibus et episcopis Magdeburgensibus et Salzburgensibus diem colloquii in Thuringia apud villam quae vocatur Arnestede[4]) praefixerunt. Quo veniente Philippo duce, habito consilio, defensorem imperii eligere decreverunt quoad usque nepos,

---

ihre Präfekten an. Darauf drang er glücklich in Apulien ein, nahm Alles bis Neapel wieder weg, musste jedoch wegen einer ausgebrochenen Seuche, welche viele Soldaten hinwegraffte, zurückkehren. Die Kaiserin wurde als Gefangene nach Messina gebracht.
 1) Wiedereinsetzung.
 2) mense Decembri 1191.
 3) Auf seinem 2. Zuge gegen Neapel wurde ihm mit Hülfe pisanischer und genuesischer Flotten die Wiedergewinnung seiner Erblande sehr erleichtert. Doch verfuhr er dabei mit grosser Grausamkeit, mit Einkerkerungen, Verweisungen und Hinrichtungen. Seinem Bruder Philipp verlobte er Roger's verwittwete Braut, „die Rose ohne Dornen, die Taube ohne Gallen".
 4) Arnstadt.

imperatoris filius dudum tam ab ipso quam a ceteris principibus electus, in Germaniam veniret. Soluto ergo colloquio ad oppidum Mulnhusin[1]) venientes Philippum ducem regem eligunt promissaque sibi subiectione digressi sunt. At archiepiscopi Coloniensis et Trevirensis et Henricus palatinus Rheni cum aliis baronibus illarum regionum aggregati, electionem filii imperatoris tollentes, vocaverunt ducem Bertholdum de Zaringin. Qui cum die constituto Coloniam venisset, dissuasus a consiliariis, ne electioni consentiret propter contradictionem principum Orientalium, promisit se de his deliberaturum. Regressus est igitur ab eis datis obsidibus die constituto reversurum se promittens. Quo non reverso, retentis obsidibus, pecuniam, quam sub conditione promiserat, obsides dare coegerunt, mittentesque comitem Emichonem de Liningen vocaverunt Ottonem, Henrici quondam ducis Bavariae et Saxoniae filium, quem venientem regem creaverunt, faventibus quibusdam illarum partium urbibus. Sic ergo divisis contra se regni principibus, regnum Germaniae contigit plurimum desolari. Principes etenim, qui electioni non interfuerant, postmodum se vicissim ad alterum eorum conferebant, Lupoldus dux Orientalis et rex Boemiae, nec non etiam lantgravius Thuringiae et Bertoldus ad Philippum, dux Brabantiae ad Ottonem et quidam alii.[2]) Itaque uterque regum pro principatu suo satis agens, bellum hoc civile pene per 12 annos pertinacia protulerunt. Philippus rex subiectis sibi multis modis pene omnibus Ottonis fautoribus, ipsum postremo persequi deliberat, collectoque valido exercitu adversum Brunonis vicum[3]) ire consilium capiens, iter contra Babenbergensis urbem flectit, exercitu iam in procinctu constituto, ibique aliquamdiu quiescere voluit. Itaque Otto palatinus de Witilinsbach[4]), remordente memoria iniuriae sibi in ablatione filiae a Philippo rege exhibitae — desponsatam enim illi filiam consanguinitatis propinquitate negaverat — tempus opportunum ratus, atque instigatione marchionis de Anadechse[5]) propulsus, vindicta exarsit, sociorumque multitudine instigatus, quasi in expeditionem iturus, Babinberc[6]) ad regem Philippum profectus est, et quasi ei in aurem locuturus cubile regis ex familiaritate intravit, gladio sub veste latente. Introductus igitur continuo exerto

---

1) Mühlhausen in Thüringen.
2) Durch jene Doppelwahl hatten die Deutschen ihr Schicksal sich selber bereitet und den wildesten Bürgerkrieg entzündet. Parteizwiste herrschten überall in den Städten und Familien.
3) Braunschweig.
4) Wittelsbach.
5) Andechs.
6) Bamberg.

gladio regem invasit, unoque ictu interfecit[1]), vulnerato etiam Henrico dapifero de Walsburg, qui eum comprehensum retinere voluit; sicque cubili erumpens, ascenso equo cum sociis secessit, rege statim expirante. Exercitus igitur audiens regem occisum, veloci regressu rediit, sibi rebusque suis quasi prospiciens. Nam quaquaversum omnes in rapinas efferati, urbes ad ius Philippi spectantes plerasque rebus direptis succenderunt, monasteriis villisque undique spoliatis, nullusque sine armis multoque comitatu securo itinere valebat. Occiso igitur Philippo Otto regnum, pro quo diu dimicaverat, tandem obtinuit. Sed quia admodum sine viribus fuit, palatim conversis ad se principibus fortior factus est.

Anno 1208. Nov. 11 curiam Francofordii habuit, qua, lege pacis promulgata, regnum paulisper securum fecit. Deinde Ottonem de Witilinsbach nec non marchionem de Anadechse ex lege Bavarica propter occisum Philippum proscripsit eosque dignitatibus, beneficiis ac prediorum suorum reditibus sine spe recuperationis privavit. Haud ita multo post Otto consilium cepit, Philippi filiam in matrimonium ducere, ut concordia inter regem et principes restitueretur. Sequenti anno Otto rex curiam Augustae Vindelicorum celebrans, praemissis prius ad papam cardinalibus, expeditionem movit in Italiam, et per vallem Tridentinam ducens exercitum, Veronam pervenit, ibique a civibus, ponte navibus exstructo, per Athesim cum toto exercitu traiecit et maximo gaudio excipitur. Dispositis itaque inibi negotiis imperii in castellum Gardam praesidia posuit. Exinde Bononiam copias traiciens, generalem inibi curiam cum principibus Italiae celebravit, ac collectis copiis Pireneum transivit, Tusciam applicuit et nuntios ad papam premisit, qui compositionem consecrationis componerent. Qui mox ad Urbem tendens exercitum castra metari ante portas Urbis fecit, ipseque crastino die a papa Innocentio III. et a Romanis honorifice suscipitur, datoque sacramento ab apostolico consecratus coronatur. Consecrationem igitur desideratam adeptus, cum magno gaudio ab Urbe recedens, in partes Tusciae divertit. Eodem anno pugnam cum Romanis habuit, et contra voluntatem papae Apuliam intravit[2]), et totam terram profligavit, auferens regnum Friderico regi Siciliae. Unde papa cum populo Romano permotus, Ottonem excommunicationis anathemate punivit.

---

1) Nach Philipp's Ermordung 1208 erklärte sich Papst Innocenz III. entschieden gegen eine dritte Wahl. Philipp's Anhang fiel Otto IV. zu, welcher nach Italien zog, die Parteiführer der Welfen und Ghibellinen zur Unterwerfung zwang und in Mailand die lombardische, in Rom am 27. Sept. 1209 die Kaiserkrone erhielt.

2) Nach erfolgtem Zerwürfniss mit dem Papst Innocenz III. traf ihn im November 1210 der vaticanische Blitz, welcher in 2 Ländern

Anno 1213. Fridericus II. communi consensu principum rex creatur.[1]) Qui veniens Romam ab Honorio papa tercio et populo Romano honorifice susceptus, in basilica sancti Petri solemniter coronatur. a. 1215. Deinde in Germaniam se recepit et contra Ottonem invasorem ecclesiae mirifice triumphavit. Hic papa primo anno sui pontificatus ordinem praedicatorum confirmavit. Innocentius III. papa Fridericum imperatorem primus excommunicavit, quia statim post coronationem rebellionem fecit regnum Apuliae auferendo. Postea Fridericus occupans iam magnam partem patrimonii ecclesiae, Gregorium papam in Urbe obsedit.[2]) Qui videns pene omnes Romanos esse pecunia corruptos excepit capita apostolorum, et processionem a Laterano usque ad Sanctum Petrum faciens, animos Romanorum sic revocavit, ut pene omnes adversus imperatorem cruce signarentur; quod Caesar qui iam se credebat intraturum Urbem audiens, longe ab Urbe retrocessit. Gregorio IX papa successit Innocentius IV. natione Ianuensis, sedit annos 11, menses 6. Fridericus imperator dum in Germania negotia regni tractaret, consensu principum adhibito Henricum filium suum regem Germaniae constituit; ipse vero transalpinando in Italiam venit, ubi dum moram faceret, Henricus rex rebellionem contra patrem fecit, colligens urbes regni et praecipue circa Rhenum fidelitatem sibi promittere contra patrem. Quibus rebus factis imperator ipsum Henricum captum in Apuliam ducens, squalore carceris suffocavit.

a. 1228. Post haec Fridericus cruce signatus, mare transivit, liberans sine magno labore sepulcrum e manibus infidelium. Postquam autem ab Innocentio IV. depositus est ab imperio, principes contra eum Henricum Raspe, lantgravium Thuringiae elegerunt. Quo post modicum tempus mortuo,

---

zündete, in Deutschland, wo sich die Erzbischöfe von Magdeburg und Mainz und der Landgraf Hermann von Thüringen gegen Otto erhoben und den jungen vom Papste empfohlenen Friedrich II. zum Gegenkönige presentirten, und in Oberitalien, wo eine Anzahl von Fürsten und Städten von dem Kaiser abfielen.

1) Friedrich II. machte bei seiner Thronbesteigung die traurige Erfahrung, dass von der monarchischen Gewalt nur noch der Schatten vorhanden war und war auf die Haltung seines Grossvaters im erweiterten Maasse angewiesen.

2) Gegen die vielen den geistlichen und weltlichen Fürsten gewährten Concessionen und Privilegien erhielt er die Wahl seines jungen Sohnes Heinrich's VII. zum römischen Könige. Bei der Regentschaft seines Sohnes in Deutschland betheiligte er beide streitenden Parteien. Den grössten Nachdruck seiner Regententhätigkeit legte er auf Neapel, wo er in den italienischen und kirchlichen Streitigkeiten Deutschland's Kräfte vergeudete. Dann nahm er auch an den englisch-französischen Conflicten Antheil und schloss sich dabei an Frankreich an, die Sympathien der Reichsregentschaft waren jedoch den Engländern zugewendet. Dem Sinken der staufischen Sache in Italien sah die deutsche Nation mit der grössten Gleichgültigkeit zu.

Guillelmus comes Hollandiae contra ipsum a principibus denuo creatur, qui brevi tempore a Frisonibus occiditur; et sic uterque electus benedictione caruit imperiali. Anno 1239 gens Tartarorum occupatis regnis Orientis et crudeliter subiectis, in duo agmina se dividentes, Ungariam et Poloniam intraverunt, ubi campestri bello gesto multos nobiles et ignobiles tam viros quam mulieres in ore gladii peremerunt. Postquam in Ungariam redierunt fame valida ita compressi sunt, ut matres puerorum suorum canibus vescerentur, et plerique pulvere cuiusdam montis pro farina uterentur. Eodem tempore Manfredus filius Friderici imperatoris gerens se pro tutore Conrado nepotis Friderici, ipso Conradino non vere mortuo certior facto sibi ipsi coronam vindicavit. Quo facto primum excommunicatus, postea contra eum magnus exercitus sed parum proficiens mittitur. Quem Manfredum Urbanus IV. cum exercitu cruce signatorum fugavit, et comiti Carolo fratri regis Franciae regnum Siciliae, ut a Manfredo recuperaret, contulit.[1] Deinde Conradus rex anno 1251 filius Friderici post patris mortem regnum Siciliae suscepit, in Apuliam invasit, et ibi capta Neapoli muros funditus destruxit. Sed cum sequenti anno introitus in Apuliam perficere coepisset, veneno mixto intulit sibi mortem. Carolus, qui pro recuperanda dominatione Siciliae a papa Urbano IV. vocatus fuerat, Apuliam invasit et Manfredum regno et vita privavit. a. 1268. Post haec Conradinus, nepos Friderici imperatoris, parvi pendens Clementis IV. excommunicationem contra regem Carolum, quem ecclesia regem Siciliae instituerat, se resurrexit, sed post durum bellum cum suis terga vertentibus capitur et a Carolo cum multis nobilibus mortis damnatus interficitur.[2]

---

[1] Die Consequenz der Thatsachen hatte sich rasch vollzogen, die theokratische Weltherrschaft war von dem heiligen Kaiser an den gekrönten Papst übergegangen, welcher sich an Frankreich angeschlossen hatte.

[2] Der Staats-Bankerott Deutschland's war jetzt vollständig; es war wohl noch der Name des Reiches, aber keine wirksame Staatsgewalt mehr vorhanden. Die leitenden Fürsten boten die römisch-deutsche Krone meistbietend aus, um sich für ihre Wahlstimme goldene Handsalbe reichen zu lassen. Aber in der deutschen Nation lebte noch die moralisehe Kraft fort, welche Deutschland wieder zu Ehren brachte.

Die Geschichtschreiber des deutschen Mittelalters von der Mitte des 13. bis Ende des 14. Jahrhunderts.

Die Geschichtschreibung dieses Zeitraumes zeigt schon mehr wegen des Verfalles der kaiserlichen Macht in Deutschland und der Reichsauflösung einen localen und landschaftlichen Charakter. An dieser Umwandlung der Historiographie haben am meisten die beiden neu aufgekommenen Orden der Minderbrüder und der Prediger mitgearbeitet. So arbeiteten die Dominikaner Handbücher für ihre Predigten als historische Vorrathskammern aus und traten durch ihre Predigten und ihren Unterricht in eine viel engere Beziehung zu der städtischen Bevölkerung. Aber auch in der theologischen und philosophischen Weltanschauung jener Zeiten bildeten sie ein bedeutendes Ferment, sowie sie auch an der Wendung der mittelhochdeutschen Dichtung mit betheiligt waren. Auch den Nachfolgern des heiligen Franciskus werden solche volksthümlichen und segensreichen Einflüsse nachgerühmt. Es kam bei den historischen Arbeiten auf eine Zusammentragung und Vervollständigung des Stoffes, sowie auch auf eine praktische Verwendbarkeit desselben an. Solchen Bedürfnissen entsprachen die Heiligenleben und die Weltchroniken am meisten, welche in Perioden eingetheilt, alte heilige, römische und profane Geschichte zusammen vereinigten. Wichtige Sammelpunkte politischer Ereignisse bildeten die Provinzialconvente und die Generalversammlungen der Orden zu Rom. Von den Dominikanern, den Reisepredigern des Mittelalters, sind auch zahllose Reisewerke ausgegangen. Zuerst findet sich das von den Dominikanern in Colmar verfasste Werk der Colmarer Annalen und Chronik, welches die Zeitgeschichte von König Rudolf und seinem Sohne Albrecht, die Geschichte Adolfs von Nassau und seine Beziehungen zu Colmar, Adolf's Krieg gegen den Bischof von Strassburg und die französisch-englischen Verwicklungen behandelt. Hierher gehört auch das Werk des grossen Ellenhard von Strassburg, die Gesta Rudolfi et Alberti regum Romanorum. Der Strassburger Canonicus Fritsche Closener stellt eine Papst- und Kaiserchronik zusammen. Als dritter bedeutender Historiker von Strassburg tritt Matthias von Neu-

burg auf, dessen Chronik bis zum Tode Kaiser Karl's IV. 1378 fortgesetzt wurde. Die gesammte historische Thätigkeit dieser Zeit repräsentirt Jacob Twinger von Königshofen. Auch die schwäbischen Klöster Lichtenthal und Sindelfingen boten in diesem Zeitraume der deutschen Geschichtschreibung reiche Nahrung. In Schwaben beschäftigten sich ebenfalls die Minoriten mit annalistischen Aufzeichnungen über die Zeit und Regierung König Rudolf's von Habsburg. Mit Martin's von Troppau Werk concurriren die flores temporum, eine nach den 6 Weltaltern geordnete Chronik, welche bis zum Jahre 1349 fortgesetzt worden ist. Des Minoriten Johann von Winterthur Aufzeichnungen beginnen mit den Zeiten Kaiser Friedrich's II. und reichen bis 1339. Er zeichnet sich aus durch seine Belesenheit in der heiligen Schrift und in den franciskanischen Philosophen, besonders des Wilhelm von Occam, citirt oft die Decretalen der Päpste, aber auch den Aristoteles, die Fabeln Aesop's, Horaz und das Liber Etymologiarum von Isidor. Eine Geschichte der Grafen von Habsburg schrieb der Bischof von Constanz, Heinrich von Klingenberg. Die bedeutendste Persönlichkeit unter den schwäbischen Historikern bildet Heinrich, Truchsess von Diessenhofen durch seine Chronik von 1342 — 1362. Die Truchsessen von Diessenhofen waren Ministerialen der Grafen von Kyburg und Habsburg und im Thurgau ansässig. Zuerst erhielt er das Canonicat von Beromünster, ging darauf an den päpstlichen Hof nach Avignon und trat zu Papst Johann XII. in ein intimes Verhältniss. Es ist sein Werk eine höchst werthvolle Materialiensammlung zur Geschichte Kaiser Karl's IV. Eine historiographische Thätigkeit zeigt sich auch in den bairischen Klöstern Benedictbeuern, Aldersbach, Osterhoven, Regensburg, Passau etc. (St. Emeran). Hier entstanden die Annalen des Propstes Conrad von Ranshoven, welchen das Niederaltaichische Annalenwerk des Abtes Hermann zu Grunde liegt. Unter den fränkischen Bisthümern zeichneten sich Eichstädt, Bamberg, Würzburg aus, unter den rheinischen das Erzbisthum mit der Stadt Cöln durch seine Chronica presulum und Reimchronik. Hierzu ist auch Levolt von Northof mit seinem Chronicon comitum de Marka zu zählen. Eine epochemachende Arbeit dieses Zeitraumes ist die Chronik des Heinrich von Herford, betitelt: Liber de rebus memorabilioribus sive Chronicon Henrici de Hervordia ed. A. Potthast, Gottingae 1859. Heinrich stammte aus Herford, trat in Minden in den Predigerorden, war 1340 in Mailand und starb 1370 in Minden. Seine Chronik ist ein Product echter dominikanischer Erudition, die grösste Aehnlichkeit hat er mit Vincenz von Beauvais, welchen er auch genau benutzt hat. Die Chronik schliesst mit dem Jahre 1354 ab. In dieselbe Zeit fällt auch das Chronicon hassiacum von Johann Riedesel, die Annales Reinhardsbrunnenses von 1035—1335, das Chronicon Sampetrinum magnum, die Annales Veterocellenses, das Chronicon Magdeburgicum, die Chroniken der deutschen Städte, herausgegeben von Dr. Janicke, VII. Band, die Magdeburger Schöppenchronik bis 1372, die Bremer Bischofschronik, das Chronicon Olivense, die Chronik des Petrus von Zittau. Einen besonderen Abschluss bildet Karl IV. und sein literarischer Kreis. Vornehmlich sind es Petrarca's Briefe an Karl IV., an Anna, den Erzbischof Johann von Prag und Bischof von Olmütz, welche hier in Frage kommen. Auch die Reisebeschreibung des Johann Marignola nach Asien gehört hierher und die Excerpta Brandenburgica ex Pulkawa und Bernardus Noricus, die Werke der Minnesinger, Ulrich's von Lichtenstein, Heinrich's des Teichner, Peter Suchenwirt und die steirische Reimchronik. An diese schliesst sich die historische Arbeit des Johann von Victring an, welcher als Abt Johann I. (1315—1348) als ein Schriftsteller ersten Ranges sich auszeichnete. Man bezeichnet das Werk als Chronicon Carinthiae. In der Vorrede befindet sich eine Dedication an Herzog Albrecht II., es zerfällt in 6 Bücher und jedes Buch wieder in 10 Kapitel. Es beginnt mit der Absetzung Otto's IV. und schliesst mit dem Jahre 1339. Seine früheren Quellen beruhen auf einer Bearbeitung der Reimchronik und einer Fortsetzung des Martinus Polonus. Es folgt darauf die Bearbeitung der Kaiser- und Reichsgeschichte, die Anlegung von Wahl- und Krönungsacten seit 1263, der Registratur- und Formelbücher, seit den Verdiensten der beiden kaiserlichen Notare Heinrichs VII., Bernardus von Mercato und Leopardus von Pisa die Sammlung der Hoftagsacten, der Instructionen und Relationen der Gesandten, die Arbeiten des Mussatus (Gesta Henrici) über Heinrich VII., die Römerfahrten Ludwigs von Baiern, die Acten Karls IV. und Wenzels, sowie die politischen Schriften des Heinrich von Hessen und des Matthäus von Krakau.

www.ingramcontent.com/pod-product-compliance
Lightning Source LLC
LaVergne TN
LVHW051548070426
835507LV00021B/2477